ジェンダー経済格差

Gender Inequality in Economic Status

なぜ格差が生まれるのか、克服の手がかりはどこにあるのか

川口 章
KAWAGUCHI Akira

勁草書房

ジェンダー経済格差

なぜ格差が生まれるのか,克服の手がかりはどこにあるのか

目　次

目　次

序章　ジェンダー経済格差とは何か：課題と分析方法 …………… 3
1. 問題意識　3
2. 国際比較　6
3. 本書のアプローチ　10
4. 本書の構成　17

第1章　ジェンダー経済格差は男女の適性の違いから生じるのか： 教育・就業選択の諸理論 ……………………………………… 21
1. 課題と構成　23
2. 生物学的性差仮説と社会環境仮説　25
    2.1　一般に語られている認知能力や嗜好の性差　26
    2.2　認知能力の性差　27
    2.3　認知能力の性差の原因　31
    2.4　嗜好や行動の性差　33
    2.5　嗜好や行動の性差の原因　34
    2.6　能力・嗜好・行動の性差とジェンダー経済格差　36
3. 経済合理的選択仮説　36
    3.1　人的資本理論　37
    3.2　家計生産理論　39
    3.3　人的資本理論と家計生産理論の統合　41
    3.4　補償賃金理論　45
4. まとめ　46

第2章　なぜ企業は女性を差別するのか［Ⅰ］： 非合理的差別の諸理論 ……………………………………… 49
1. 課題と構成　51
2. 差別の定義　52
3. 嗜好による差別　55

3.1　Beckerの「雇用主の嗜好による差別」　55
　　3.2　Beckerモデルの応用　58
　4.　非合理的差別の類型　58
　　4.1　Becker理論の限界　58
　　4.2　固定観念による差別　59
　　4.3　偏った認識による差別　62
　　4.4　セクシュアル・ハラスメント　64
　　4.5　不十分なWLB施策による差別　65
　　4.6　情報不足による差別　66
　　4.7　非効率な経営による差別　67
　5.　まとめ　68

第3章　なぜ企業は女性を差別するのか［Ⅱ］：統計的差別の諸理論 …………………………69

　1.　課題と構成　71
　2.　能力格差に基づく賃金差別のモデル　72
　　2.1　能力を完全に測定できる場合　72
　　2.2　能力をまったく測定できない場合　73
　　2.3　能力を誤差をともなって測定できる場合　74
　3.　離職確率格差に基づく採用差別のモデル　79
　　3.1　理論モデル　79
　　3.2　新卒採用者数と女性比率の関係　83
　4.　政策的インプリケーション　84
　　4.1　能力格差に基づく賃金差別のモデル　84
　　4.2　離職確率格差に基づく採用差別のモデル　85
　5.　まとめ　86

第4章　現実は理論を支持しているのか：差別の実証分析 …………………………89

　1.　課題と構成　91

目 次

  2. 先行研究　92
    2.1　非合理的差別　92
    2.2　統計的差別　96
  3. データ　97
  4. 非合理的差別の検証　98
    4.1　仮説　98
    4.2　変数　99
    4.3　実証モデル　101
    4.4　推定結果　102
  5. 統計的差別の実証分析　107
    5.1　仮説　107
    5.2　変数　107
    5.3　推定結果　111
  6. まとめ　113
  補論　記述統計量　115

第5章　ジェンダー経済格差を生み出すメカニズムは何か　………117
  1. 課題と構成　119
  2. ジェンダー経済格差を生み出す構造　120
  3. 「企業における女性差別的雇用制度」と「家庭における性別分業」
　　　の相互依存関係　121
  4. 「企業における女性差別的雇用制度」と「WLBを無視したビジネス慣行」
　　　の相互依存関係　126
  5. 「家庭における性別分業」と「WLBのためのインフラの不備」
　　　の相互依存関係　129
  6. 企業による採用ゲームと国民による投票ゲームの結合　133
  7. まとめ　136
  補論　第3節のモデルの均衡の導出　137

第6章　なぜ日本の雇用制度のもとでは女性が活躍しにくいのか … 141
1. 課題と構成　143
2. 内部労働市場　144
3. 日本的雇用制度と性別分業の相互依存関係　147
   - 3.1　日本的雇用制度における企業・男性・女性の相互依存関係　147
   - 3.2　基幹的職種からの女性の排除　149
4. 〈企業における女性差別的雇用制度＝家庭における性別分業〉均衡からの脱却　151
   - 4.1　革新的企業　151
   - 4.2　社会経済環境の変化　152
5. まとめ　156

第7章　結婚や出産によって賃金はどう変わるのか：結婚・出産プレミアムの男女比較 …… 157
1. 課題と構成　159
2. 結婚プレミアム／ペナルティと出産プレミアム／ペナルティの定義　160
3. 先行研究　162
   - 3.1　男性の結婚プレミアムと出産プレミアム　162
   - 3.2　女性の結婚プレミアム／ペナルティと出産ペナルティ　172
4. データ　176
5. 推定結果　177
   - 5.1　結婚・出産が男性の賃金に及ぼす影響　177
   - 5.2　結婚・出産が女性の賃金に及ぼす影響　184
6. まとめ　189
7. 補論　記述統計量　190

目次

第8章 男女が働きやすい職場とは：
均等化施策とワーク・ライフ・バランス施策が賃金と就業継続意欲に及ぼす影響 …… 191

1. 課題と構成　193
2. 予想される結果　196
   - 2.1 理論的予想　196
   - 2.2 推定にともなうバイアスの可能性　197
3. 分析方法　199
4. 推定結果　209
   - 4.1 均等度・WLBと初任給の関係　209
   - 4.2 均等度・WLBと勤続にともなう賃金上昇率の関係　211
   - 4.3 均等度・WLBと個人賃金の関係　214
   - 4.4 均等度・WLBと女性の就業継続／退職パターンの関係　216
   - 4.5 均等度・WLBと就業継続意欲の関係　218
5. まとめ　222

補論1 「社員が知っている育児支援制度数（個人属性調整済）」の導出方法　223

補論2 「本人以外の社員が知っている育児支援制度数（個人属性調整済）」の導出方法　224

第9章 革新的企業では女性が活躍しているのか：
コーポレート・ガバナンス／経営改革と女性の活躍 …… 225

1. 課題と構成　227
2. データ　229
3. 実証モデル　229
   - 3.1 女性の活躍を捉える変数　229
   - 3.2 日本的雇用制度の特徴を捉える変数　232
   - 3.3 コーポレート・ガバナンスと経営改革を捉える変数　236
4. ステークホルダーと雇用制度／経営改革　243
5. 推定結果　243

6. まとめ　248

終章　ワーク・ライフ・バランス社会実現をめざして………………249
　　1. これまでの議論のまとめ　251
　　2. 政府によるWLB政策　253
　　3. 情報開示政策　254

参考文献　……………………………………………………………261

あとがき　……………………………………………………………273

索　　引　……………………………………………………………279

ジェンダー経済格差
なぜ格差が生まれるのか,克服の手がかりはどこにあるのか

序章　ジェンダー経済格差とは何か：課題と分析方法

1. 問題意識

　男性の平均賃金や就業率は女性より高い．また，男性は女性より多くの時間を労働市場における活動に費やし，女性は男性より多くの時間を家事や育児に費やす．そして，これらは程度の差こそあれ，ほとんどすべての国で共通している．このような経済活動指標における男女間格差を本書では「ジェンダー経済格差」と呼ぶ．

　では，何がこのような格差をもたらすのだろうか．従来の研究を見ると，ジェンダー経済格差の発生原因は，究極的には次の二つにたどりつく．一つは生物学的性差，もう一つは社会規範である．

　経済学は，生物学的性差や社会規範を所与として，それらがジェンダー経済格差に結びつくメカニズムを説明しようとする[1]．たとえば，賃金のジェンダー格差を説明する経済理論としては，人的資本理論，補償賃金理論，嗜好による差別の理論，統計的差別の理論などがある．人的資本理論は教育水準のジェンダー格差の分析にも役立つ．また，労働時間や家事時間の配分を説明する理論としては，家計生産理論がある．嗜好による差別の理論を除けば，いずれの理論も労働者や企業の合理的行動を前提としている．

　筆者は，かねてより，これらの理論によるジェンダー経済格差の説明について違和感をもっていた．

　その理由の一つは，多数の理論がジェンダー経済格差を説明しているが，いずれの理論もその一面しか説明していないことだ．どの理論も正しいが，どの

---

[1] ただし，経済学の分野でも，近年は，ゲーム理論を応用して社会規範の形成を理論的に説明しようとする研究が盛んである．

序章 ジェンダー経済格差とは何か

理論も核心をついていない.「木を見て森を見ず」とでもいおうか. ジェンダー経済格差のある側面はこの理論で, 別の側面はあの理論で, というアプローチでは, ジェンダー経済格差が発生するメカニズムを構造的に捉えることはできないのではないか.

また, いずれの理論も, もともとはジェンダー経済格差の分析自体を目的とした理論ではない. 賃金や教育水準や労働供給や差別一般の理論であり, それらをジェンダー格差の分析に応用しているにすぎない. これらの理論をジェンダー経済格差の理論として, 再構築する必要があるのではないだろうか.

違和感を覚えるもう一つの理由は, 社会経済制度を所与とし, 価格制約条件のもとで経済主体が利潤や効用を最大化するという, 新古典派的アプローチにある. このようなアプローチは, 課題によっては大きな力を発揮するが, ジェンダー経済格差の分析に用いるには限界があるのではないか. ジェンダー経済格差は, 男と女と企業の三者間における協力, 対立, 駆け引きの結果として生ずるものだ. このような経済行動の分析手法としては, ゲーム理論こそがふさわしい.

ゲーム理論を応用して, ジェンダー経済格差を生み出すメカニズムを見つけ出すこと, それが本書の第一の目的である.

わが国は, ジェンダー経済格差が最も顕著な国の一つだ. 他の先進国と比較して, ほとんどの経済的指標でジェンダー格差が大きい. 本書は, その原因を日本における社会規範の強さや文化的要因に求めるのではなく, 日本固有の経済構造に求める.

経済構造のなかでも, ジェンダー経済格差に直接影響を及ぼすのは, 雇用制度だ. 日本では, 高度経済成長期に日本的雇用制度(あるいは日本的労使関係)と呼ばれる独特の雇用制度が形成された[2]. それは, 長期雇用制度, 年功賃金制度, 職能資格制度, 企業内人材育成制度, 企業別労働組合等々の相互依存的な諸制度からなる体系である. 制度には明文化されていない慣行も含まれる. これらの諸制度によって日本企業は, 労働者の勤労意欲と技能向上意欲を刺激し, 高い生産性を実現してきた.

---

2 本書では,「日本的雇用制度」という言葉を, 高度経済成長期にその基礎が形成され, 二度の石油危機を経てバブル経済期に確立した制度の意味で使用する. バブル経済崩壊以降に起きた経済環境の激変により, 日本的雇用制度は変容を余儀なくされている. 現在は新しい経済環境に合致した新しい雇用制度が模索されている時代といえる.

1. 問題意識

　本書は，日本的雇用制度と家庭における性別分業が強い相互依存関係にあることを明らかにする．日本的雇用制度は女性差別的慣行をともなうため，差別された女性が専業主婦となり家庭における性別分業が形成される[3]．性別分業によって家事労働から解放された男性労働者が企業の労働に専念し，日本的雇用制度を可能にする．このような相互依存関係を理論的および実証的に明らかにすることが本書の第二の目的である．

　ジェンダー経済格差発生の経済的メカニズムが明らかになれば，政策的インプリケーションを引き出すことが可能となる．これが本書の第三の目的である．

　わが国のジェンダー経済格差が一向に縮小しないのは，ワーク・ライフ・バランス（仕事と生活の調和，Work-Life Balance，以下WLBと略す）が実現しておらず，そのため女性が働きにくいことが最大の要因だ[4]．わが国は，保育所などWLBを可能にするための社会的インフラが実に貧弱だ．そのうえ，雇用慣行や企業間の取引慣行が，家事・育児から解放された男性労働者を前提としている．たとえば，長時間労働，突然の残業や休日出勤，頻繁な転勤，納期までの時間的余裕のない急な発注や受注，夜間の商談や接待，等々である．

　しかし，このような雇用慣行は，女性の活躍を妨げるという側面をもちながらも，合理性があるからこそ長期間続いているのだ．そのような合理的側面の理解なしに，働き方の見直しを主張するだけでは，真の解決にはならない．事実，1986年の「前川レポート」以降，日本人の働き方の見直しの必要性が何度も議論の的になった．近年では，少子化対策が出るたびに，男性の働き方の見直しが叫ばれる．しかし，日本人の働き方は一向に変化する兆しがない．本書は，なぜわが国ではWLBを可能にするような雇用制度が実現できないかを議論した上で，実現可能な政策を議論する．

---

[3] 「女性差別」の厳密な定義は，第2章で行う．序章では，「性別を基準に処遇を決定する」という意味で女性差別という言葉を使う．

[4] ワーク・ライフ・バランスは「仕事と家庭生活の調和」あるいは「仕事と私生活の調和」とも訳される．仕事と家事，育児，趣味，習い事，ボランティア活動など仕事以外の活動を両立させることを意味する．本書では，「ライフ」のなかでも家事と育児に重点を置いて議論する．なぜならば，女性の就業を困難にしている第一の要因は家事と育児だからである．

序章　ジェンダー経済格差とは何か

2．国際比較

わが国のジェンダー経済格差がどの程度大きいかを見るために，主要先進国のジェンダー関連統計を比較しよう．

図序-1は，横軸に人間開発指数（Human Development Index），縦軸にジェンダー・エンパワーメント指数（Gender Empowerment Measure）をとって，人間開発指数の上位30の国と地域を選んでプロットしている．人間開発指数は，平均寿命，成人識字率，総就学率，一人あたり国内総生産（GDP）を指数化し，それぞれ1/3，2/9，1/9，1/3の比重をつけて平均したものだ．それに対し，ジェンダー・エンパワーメント指数は，国会議員に占める女性の割合，管理的職業従事者に占める女性の割合，専門職・技術職に占める女性の割合，総勤労所得に占める女性の勤労所得の割合を，それぞれ人口に占める女性の割

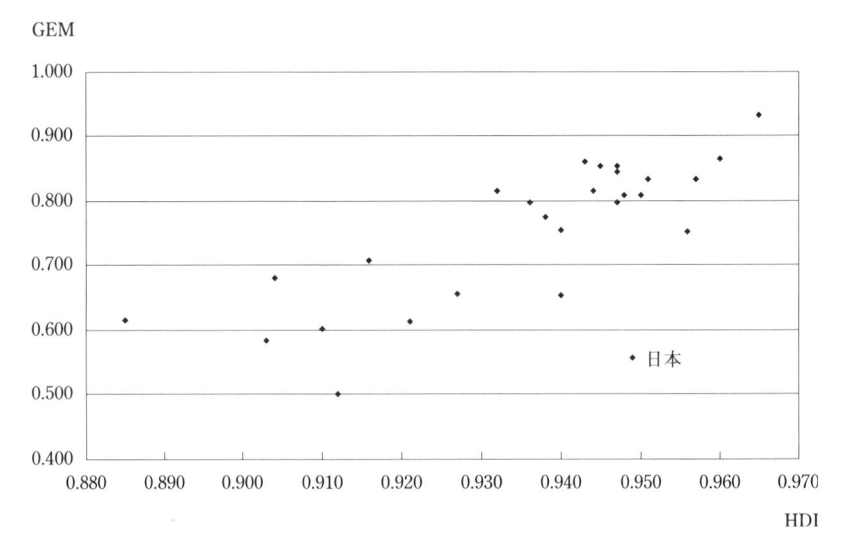

図序-1　人間開発指数とジェンダー・エンパワーメント指数の分布

注1）HDIは人間開発指数（Human Development Index）の略，GEMはジェンダー・エンパワーメント指数（Gender Empowerment Measure）の略．
注2）人間開発指数上位30の国と地域を選んでいる．ただし，ルクセンブルグ，フランス，香港はジェンダー・エンパワーメント指数のデータがないため，除いている．
出典：United Nations Development Programme（2006）．

2. 国際比較

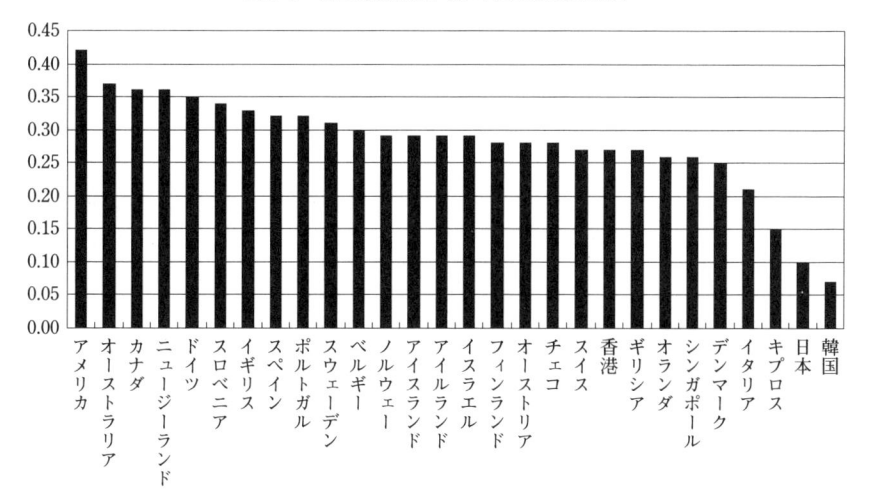

図序-2 管理的職業従事者に占める女性の割合

[Bar chart showing proportion of women among managerial workers by country, from highest to lowest: アメリカ, オーストラリア, カナダ, ニュージーランド, ドイツ, スロベニア, イギリス, スペイン, ポルトガル, スウェーデン, ベルギー, ノルウェー, アイスランド, アイルランド, イスラエル, フィンランド, オーストリア, チェコ, スイス, 香港, ギリシア, オランダ, シンガポール, デンマーク, イタリア, キプロス, 日本, 韓国]

注1) 人間開発指数上位30の国と地域を選んでいる．ただし，ルクセンブルグ，フランス，香港は，管理的職業従事者のデータがないため，除いている．
注2) 1992年から2004年までの入手可能な最も新しいデータに基づく．
出典：United Nations Development Programme (2006).

合で調整して指数化し，1/3，1/6，1/6，1/3の比重をつけて平均したものだ．人間開発指数がその国や地域の生活の質や発展の度合いを示すのに対し，ジェンダー・エンパワーメント指数は，女性の政治・経済活動への参加や経済資源の支配力などを表している[5]．

図序-1によれば，人間開発指数が高い国ほど，ジェンダー・エンパワーメント指数も高い傾向がある．そのなかで，わが国は例外的にジェンダー・エンパワーメント指数が低い．日本の人間開発指数は，世界で7番目に高いが，ジェンダー・エンパワーメント指数は0.557で42位だ．図のなかで日本よりジェンダー・エンパワーメント指数が低いのは韓国（0.502，53位）だけだ．日本では，女性の活躍がいかに困難かを示している．

ジェンダー・エンパワーメント指数を形成する四つの統計すべてにおいて，わが国の女性の社会的地位の低さが現れているが，そのなかからジェンダー経済格差を示すものとして，管理職に占める女性の割合と女性の相対的就業率を

---

[5] 計算方法の詳細については，United Nations Development Programme (2006) のTechnical Notesを参照．

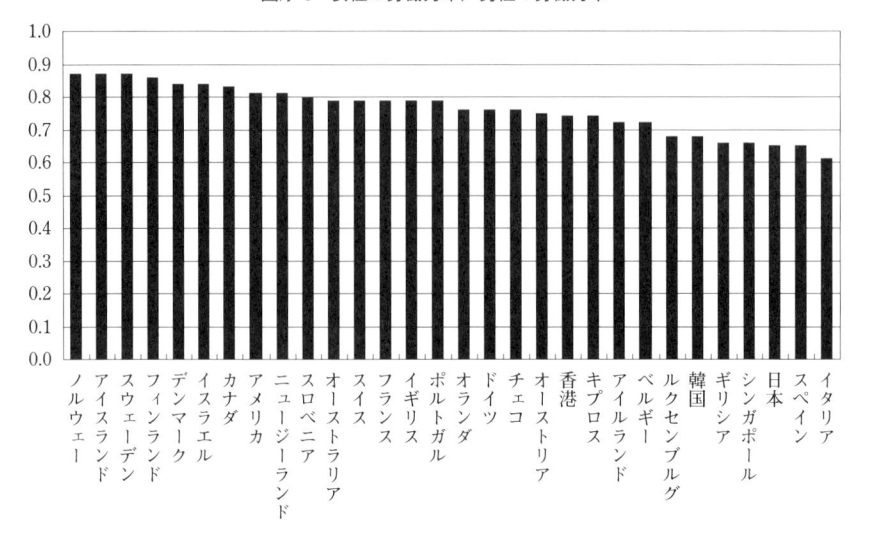

図序-3　女性の労働力率／男性の労働力率

(グラフ：人間開発指数上位30の国と地域。左から順に)
ノルウェー、アイスランド、スウェーデン、フィンランド、デンマーク、イスラエル、カナダ、アメリカ、ニュージーランド、スロベニア、オーストラリア、スイス、フランス、イギリス、ポルトガル、オランダ、ドイツ、チェコ、オーストリア、香港、キプロス、アイルランド、ベルギー、ルクセンブルグ、韓国、ギリシア、シンガポール、日本、スペイン、イタリア

注1）人間開発指数上位30の国と地域を選んでいる．
注2）男性の労働力率を1としている．
注3）2004年の各国の統計に基づく．
出典：United Nations Development Programme（2006）．

見てみよう．

　図序-2が管理職に占める女性の割合を示している．図序-1と同様，人間開発指数の上位30の国と地域を選んでいる．ここでも日本と韓国の低さが際立っている．また，アメリカ，オーストラリア，カナダ，ニュージーランドなどのアングロ・サクソン諸国が上位に位置している．

　図序-3は，人間開発指数上位30の国と地域について，女性の労働力率を男性の労働力率で割った値が大きい順に並べている．上位は，ノルウェー，アイスランド，スウェーデン，フィンランド，デンマークと，北欧諸国が独占している．カナダ，アメリカ，ニュージーランド，オーストラリアなどのアングロ・サクソン諸国は，第2グループを形成している．日本は，スペインと並んで下から2番目，日本より下にはイタリアしかいない．

　図序-2では北欧諸国が中央あたりに位置していたのが，図序-3では上位を占めている．これは，WLB政策が行き届いていることが背景にある．男女の均等化という点ではアングロ・サクソン諸国が先頭を行き，WLBおよび性別

2. 国際比較

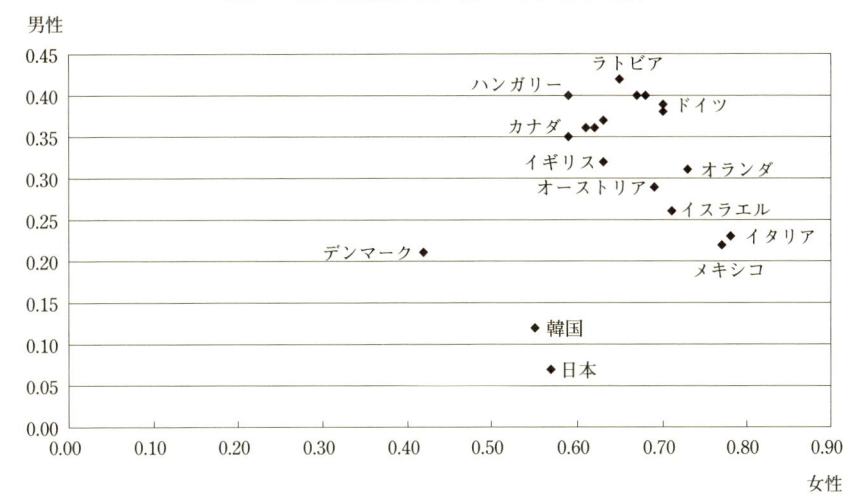

図序-4　男女別全労働時間に占める家事時間の割合

注1）OECD諸国のうち，統計が存在する国を掲載している．
注2）全労働時間（稼得労働時間＋家事労働時間）に占める家事労働時間の割合をパーセントで示している．家事労働時間には，地域活動の時間も含む．
注3）国名と調査年は，図の左から順に，デンマーク（1987年），韓国（1999年），日本（1996年），カナダ（1998年），ハンガリー（1999年），フィンランド（1987-88年），ノルウェー（1990-91年），アメリカ（1985年），イギリス（1985年），ラトビア（1996年），フランス（1999年），ニュージーランド（1999年），オーストリア（1992年），オーストラリア（1997年），ドイツ（1991-92年），イスラエル（1991-92年），オランダ（1995年），メキシコ（2002年），イタリア（1988-89年）．
出典：United Nations Development Programme（2006）．

分業の解消という点では，北欧諸国が先頭を行っていることがうかがえる．

次に，稼得労働と家事労働の時間配分について見る．図序-4は，全労働時間に占める家事労働時間の割合を男女別に計算し，それをプロットしたものだ．家事労働時間には，家事，育児，家族の世話等の時間のほかに，地域活動の時間も含んでいる．データは1985年から2002年まで調査年に大きなばらつきがあるうえに，調査方法や活動の定義も異なる．したがって，厳密な比較はできないが，大まかな傾向は見てとれる．

図を見ると，大きく二つのグループに分かれることがわかる．デンマーク，韓国，日本は，左下に集まっており，その他のグループは右上に集まっている．各グループ内では，男性家事労働比率と女性家事労働比率の間に負の相関関係がある．デンマーク，韓国，日本では，男女を合計すると，全労働時間のおよそ30％強を家事労働に費やしている．それに対し，その他の国は，全労働時

間のおよそ50%を家事労働に費やしている．なぜ，このようにはっきりと二つのグループに分かれるのか，なぜ，デンマークが日本，韓国と同じグループに入るのか，興味深い事実だが，本書ではこれ以上議論しない．

本書の課題にとって重要なのは，男女の比較だ．わが国の男性の家事労働時間は全労働時間のわずか7%で，韓国の12%をも下回って最低だ．稼得労働時間と家事労働時間の合計は，どこの国でも男女で大きな差はないことを前提に，家事労働時間の男女比を計算すると，わが国は女性が男性のおよそ8倍の家事をこなしていることになる．韓国が5倍弱で，日本に続いている．それに対し，19か国中11か国では，この比率は2倍以下である．日本の性別分業がいかに極端であるかわかる．

以上，管理職比率，労働力率，稼得労働と家事労働の配分のいずれをとっても，わが国のジェンダー経済格差は大きい．なぜ，このように大きなジェンダー経済格差が存在しているのだろうか，それを是正するために政府はどのような政策をとるべきだろうか．

3．本書のアプローチ

ジェンダー経済格差発生の経済的メカニズム

筆者は，生物学的な性差や社会規範がジェンダー経済格差の原因であることを否定するわけではない．しかし，本書の関心はあくまで女性差別を生み出す経済的メカニズムの解明にある．そして，そのメカニズムを理解するうえで最も重要な概念だと筆者が考えているのは「戦略的補完性」だ．これはゲーム理論の用語で，他の者が特定の戦略を採用するようになると，自分も同じ戦略を採用するインセンティブが高まる状態をいう[6]．

読者の多くにとっては聞き慣れない言葉だと思うので，「戦略的補完性」があるゲームの身近な例を示そう[7]．他の消費者と同じ種類の商品を消費しようというインセンティブが生ずることが，メディア機器ではしばしば見られる．

---

[6] これは，青木・関口・堀（1996）による戦略的補完性の定義である．ここでは戦略の数が有限であることを前提としているが，一般には戦略がある範囲の実数であることを仮定して戦略的補完性を定義することが多い．たとえば，Bulow, Geanakoplos and Klemperer (1985) や Cooper and John (1988) がそうである．

[7] ここで例にあげているゲームは，協調ゲームと呼ばれる種類のゲームである．

次世代 DVD 規格をめぐる HD-DVD とブルーレイ・ディスク（BD）の闘いや，ビデオ規格をめぐるベータマックスと VHS の闘いは，消費者のそのような行動に起因している．次世代 DVD をめぐる闘いはまだ進行中なので[8]，ここではビデオ規格をめぐる争いを紹介しよう．

少し古い話になるが，家庭用ビデオ規格をめぐって，日本ビクターとソニーとの間に VHS vs. ベータマックス戦争が繰り広げられたことがある．どちらの規格にも一長一短があったが，消費者にとって最大の問題は，両者に互換性がなかったことだ．VHS のビデオデッキを持っている人には，ベータマックスのビデオテープは使用できない．逆も然り．しかし，このような不便な状態は長続きしなかった．やがてベータマックスが市場から駆逐されるという形で決着がついた．

さて，ここで筆者が注目したいのはそれぞれの企業の戦略ではなく，消費者の行動だ．消費者は何を基準にビデオデッキを選択したのだろうか．もちろん，すべての消費者にとって，性能のいい規格が生き残ることが望ましい．しかし，消費者が実際にビデオデッキを購入する際に最も重視したのは商品の性能ではなかった．他の消費者がどちらを持っているかだった．たとえ，ベータマックスが VHS より品質的に優れていようと，消費者の大多数が VHS のデッキしかもっていなければ，友達とビデオテープをやりとりすることができないし，レンタルショップで借りられるビデオテープの種類も限られる．したがって，社会の大勢につくのが消費者の最良の選択だった．これが，戦略的補完性だ．

戦略的補完性があるゲームでは，複数の均衡が発生する可能性が高い．実際は VHS がベータマックスを駆逐するという均衡に落ち着いたが，理論的にはベータマックスが VHS を駆逐するという均衡もありえた．もし，すべての消費者がベータマックスをもっていたら，どの消費者もあえて VHS に替えようとはしなかっただろう．

ジェンダー経済格差もこのような戦略的補完性が原因で生じている，というのが本書の基本的な視点だ．戦略的補完性によってジェンダー経済格差が均衡となるようなゲームが経済構造に潜んでいる．そのイメージを描いたのが図序-5 である．

図の矢印は四つの制度（慣行を含む）の相互依存関係を表わしている．そし

---

[8] 本書の執筆時点では，東芝が HD-DVD からの撤退を決定したため，ブルーレイの勝利が濃厚である．「日本経済新聞」，2008 年 2 月 17 日，朝刊．

序章　ジェンダー経済格差とは何か

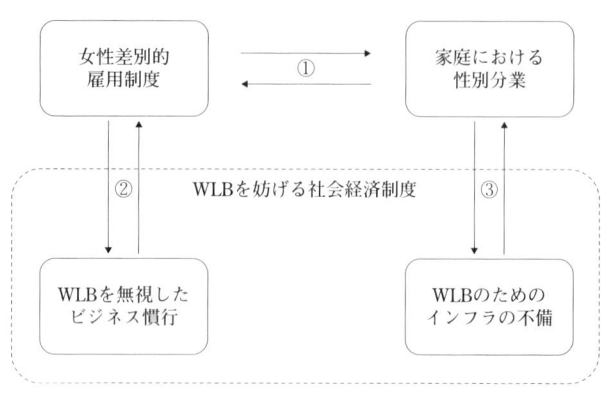

図序-5　ジェンダー経済格差を生み出す構造

```
┌──────────┐    ①     ┌──────────┐
│女性差別的 │ ──────→ │家庭における│
│雇用制度   │ ←────── │性別分業   │
└──────────┘          └──────────┘
      ↑                      ↑
  ┌───┼──────────────────────┼───┐
  │   │② WLBを妨げる社会経済制度 ③│   │
  │   ↓                      ↓   │
  │┌──────────┐          ┌──────────┐│
  ││WLBを無視した│          │WLBのための││
  ││ビジネス慣行 │          │インフラの不備││
  │└──────────┘          └──────────┘│
  └──────────────────────────────┘
```

注）WLBはワーク・ライフ・バランスの略．

て，それらは単なる相互依存関係に止まらず，戦略的補完性によって企業の女性差別や家庭の性別分業が自己拘束的となるような関係を含んでいる．詳細は，第5章で議論するので，ここでは，簡単な例をあげるにとどめる．

①企業の雇用戦略の戦略的補完性

　女性の離職確率が男性より高いという理由で，女性を差別し，男性を優遇する企業が多くなると，家庭では男性が稼得労働に責任をもち，女性が家事労働に責任をもつという性別分業が一般的となる．その結果，労働市場における女性の努力水準は低下し，ますます女性の離職確率が上昇する．それによって，女性を男性と平等に処遇している企業は利益をあげられなくなり，女性を差別せざるをえなくなる．

②企業のビジネス戦略の戦略的補完性

　家事や育児から解放され，企業での仕事に専念できる男性労働者しかいない企業では，夜間の営業活動や，夜間・休日の接待を行う．そのような企業が増えると，夜間・休日の業務を行わない企業は競争に勝てなくなる．こうして，すべての企業がWLBを無視したビジネス戦略をとり，WLBを無視したビジネス慣行が形成される．

③家庭の分業戦略の戦略的補完性

　片稼ぎ家庭（夫または妻のみが労働市場で働いている家庭）は，保育サービスの充実などのWLB政策を実施するより，そのような政策に使う税金を減らし，所得税の配偶者控除を行うという政策を支持する．したがって，片稼ぎ家庭が増えると，WLBのためのインフラは整備されない．その結果，共稼ぎ家庭の効用は低下し，片稼ぎ家庭がますます増える．

　こうして，＜WLBを無視したビジネス慣行＝企業における女性差別的雇用制度＝家庭における性別分業＝WLBのためのインフラの不備＞という状態が均衡となる．ただし，戦略的補完性がある場合には，複数均衡が存在する可能性が高い．つまり，仮に多数の企業が女性差別を止めると，多数の夫婦が共稼ぎとなり，WLBと整合的なビジネス慣行が成立し，WLBを支える社会的インフラが整備される可能性がある．いいかえると，理論的には次のような均衡が実現する可能性がある．

＜WLBと整合的なビジネス慣行＝企業における男女平等雇用制度＝家庭における男女平等分業＝WLBのためのインフラの充実＞

　女性差別や性別分業をゲームの均衡と捉える考え方は，ジェンダー経済格差の国際比較をする際や，経済制度の改革を考察する際に威力を発揮する．日本や韓国は前者の均衡に近く，欧米は後者の均衡に近い．本書のこのようなアプローチは，青木昌彦によって提唱された比較制度分析に依拠している[9]．

日本的雇用制度と家庭における性別分業の相互依存関係

　上記の例からわかるように，本書では，企業による女性差別と家庭における性別分業とそれらを支える社会経済制度を一つの枠組みのなかで捉えようとする．なかでも，企業における女性差別的雇用制度と家庭における性別分業の相互依存関係は，ジェンダー経済格差の発生メカニズムにとって中心的役割を果たしている．

　わが国のジェンダー経済格差が，先進国のなかでは極度に大きいのは，いわ

9　比較制度分析については，Aoki（2001：滝澤・谷口訳 2001），青木・奥野（1996）に詳細な説明がある．

13

序章　ジェンダー経済格差とは何か

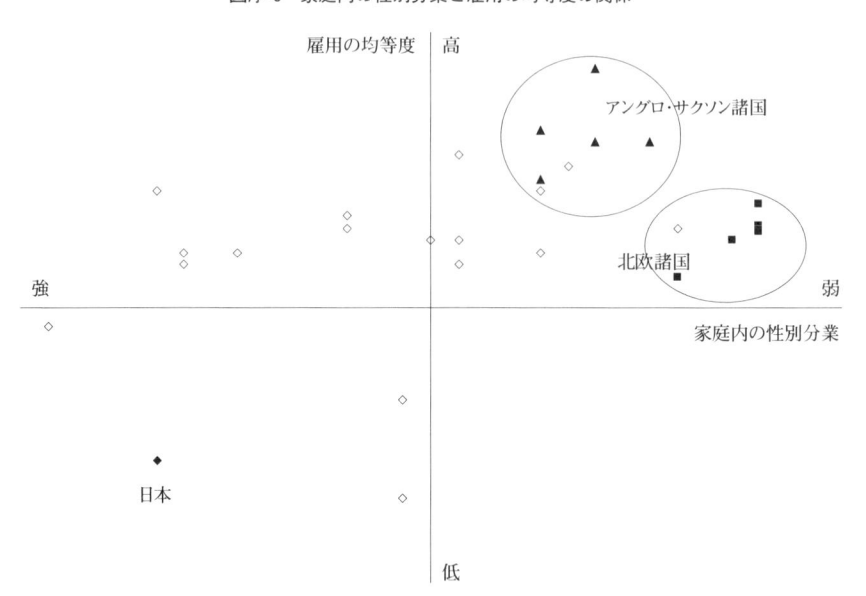

図序-6　家庭内の性別分業と雇用の均等度の関係

注1）横軸は図序-3の「女性労働力率／男性労働力率」を，縦軸は図序-2の「管理的職業従事者に占める女性の割合」をとり，それぞれの値の組み合わせをプロットしている．
注2）▲はアングロ・サクソン諸国を，■は北欧諸国を，◆は日本を示す．
注3）軸は図を見やすくするために描いているもので，軸の位置に意味はない．
出典：United Nations Development Programme（2006）．

ゆる日本的雇用制度と家庭における性別分業に強い相互依存関係があるためだ．長期的雇用に基づく人材育成制度は，離職確率の高い女性を基幹的職種から排除する．企業から排除された女性は専業主婦となり，家事・育児に専念する．家事・育児から解放された男性は仕事に専念する．こうして，残業，出張，配置転換，転勤など，企業が自由に労働者を使える柔軟な雇用制度が可能になる．日本の雇用制度のもとでは，安定的な雇用と家族賃金が男性労働者に与えられ[10]，それによって安定的な性別分業が支えられる．このように，日本的雇用制度と家庭における性別分業という相互依存的な二つの制度が，わが国のジェンダー経済格差を大きく，安定的なものにしていることを本書は明らかにする．

10　家族賃金についての議論をわかりやすくまとめたものに，木本（1995b）がある．

3. 本書のアプローチ

制度改革の模索

　以上で説明した企業における女性差別的雇用制度と家庭における性別分業の相互依存関係は，均等度と性別分業の国際比較によっても確認できる．図序-6は，横軸に図序-3の「女性労働力率／男性労働力率」を，縦軸に図序-2の「管理的職業従事者に占める女性の割合」をとり，それぞれの値の組み合わせをプロットしている．横軸は，家庭内の性別分業の度合いを，縦軸は雇用の均等度を表すと解釈できる．ただし，性別分業は左ほど強い．

　わが国は，左下角に近いところに位置する．女性差別的雇用制度と家庭における性別分業という二つの制度が相互に依存し合い，安定的な均衡状態にある．女性差別的雇用戦略をとる企業が多いと，平等戦略をとる企業の利益が低下し，差別的雇用戦略を強いられるという戦略的補完性が存在している．家庭についても，強い性別分業戦略をとる家庭が多いと，共稼ぎ戦略をとる家庭の効用が低下し，性別分業を強いられる．また，女性差別的雇用制度は，家庭における性別分業と相互依存関係にある．

　右上の諸国は対極的な安定的均衡状態にある．女性が活躍する企業が多くなると，家庭での性別分業が弱くなり，共稼ぎに適した経済制度が形成される．女性の離職確率は低下し，女性を活用できない企業は生き残れない．欧米諸国のなかでも，アングロ・サクソン諸国は均等化がより進み，北欧諸国は性別分業の解消がより進んでいる．

　アングロ・サクソン諸国と北欧諸国の違いの分析は，本書の課題ではない．日本と比べると，いずれのグループも大差がないと思えるほど，性別分業の解消と雇用の均等化が進んでいる．本書の関心は，いかにして日本を右上の領域に移行させるかということだ．

　理論的には二つの可能性がある．一つは，税や社会保障など国民の負担で充実したWLB政策を実施することだ．たとえば，保育所の待機児童を限りなくゼロに近づけるとか，育児休業中の所得補償を充実させるなどだ．それによって女性の離職確率が低下すれば，企業が女性を差別する合理的理由はほとんどなくなる．これは，北欧型の政策と言ってよい．

　しかし，北欧のような国民の高負担に基づく充実したWLB政策は，日本が手本とするにはあまりに現実とかけ離れている．増税に対する国民の強い拒否反応，小さな政府に対する信仰に近い支持，公務員に対する執拗なバッシングなどを見ると，日本の国民性は高福祉高負担社会とは相容れないようだ．また，

出産後は専業主婦になる女性が多い日本では，WLB政策に大きな予算を割くことへの支持は得にくい[11]．

もう一つの可能性として，企業が自主的にWLB施策を実施し，女性の離職確率を低下させるという方法がある．これは，アングロ・サクソン諸国の企業で見られる経営戦略だ[12]．わが国でもそのようなWLB施策を実施している企業が増えてはいるが，アングロ・サクソン諸国と比べると施策は貧弱だ[13]．

では，わが国の企業のWLB施策が，アングロ・サクソン諸国のように充実したものになる可能性はあるだろうか．一見すると，そのような可能性は低いように思える．離職確率の高い女性を差別するのが企業にとって合理的であるからこそ，わが国にはそのような企業が多いのである．図序-5は，そのような企業の女性差別が家庭での性別分業と相互依存関係にあり，安定的な均衡を形成していることを示している．

しかし，図序-5は重要な事柄を捨象している．それは，企業は常にイノベーションを行い，新しい経営戦略を模索しているということだ．もし，革新的企業が女性にとって働きやすい経営を行い，そして，そのような企業が増えると，図のような女性差別と性別分業の均衡は消滅してしまう可能性がある．

さらに，バブル経済崩壊後の経済環境の変化は，日本的雇用制度の見直しを迫っている．資本構成の変化がもたらした株主によるコーポレート・ガバナンスの強化，少子化による労働力の不足，女性の学歴上昇，等々．これらは，女性の活躍にとって追い風となっている．いまや女性差別と性別分業の均衡は，ゆらぎ始めている．

政府は，均等化を進める企業やWLB施策を推進する企業がより競争力を発揮できるような競争のルールを整備することで，そのような企業を後押しできる．それによってわが国は，女性差別と性別分業の均衡から脱却できるかもし

---

[11] 筆者自身は，WLBを充実させるための政策とそのための国民負担の増加には賛成であり，そのような政策の必要性を訴えたい．しかし，わが国の現状を見ると，それが一朝一夕に実現するとは思えない．そこで，それを補う方法として，企業による自主的なWLB施策の重要性を強調したい．

[12] イギリスでは，ブレア政権誕生後，企業のWLBへの取組を政府が後押しする政策を進めている．イギリス政府のWLB政策については横田（2006）が簡潔に説明している．

[13] OECD（2001a，2001b，2003，2004，2005）がWLBについて詳しい国際比較をしている．また，前田（2000）が，日本・オランダ・アメリカのWLBについて比較研究を行っている．

れない．このような政策の可能性を本書では検討したい．

4．本書の構成

以下では，本書の構成を説明するとともに，本研究の独自性がどこにあるかを明らかにしたい．

第1章から第3章までは，ジェンダー経済格差に関する理論的研究のサーベイを行っている．先行研究を整理し，問題点を明らかにし，第5章と第6章の本格的な理論的考察につなげることを目的としている．

第1章「ジェンダー経済格差は男女の適性の違いから生じるのか：教育・就業選択の諸理論」では，教育や就業についての自主的な選択の結果として，ジェンダー経済格差が生ずる可能性を考察する．教育水準，教育分野，職業，就業形態などにジェンダー格差が生ずる原因として，生物学的性差仮説，社会環境仮説，経済合理的選択仮説の三種類の仮説を考察する．

第2章「なぜ企業は女性を差別するのか［Ⅰ］：非合理的差別の諸理論」では，企業による女性差別の非合理的側面について議論する．本章の議論の独自性は，Beckerの「嗜好による差別」以外に非合理的差別はたくさんあることを指摘していることだ．その上で，非合理的女性差別を六つに類型化して説明する．「非合理的差別」は，「非効率的経営による差別」といいかえることができる．効率的な経営は女性差別の解消につながるという視点は，わが国が陥っている女性差別的均衡からの脱出策を考察するうえで重要である．

第3章「なぜ企業は女性を差別するのか［Ⅱ］：統計的差別の諸理論」では，統計的差別の理論を整理し，それがわが国における女性差別の分析にどのように応用できるかについて議論する．従来，わが国の研究ではあまり注目されなかった個人差別とグループ差別の違いに着目し，賃金における差別では女性がグループとして差別されるわけではないが，採用における差別では女性がグループとして差別される可能性があることを明らかにする．

第4章「現実は理論を支持しているのか：差別の実証分析」では，第2章で議論した非合理的差別と第3章で議論した統計的差別の存在を，わが国のデータを使って検証する．従来の非合理的差別の実証分析では，女性差別の程度を捉える指標として女性正社員比率を用いるのが一般的だったが，本章の研究ではそれに加えて，社員による均等度評価，女性管理職比率，ジェンダー賃金格

差などを用いる．さらに，これまでほとんど行われなかった統計的差別の実証分析を行った点でも本章の研究は意義がある．

第5章「ジェンダー経済格差を生み出すメカニズムは何か」は，本書の中心的な章である．ここでは，それまでの章の議論を踏まえて，ジェンダー経済格差が生ずるメカニズムを理論的に分析する．そして，「企業における女性差別的雇用制度」，「家庭における性別分業」，「WLBを妨げる社会経済制度」の三つの制度が相互依存関係にあり，それがジェンダー経済格差を生み出していることを明らかにする．

第6章「なぜ日本の雇用制度のもとでは女性が活躍しにくいのか」では，第5章の理論モデルで明らかにされた三つの制度の相互依存関係のうち，「企業における女性差別的雇用制度」と「家庭における性別分業」に着目し，日本的雇用制度を形成する具体的な諸制度が性別分業といかに相互依存的な関係にあるかを分析する．そして，終章でおこなう政策的議論の理論的基礎を提供する．

第7章から第9章までの三つの章では，実証分析を行っている．これらの章の目的は二つある．一つは，第5章と第6章の理論分析の前提となっている事柄を，データを使って確認すること，もう一つは，第5章と第6章の議論から得られる結論をデータで確認し，終章の政策提言への橋渡しをすることだ．

第7章「結婚や出産によって賃金はどう変わるのか：結婚・出産プレミアムの男女比較」では，結婚や出産を契機として行われる性別分業が男女の経済的地位に対照的な影響を与えることを検証する．結婚や出産が賃金に及ぼす影響の研究は海外では少なくないが，わが国ではほとんどなされてこなかった[14]．

第8章「男女が働きやすい職場とは：均等化施策とワーク・ライフ・バランス施策が賃金と就業継続意欲に及ぼす影響」では，均等化やWLBを積極的に推進している企業において，男女共に賃金が高く，女性の就業継続意欲が高いことを実証する．本章の研究は，先行研究と比べて，均等度やWLBについての多様な指標を用いている点，そして，それらが女性のみならず男性に及ぼす影響をも分析している点に意義がある．

第9章「革新的企業では女性が活躍しているのか：コーポレート・ガバナンス／経営改革と女性の活躍」では，第5章と第6章における理論分析の結論を実証分析によって検証する．まず，日本的雇用制度の諸特徴が女性の活躍を妨

---

[14] なお，第7章は『日本労働研究雑誌』第535号（2005年1月）に掲載された論文を大幅に修正したものである．

げていることを，日本的雇用制度の多様な指標を用いて証明する．日本企業で女性がいかに差別されているかを明らかにした事例研究は多いが，日本的雇用制度と女性差別の関係を計量分析によって明らかにするのは本章の研究が初めてである．続いて，株主によるガバナンスが機能し経営改革を積極的に推進している革新的企業では女性が活躍していることを実証する．コーポレート・ガバナンスや経営改革と女性の活躍の関係を計量的に分析するのも本書が初めてであるという点で，本研究の意義がある．

　最後に，終章「ワーク・ライフ・バランス社会実現をめざして」では，WLB の実現によって，ジェンダー経済格差社会からジェンダー平等社会へ移行する可能性を議論する．それまでの章の議論を基に，女性が活躍する革新的企業が，よりよい人材を集め，より高い生産性を発揮することを後押しするための政策を考える．企業が WLB の実態に関する情報を開示するような制度を整え，それによって透明性の高い効率的労働市場を形成することを提言する．

第1章 ジェンダー経済格差は男女の適性の違いから生じるのか：教育・就業選択の諸理論

> 要約
>
> 　教育と就業におけるジェンダー格差の原因を説明する仮説は，生物学的性差仮説，社会環境仮説，経済合理的選択仮説の三つに分けることができる．本章では，これらの仮説についての先行研究を紹介し，政策的インプリケーションを導く．
>
> 　まず，認知能力や嗜好には明らかな性差があることが近年の研究から明らかになっている．しかし，それが生物学的な要因によるのか，社会環境の影響によるのかについては決着がついていない．また，認知能力の性差は，わが国のジェンダー経済格差と比較すると非常に小さいものである．認知能力や嗜好の性差は，経済構造を介してジェンダー経済格差となって現れる．したがって，わが国のジェンダー経済格差を分析するには，格差を生み出す経済構造に着目する必要がある．
>
> 　経済合理的選択仮説として，人的資本理論，家計生産理論，補償賃金理論の三つと，人的資本理論と家計生産理論を統合した理論を紹介する．これらの経済理論から，ワーク・ライフ・バランス（以下WLBと略す）が実現していない社会では，教育の性別分離や，家庭や労働市場での性別分業が発生しやすいという政策的インプリケーションが導かれる．つまり，企業が正社員を拘束する程度が強く，正社員にとって労働時間選択の自由度が小さく，そして保育所などの家事・育児代替サービスが充実していない社会では，夫婦の一方が家事労働に専念する必要があるため，性別分業が発生しやすい．さらに，正社員の労働時間や休暇などの選択の自由度が小さいことが，正社員と非正社員の賃金格差を大きくしている．したがって，企業が正社員のWLBを重視した雇用制度を導入すること，また，政府は育児や介護サービスを安価に提供する社会的インフラを整えることが，ジェンダー経済格差の解消にとって重要である．

1．課題と構成

『話を聞かない男，地図が読めない女』(Pease and Pease 1999：藤井訳 2000) がベストセラーになったことは記憶に新しい．彼（女）らは，男女の考え方や行動の違いは，主に脳の構造や性ホルモンなど生物学的要因に起因することを強調している．そして生物学的な性差が発生する理由として進化論的な解釈を用いている．男性は旧石器時代から狩猟に従事してきたために空間的な能力が発達するよう進化したというように．

男女の能力や嗜好の違いが生物学的な性差に基づくという考えは，わが国ではメディアなどで「科学的事実」として受け入れられつつある．家庭教育雑誌でも，「男の子脳×女の子脳」（『日経 kids+』2006 年 11 月号）とか，「脳の構造が違えば得意不得意も違う　男の子の勉強法，女の子の勉強法」（『日経 kids+』2007 年 7 月号）といった記事をしばしば見かける．

Kimura（1999：野島他訳 2001）や Baron-Cohen（2003：三宅訳 2005）は教育や職業選択における男女の違いも生物学的な性差で説明できるとする．彼（女）らによれば，大学の理工系に男性が多く，人文科学系に女性が多いのは，男性が数学の能力に優れ，女性が言語能力に優れているからだ．また，同じ理科系でも男性は機械を対象とする工学関係に多く，女性は人を対象とする医療関係に多い．看護師や保育士に女性が多いのは，女性は人の気持ちがよくわかり世話が上手だから，専業主婦が専業主夫より多いのも，女性は人の世話が好きだからということになる．

Pease and Pease のように夫婦喧嘩の原因究明について議論する分には罪がないが，話が教育や職業選択に及ぶと聞き流すことができない．本章では，教育や就業選択のジェンダー格差がどのような要因によって生まれるのかについて，先行研究のサーベイを中心に考察する．

ジェンダー経済格差は，本人の自主的選択によって生ずるものと，労働市場における機会の不平等（＝女性差別）によって生ずるものに分けて考えることができる．前者をこの章で，後者を続く二つの章で議論する．もちろん，現実には，自主的選択と差別が一体となってジェンダー経済格差を形成していることが多い．たとえば，家庭内分業による女性の家事負担が企業の採用や人事考課における差別を生むとか，企業の総合職採用には女性差別があるため，女性

は初めから総合職を避け一般職に応募するというように．しかし，少なくとも議論の出発点としては，自主的選択と企業による差別を区別した方が理解しやすい．

ジェンダーによる教育分野や職業の相違が自発的な選択の結果として生まれる理由として，生物学的性差，社会環境，経済合理的選択の三つから説明することが可能だ．

生物学的性差仮説は，男性と女性の脳の構造や機能の違い，あるいはホルモンの違いが能力や嗜好の性差を生み，それがジェンダー経済格差をもたらしているとする．近年，認知心理学は能力の性差についての膨大なデータを蓄積しており，どのような能力で男性が平均的に優れ，どのような能力で女性が平均的に優れているかについて合意が形成されつつある．一方，脳科学の急速な発展により，脳の構造や機能には性差があることが明らかになった．また，ホルモンが人々の認知能力や行動に及ぼす影響の研究も蓄積されつつある．

社会環境仮説は，ジェンダーについての固定観念（ジェンダー・ステレオタイプ）が男女の教育や職業の選択肢を制限しているという仮説だ．子どもは生まれたときから，大人の固定観念の影響を受けて育つ．学校では教師や友達との交わりのなかで固定観念が形成されていく．これは，1970年代以降の第二波フェミニズム運動の流れを汲む考え方である．男性が「男性に適した職業」を志し，女性が「女性に適した職業」を志すのは，このような社会環境によって作られたものだと主張する．

経済学は，能力や嗜好の相違を前提としたうえで，人々の合理的な選択がジェンダー経済格差をもたらすメカニズムに光を当てる[1]．教育や職業や賃金のジェンダーによる相違を理解する上で有用な経済学理論には，人的資本理論，家計内生産理論，補償賃金理論の三つがある．

経済理論は，能力の性差や社会環境をパラメータとしてモデルに明示的に組み込むことが可能であり，パラメータの変化がジェンダー経済格差に及ぼす影響も分析できる．経済理論の利点は，ジェンダー経済格差を人々の合理的行動

---

[1] 経済学は，伝統的に，経済活動に必要なあらゆる情報を一瞬のうちに処理し，最適な行動を見つけだす合理的な「経済人」を仮定していた．しかし，近年では，限られた情報量と限られた情報処理能力を仮定することが多い．しかし，そのような状況のもとでも，人々はある程度の目的合理的な行動をとるし，経験を通じて学習する能力もある．本章で，「合理性」という場合には，このような広い意味での合理性を意味する．

によって説明するため，諸制度とジェンダー経済格差の関係を理論的に導き出せることだ．それによって，ジェンダー経済格差を解消するための制度設計も可能になる．

本書の目的は，あくまでジェンダー経済格差を生み出す経済構造の解明にある．生物学的性差や社会環境による説明は，主な関心事ではない．第2章以降の議論では，まったくといっていいほど，これらには言及しない．ただし，経済学によるジェンダー経済格差の説明は，生物学的性差や社会環境から生ずる能力や嗜好の性差を暗黙の前提としていることが多い．そこで，第1章では，生物学的性差や社会環境による教育や就業選択の説明についても文献サーベイを行う．

本章の構成は以下のとおりだ．第2節で教育や就業のジェンダー格差について，生物学的性差仮説と社会環境仮説を比較しながら解説し，次いで第3節で経済学的仮説を紹介する．そこでは，生物学的性差や社会規範が同じであっても，経済制度によってジェンダー経済格差が大きくもなれば小さくもなることを示す．最後に第4節で議論をまとめる．

2．生物学的性差仮説と社会環境仮説

図1-1は，わが国の短大と大学における男女別の学部・学科学生数と女子学生比率を表わしている．学部学科の専攻はその後の職業選択や就業・非就業の決定などに大きな影響を及ぼすジェンダー経済格差の重要な要因の一つだ．学生数の目盛は左に，女子学生比率の目盛は右にある．図によると，学部学科による男女の偏りは著しい．家政学と看護学では，女子学生が90%を超えているのに対し，工学では11%．理学も25%にすぎない．

このような性別による専攻学部・学科の違いは，わが国に限ったことではない．程度の差こそあれ，ほとんどの国で見られる．近年アメリカでは，認知心理学者の間で，認知能力の性差が学部・学科専攻の性的偏りを生み出したのではないかという論争が起きている．この節では，その論争を紹介しながら，教育や就業選択における生物学的性差仮説と社会環境仮説について考察したい．

第1章　ジェンダー経済格差は男女の適性の違いから生じるのか

図1-1　男女別学部・学科学生数と女子学生比率（短大・大学）

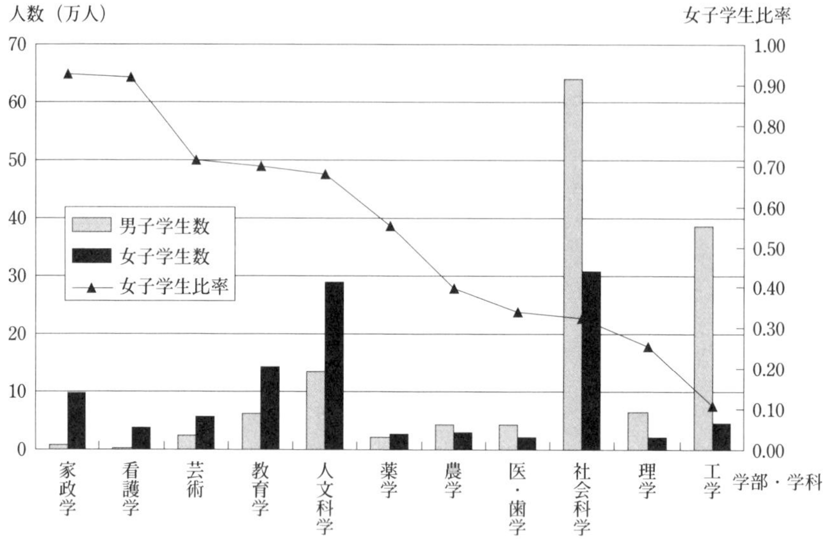

人数（万人）／女子学生比率（学部・学科：家政学、看護学、芸術、教育学、人文科学、薬学、農学、医・歯学、社会科学、理学、工学）

出典：文部科学省「平成18年度学校基本調査」，
　　　http://www.mext.go.jp/b_menu/toukei/001/06121219/002.htm, 2007年11月3日取得．

2.1　一般に語られている認知能力や嗜好の性差

　Pease and Pease（1999）がベストセラーになったことで，わが国では能力や嗜好の性差を生物学的性差から説明する本が多数出版された．そのなかで，注目に値するのは，Kimura（1999）と Baron-Cohen（2003）だ．著者はいずれも認知心理学者で，彼（女）らの主張の根拠となっている膨大な実証研究を紹介している．文献サーベイの形式をとっているため，信頼性が高い．これらの本を読み比べて明らかになったことは，Pease and Pease の主張は Kimura や Baron-Cohen の主張とほぼ一致しているということだ．能力や嗜好の性差が生物学的な性差に起因するという考え方は，今や脳学者や心理学者の間で一つの大きな流れとなっている．

　Kimura や Baron-Cohen の著書も含めて，今日わが国で一般に語られている認知能力の性差とその原因は，以下のようにまとめられる．

1）男性は空間能力や数学などの理工系の能力に優れているのに対し，女性は

言語能力に優れている.
2) 人間は量的・空間的思考を右脳で行い，言語を使うときは左脳を働かせる．男性は右脳がより発達し，女性は左脳がより発達している．
3) 女性は言語を使うとき，左脳のみならず右脳も使う．それが女性の言語能力を高めている．

また，嗜好や行動については次のような性差があるとされている．

1) 男性はモノ（とくに機械）を対象にして遊んだり仕事をしたりするのを好み，女性はヒトを対象として遊んだり仕事をするのを好む．
2) このような嗜好の性差は，ホルモンに起因する．男性ホルモンが多いと，ヒトよりもモノを対象にした遊びを好むようになる．

男女間での能力や嗜好の違いが主に生物学的な性差に基づくという主張は，本当に正しいのだろうか．認知心理学者の間ではそのような見解が主流となっているのだろうか．以下では，男女間での能力や嗜好の違いが生物学的に決定されるという仮説に関する論争を紹介し，教育や就業選択の男女差に関する生物学的性差仮説の信憑性を検討したい．

なお，筆者は心理学の専門家ではないので，この分野の膨大な研究のすべてに当たることはできない．以下では，Ceci and Williams（2007）に含まれている 15 本の論文（すべて文献サーベイの形式をとっている）と Kimura（1999），Baron-Cohen（2003）に依拠しながら議論したい．Ceci and Williams（2007）は，認知能力や大学の学部学科選択や職業選択の性差がどの程度生物学的性差に規定されているのかに関する論争の書だ．執筆陣が信頼できる認知心理学者であること，生物学的性差を重視する立場から社会環境の影響を重視する立場までさまざまな立場の研究者が執筆していることの二点において，最近のこの分野の研究状況を理解するのに適した書といえる[2]．

2.2 認知能力の性差

認知能力に男女差はあるのだろうか，あるとすればそれはどの程度だろうか．

---

[2] なお，本章の第 2 節の文章について，久保真人氏より丁寧なコメントをいただいた．ここに，感謝の意を表したい．残りうる誤りは筆者の責任である．

第1章　ジェンダー経済格差は男女の適性の違いから生じるのか

この分野の研究では，性差の有意性を，以下の式で定義される効果量（Effective Size: ES）で表すのが一般的だ[3]．

$$ES = \frac{M_m - M_f}{\sqrt{(\sigma_m^2 + \sigma_f^2)/2}}$$

ただし，M は平均値，σ は標準偏差，下付の m は男性，f は女性を意味する．分母は，男女の標準偏差の一種の平均値と解釈できる．平均値の差を標準偏差で割るのは，たとえ平均値の差が大きくても同性内のばらつきが大きければ，その差は重要ではないからだ．経済学でよく用いる「統計的有意性」とは概念が異なるので注意が必要だ．この分野の研究では，男性の平均値から女性の平均値を引くのが慣例で，効果量が負であれば女性の平均値のほうが男性より高いことを意味する．本書でもこの慣例に従う．通常，効果量の絶対値が 0.2 以下なら差は小さく，0.8 以上なら差がかなり大きいとされる．ちなみに，身長は計測するまでもなく男性のほうが平均的に高いことが容易にわかるが，効果量はおよそ 2 である．

　図 1-2 から 1-4 は，それぞれ効果量が 0.2，0.8，2.0 の場合の正規分布を描いている．効果量が 0.2 だと男女の違いはほとんど分からない．たとえば，ある能力について男性の平均値が女性より高いとしよう．効果量が 0.2 だと，男性の平均値（＝中央値）より能力の高い女性が 42% いることになる．この数字は，効果量が 0.8 だと 21%，2.0 だと 2% に下がる．ただし，効果量が小さくても，分布の右端や左端では男女の格差が大きくなる．たとえば，効果量が 0.2 と小さい場合でも，トップ 1% のグループには男性が女性の 1.8 倍もいる．これは，トップレベルの専門家における男女比率の偏りを考える上で重要な点だが，これについてはまた後で議論する．

　認知能力は一つの能力ではなく，さまざまな能力の集合体だ．男性は空間能力に優れているといわれるが，同じ空間能力でもさらに細かく見ると違いがある．性差が最も大きいのが「心的回転」といわれる能力で，効果量は 0.5 から 1.0 の間にある（以下，Hines（2007），Hyde（2007）参照）．図 1-3 のような分布と考えてよい．心的回転とは，図形を頭のなかで回転させて理解する能力で，地図を読むときにはこの能力が必要だとされている．

　心的回転に次いで差が大きいのが「空間知覚」で，効果量は 0.4 から 0.5 だ．

---

[3] これは Cohen の d と呼ばれる最も代表的な効果量の定義である．効果量の定義にはこれ以外のものもある．

図 1-2 効果量＝0.2 の正規分布

図 1-3 効果量＝0.8 の正規分布

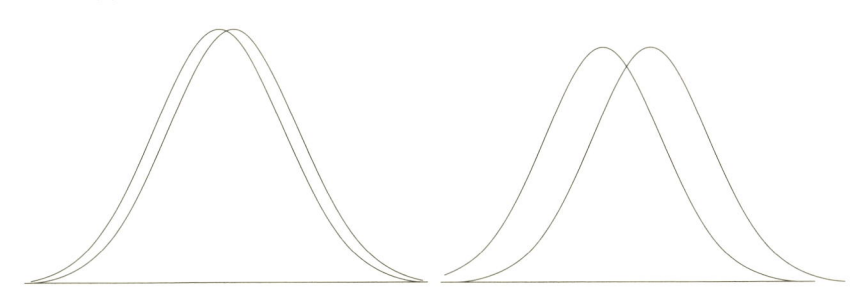

図 1-4 効果量＝2.0 の正規分布

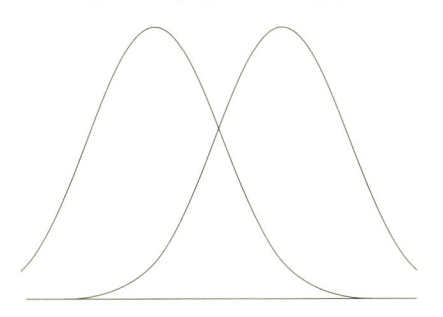

　空間知覚は実世界の水平と垂直を判断する能力である．たとえば，傾いた空き瓶の絵を示し，それに水を半分入れた場合の水面を描かせるテストなどで計る．女性は瓶の傾きに左右されて，斜めの水面を描きやすいとされている．
　それに対し，「空間視覚化」の効果量は 0.1 で，ほとんど性差がない．空間視覚化とは，物体の一部を折り曲げたり組み合わせたりしたときにどうなるかを想像する能力だ．たとえば模様の入った立方体の展開図を見せて，それを組み立てたとき，模様がどの面に位置するかを答えるようなテストで計測する．
　言語能力は女性のほうが高いとされるが，空間能力同様，さらに細かな分類が可能だ．言語能力のなかでは，「言語流暢性」の効果量が -0.3 から -0.6 で性差が最も大きい．言語流暢性とは，たとえば b で始まる単語をいくつ書けるか，「丸い」を意味する単語をいくつ書けるかをテストして計測する．「語彙力」（効果量 -0.02）や「読解力」（同 -0.03）ではほとんど差がない．
　数学の能力は一般に男性のほうが高いといわれている．事実，アメリカで大学進学を希望する高校生に受験が義務付けられている大学進学適性検査の数学

(Scholastic Assessment Test-Mathematics: SAT-M) では確かに男子生徒のほうが成績がよい（効果量 0.38）(Hines 2007). しかし，これには異論を唱える研究者も多い．高校や大学の数学の成績は女子学生のほうがやや良いか，少なくとも男子学生より劣ってはいないからである[4]. SAT-M は女子学生に不利な問題が多いのではないかという疑いがある (Spelke and Grace 2007).

女子学生に不利な問題とはどういう意味だろうか．実は数学の能力もより細かく分類すると性差は一様でない．「計算能力」（−0.2）は女性のほうがやや優れている．その他の数学能力では，高校生以上になると，「問題解決能力」（0.3）で男性のほうがやや優れている (Hines 2007, Hyde 2007). したがって，問題の傾向によって女子学生が有利になったり不利になったりする．

ただし，トップレベルの秀才に限ると性差はより顕著だとされている．たとえば，1980 年代にアメリカの優秀な中学生に SAT-M を解かせた調査では，トップ 1％の成績を修めた生徒の男女比率は 13:1 だった．この比率は最近の調査では 3:1 に縮まっているが，それでもかなり差が大きい[5] (Valian 2007). 上で述べたように，能力が正規分布に従うと，効果量は小さくても分布の右端では大きな性差が現れる．またそれ以外に，男性のほうが能力のばらつきが大きいという説がある (Lubinski and Benbow 2007). 女性は平均的な能力の持ち主が多く，男性は天才も多いが極端に能力の劣る者も多いという説だ．能力のばらつきが大きいと，平均的能力に性差がなくても，トップレベルでは大きな差が発生する可能性がある．

このように，心的回転や言語流暢性のような一部の認知能力については，性差があることは疑いない．ただ，数学能力のように研究者のなかで意見が一致していないものもある．いずれにしても，明らかな認知能力の性差が見られるのは一部の能力であり，男性が優れている能力もあれば女性が優れている能力もある．

---

[4] これに対する反論として，高校において男子生徒の数学の成績があまりよくないのは，男子生徒が教員に対し従順でないため懲罰的に低い点数をつけられているからだという説がある．

[5] 差が縮まった原因については，女子が数学を勉強しにくい社会環境が改善されたとする説や，当局が性差が生まれないように問題を工夫しているからだとする説，アメリカ人の人種・民族構成が変わったとする説（数学能力の性差が小さいアジア人の比率が増えた）などがある (Kimura 1999).

2.3 認知能力の性差の原因

では，なぜ認知能力に性差があるのだろうか．これについては，論争の決着がついていない．これまでの論争を見ると，認知能力の性差の原因についての仮説は，脳の構造仮説，ホルモン仮説，社会的環境仮説に分けることができる．

脳の構造仮説

最近，雑誌等でよく目にする男女の能力や嗜好の差についての議論は，ほとんどが脳の構造仮説に依拠している．脳の構造については，脳全体の大きさ，左右の脳の相対的大きさ，白質や灰白質の割合，脳梁の大きさや形状に性差があることが確認されている（以下，Gur and Gur（2007）参照）．また，脳の機能については思考中や休息中の血流の量や代謝量にも性差がある．さらに，脳のどの部分を使って思考するかについても性差が確認されている．顕著なのは，言語を使うときに男性はもっぱら左脳が活動するのに対し，女性は左右の脳が同時に活動することだ．女性のほうが左右の脳のコミュニケーションに優れている証拠とされている．

ただ，このような構造や機能の性差がどのように認知能力の性差に結びついているかははっきりしていない．白質が多いことが男性の空間能力を高めているとか，灰白質が多いことが女性の計算能力を高めているとか，左右の脳のコミュニケーションの良さが女性の言語能力を高めている等々の仮説はあるが，はっきりと証明されているわけではない．現在のところ，「性差に関する神経生物学の知識は，とても強い主張をできるような状態にはない．とくに，健康な人々の行動を厳密に計測し，それを脳解剖学や心理学と関連させる大規模な研究が不足している」（Gur and Gur 2007, pp.195-196）．

ホルモン仮説

ホルモン仮説には，ホルモンの直接的影響を主張するものと間接的影響を主張するものの二種類がある．間接的影響仮説はホルモンの性差によって脳の性差が形成され，それが認知能力の性差をもたらしているとする．したがって脳の構造仮説の一種といえる．男性と女性では，体の構造が異なるが，その違いを作るのはアンドロゲン（男性ホルモン）だといわれている．たとえ遺伝子が男性の場合（Y染色体をもっている）でもアンドロゲンが分泌されなければ女

性の体で生まれてくるし，その逆もありうる．男性のテストステロン（アンドロゲンの一種）が女性よりはるかに高くなる時期が3回ある．1回目は胎児期（妊娠8から24週ごろ），2回目は出生直後から生後5ヶ月まで，3回目は思春期だ．最初の2回のピーク時に脳の構造や機能の性差が形成されるという説が有力だ．

では，脳の性差形成期のアンドロゲン濃度は空間認知能力と関係があるのだろうか．それを確かめるために，胎児期や出産直後に分泌されたアンドロゲンが空間能力を高めるかどうかを調査した研究が多数ある（Kimura 1999, Berenbaum and Resnick 2007, Hines 2007）．これらは，先天性副腎過形成症（CAH）というアンドロゲン濃度が異常に高くなる病気の患者の認知能力を普通の男女と比較したものだ．

CAHに罹った女の子は，性器が男性化するために，生後1年以内に外科手術やアンドロゲン分泌を抑制するホルモン療法が施される．しかし，それにもかかわらず，遊びの嗜好は男性化することが多いことが観察されている．もし，女性のCAH患者の認知能力が男性に近いのであれば，胎児期や出生直後のアンドロゲンが脳の構造を男性化し，それによって認知能力が男性化するという推論が成り立つ．ところが，研究結果には一貫性がない．女性のCAH患者は健康な女性より空間能力が高いというものがあるが，それを否定するものもかなりある．

認知能力へのホルモンの直接的影響を確かめた研究としては，月経周期にともなうエストロゲン（女性ホルモン）濃度の周期的変化が認知能力に影響を及ぼすか否かを検査したものがある．しかし，この研究結果にも一貫性がない（以下，Hines（2007）参照）．エストロゲンによって認知能力が女性化する（つまり，エストロゲンが多いと言語能力のような女性が優れているとされる能力が高くなる）という結果と，エストロゲンの影響が見られないという結果があり，論争に決着はついていない．また，病気治療のためアンドロゲンを投与された女性や，エストロゲンを投与された男性の認知能力が男性化あるいは女性化するか否かを確かめた研究もあるが，これらの研究結果からは，ホルモンの認知能力への影響は確認されていない．したがって，ホルモンの性差が認知能力の性差を生み出すという仮説は，現時点では，はっきりと支持されているとはいいがたい．

社会環境仮説

社会環境が認知能力の性差に影響を及ぼすという仮説自体については議論の余地がない．認知能力は経験や訓練によって発達するので，子どもの頃の遊びや親や友達の影響があることは否定できない．また，認知能力の性差は子どもより大人のほうが大きいことも社会環境仮説を支持する根拠となっている（もちろん，生物学的な要因が思春期や成人になってから発現する可能性も否定はできないが）．

社会環境説を支持する研究は多い[6]（以下，Hyde（2007）参照）．
・子どもが磁石などで遊んでいるとき，母親は女の子より男の子に対し科学的な過程について説明する傾向が強い．
・親子で博物館の体験型展示を訪れた場合，親は女の子よりも男の子に対し，3倍多く科学の解説を行う．
・理科や数学の授業では，教師が女の子よりも男の子に対し，質問をしたり説明をしたりする傾向が強い．

ただ，これらの研究結果については，周囲の大人の固定観念がそうさせているという解釈の他に，男の子のほうが女の子より科学に興味を持っているので，親や教師がそのように対応しているという解釈も可能だ．

以上をまとめると，認知能力の性差は生物学的な性差から生まれたものだという説は，現在のところ，実証研究によって強く支持されているとはいいがたい．脳の構造や機能およびホルモンの性差は確かにあるが，それらと認知能力との関係はまだ明らかになっていない．ただ，この分野の研究は急速に進んでいるので，近い将来論争に決着がつく可能性はある．それに対して，社会環境の影響は疑う余地がないが，それがどの程度重要かについては，議論の余地がある．

2.4 嗜好や行動の性差

嗜好や行動の性差は幼児の頃から明確に見られる．男の子は取っ組み合いのような乱暴な遊びを好み，女の子はままごとのような静かな遊びを好むことは，ほとんど誰もが経験したことだろう．心理学の実験・調査・研究でも興味深い事実が報告されている（以下，Baron-Cohen（2003）参照）．

---

[6] この他，教育学的実験によって社会環境仮説を確かめた研究も多い．これらの研究については，Hyde（2007）およびDweck（2007）を参照されたい．

- 1歳児にビデオを見せると，男の子はしゃべっている人間よりも自動車のほうに強い興味を示す．女の子はその逆だ．
- 男の子は争いを起こす回数が女の子の50倍も多く，女の子は物事を交代で行うことが男の子の20倍も多い．
- 女の子は6歳になると99%が人形遊びをする．人形遊びをする男の子は17%にすぎない．
- 男の子は相手の言葉を遮ろうとすることが多く，女の子は相手の言葉にすぐに同意をする頻度が男の子より高い．

思春期や成人になっても，男性と女性の嗜好や行動の差は随所に見られる．性的衝動に性差があるのは当然だが，社会生活においても大きな性差がある．能力の差をコントロールしても，教育や職業の選択には大きな性差があるし，仕事と家庭の比重の置き方にも明らかな性差がある．

2.5 嗜好や行動の性差の原因

嗜好や行動の性差の原因についての論争を見ると，ホルモン仮説と社会環境仮説の二つの陣営に分かれているといえる．以下，順に説明しよう．

ホルモン仮説

嗜好や行動へのホルモンの影響を検証した研究には以下のものがある（以下，Berenbaum and Resnick（2007）参照）．先ほども紹介した先天性副腎過形成症（CAH）はアンドロゲン濃度が異常に高くなる病気だが，この病気に罹った女の子は男の子のおもちゃで男の子と遊ぶ傾向があることが確認されている．

- 3歳から12歳のCAHの女の子は，通常の女の子の1.5倍から2倍の確率で男の子のおもちゃで遊ぶ．
- CAHの女の子が乗用車やトラックのおもちゃで遊ぶ確率は43%である．通常の男の子と女の子が乗用車やトラックのおもちゃで遊ぶ確率はそれぞれ76%と4%である．

CAHの女の子も治療後は通常の女の子とアンドロゲンの濃度は変わらない．したがって，これらの嗜好や行動の特徴は，胎児期や出生直後のアンドロゲンが脳の形成に及ぼした影響に起因していると考えられる．また，思春期や大人になっても，CAHの女性は普通の女性より電子機器やスポーツに対する関心が高く，ファッションに対する関心が低いという研究もある．

このようなホルモンに起因する嗜好の性差が職業選択に何らかの影響を及ぼしていることは否定できない．たとえば，エンジニアに男性が多い理由の一つは，アンドロゲンの影響かもしれない．

社会環境仮説

　ホルモン仮説が正しいとしても，それが社会環境仮説を否定するものではない．大人は子どもに対し，赤ちゃんのときから固定観念に基づく扱いをしている．たとえば，「ベビーXの実験」として知られる次のような実験がある(Baron-Cohen 2003, Spelke and Grace 2007)．

　赤ちゃんの様子を録画したビデオを大人に見せ，赤ちゃんの感情を説明させる．被験者である大人は赤ちゃんの本当の性別を知らない．赤ちゃんに架空の名前をつけ，それを被験者に教える．あるときは男の子の名前をつけ，あるときは女の子の名前をつける．赤ちゃんが驚く表情を見せたとき，男の子の名前を教えられた大人たちは赤ちゃんが「怒っている」と説明する傾向があるのに対し，女の子の名前を教えられた大人たちは赤ちゃんが「怯えている」と説明する傾向がある．

　この実験は，同じことをしても男の子か女の子かによって，周りの大人の受け取り方が大きく異なることを示している．また，ここから推論できることは，私たちは無意識のうちに，男の子は男の子らしく，女の子は女の子らしく振舞うことを予測しているということだ．そして，それに反する行動をした子どもがいた場合に，私たちは驚きや失望や時には怒りの感情を抱く．それが子どもにフィードバックされ，子どもは無意識のうちに大人の期待どおりの行為をするようになる．このようなことが毎日繰り返されることにより，嗜好や行動もジェンダー・ステレオタイプなものになっていく．

　社会環境仮説にはこの他にも，メディアの影響や教育の影響を重視するものがあるが，これ以上の議論は本書の目的を超える．ただ，一つ注意しておくべきことは，社会環境仮説を支持するさまざまな実験結果は，必ずしも大人が根拠のない偏見をもっていることを意味するものではないということだ．「ベビーXの実験」でも，大人は経験から男の子はより怒りやすく，女の子はより怯えやすいということを知っていたために，大人たちはその事前情報をビデオ実験の判断に利用した可能性がある．赤ちゃんの性別によって大人の受け取り方が違うのは，正しい事前情報を利用した結果か，非合理的な偏見や思い込みの

ためかを明らかにするにはより厳密な研究が必要だ．

2.6 能力・嗜好・行動の性差とジェンダー経済格差

以上の論争からわかることは，認知能力や嗜好や行動の性差の原因として生物学的な要因と社会環境要因のどちらがより重要かという点については，ほとんど議論がかみ合っていないということだ．生物学的な要因を重視する研究者は，脳やホルモンの研究にもっぱら専念しており，社会環境を重視する研究者は社会環境仮説を証明するための調査や実験に専念している．生物学的性差がどのような社会環境でより大きな認知能力・嗜好・行動の性差となって発現するのかといった視点からの研究はほとんどない．

原因が生物学的なものであれ社会環境であれ，認知能力や嗜好の性差がジェンダー経済格差の原因の一つであることは疑いない．しかし，わが国のジェンダー経済格差と比較すると，認知能力や嗜好の性差は非常に小さい．そもそも，認知能力や嗜好の性差が直接ジェンダー経済格差をもたらすわけではなく，経済構造を介して経済格差が生まれるのである．経済構造の違いによって，経済格差は大きくもなれば小さくもなる．わが国のジェンダー経済格差が他の先進国と比べて非常に大きいのは，わが国の経済構造に主な原因がある．以下では，教育や就業選択についての経済学的な説明を紹介する．

3．経済合理的選択仮説

進学や就職を決める際に，自分の能力や嗜好とならんで重要な判断基準となるのが学費や賃金など広い意味での価格だ．経済学では，人々は価格の情報を利用して自分の効用が最大になるように行動すると考える．能力が異なれば，同じ努力で得られる報酬が異なる．また，適性によってより効率的に（少ない努力でより多く）稼げる職業とそうでない職業が存在する．経済学では，好みの違いは効用関数の違いとして表現される．仕事自体がもたらす満足度や苦痛が人によって異なるため，たとえ能力が等しくても，最適な職業や就業形態は人によって異なる．

経済合理的選択仮説は，生物学的性差仮説や社会環境仮説と異なり，先天的な能力や嗜好は所与として，人々が教育や職業を選択するメカニズムに焦点を合わせる．能力や嗜好が先天的に決まるのか社会環境で決まるのかについては，

経済学ではほとんど議論にならない．先天的に決まるとしても社会環境で決まるとしても，経済学的議論にとっては，それは所与であり議論の前提にすぎない．

教育や職業の選択にとって重要な経済理論には，人的資本理論，家庭内生産理論，補償賃金理論の三つがある．以下，人的資本理論と家庭内生産理論について議論し，次いでそれらを統合した理論を説明する．そして最後に補償賃金理論について議論する．

3.1 人的資本理論

ジェンダー賃金格差の一部は，人的資本の格差で説明できる．人的資本とは，教育や訓練や仕事の経験によって身につけることができる知識や技能である．人的資本理論は，Becker（1964：佐野訳 1976）によって提唱された．知識や技能の獲得は，工場の機械の獲得と同様，何らかの費用を必要とする．また，知識や技能は，工場の機械と同様，一度手に入れると長期間にわたって生産に利用することができる．したがって，知識や技能は一種の資本とみなすことができ，その獲得のための支出は投資と考えられる．労働者の人的資本は，通常，教育年数や勤続年数が増えるにしたがって大きくなる．その人的資本の格差がジェンダー賃金格差の重要な要因である．たとえば，川口（2005b）によると，2000年の男女間賃金格差は，もし男女の学歴が同じであれば現状より5.2%小さいはずだし，勤続年数が等しければ22.5%小さいはずだ[7]．

人的資本理論は，教育や訓練が生産性と賃金の上昇をもたらすことを予測するだけでなく，最適な教育や訓練の量を理論的に求めることができる．教育や訓練にお金と時間を費やすと，将来の生産性が上昇し，期待所得は伸びるが，その伸び率は逓減するため，期待収益率を最大にする最適な教育・訓練量が存在する．

人的資本理論によれば，大学進学からの期待収益が金融資産の期待収益より高い人が大学に進学する．なぜならば，金融資産の期待収益のほうが高ければ，教育にお金を使うより預金するほうが効率的だからだ．また，一般に能力の高い人ほど教育の質やブランド力の高い大学に進学できるので，大学進学から得

---

[7] 人的資本理論に基づく賃金関数は Mincer 型賃金関数として知られている．Mincer 型賃金関数を応用してわが国のジェンダー賃金格差を分析した研究に中田（1997），堀（1998），永瀬（2003），川口（2005b）などがある．

る期待収益は大きい．したがって，大学に進学する人のうち最も能力の低い人は，大学進学からの期待収益率が金融資産の期待収益率に等しいはずだ[8]．

ではなぜ，わが国の男性の大学進学率は女性の進学率より高いのだろうか．人的資本理論によれば，それは，能力が同じ男女を比べると男性の期待収益率が女性より高いからである．期待収益の決定要因として重要なのは，大学卒業後の就業率だ．大学卒業後の就業率が高いほど大学教育の期待収益は大きくなる．2006年には，15歳から64歳の男性の労働力人口比率（人口に占める労働力の割合）が73.2%であるのに対し，女性は48.5%だ[9]．就業しない期間は大卒も高卒も所得がないので，教育からの収益はゼロとなる．このため，能力の等しい男女を比較すると将来の就業率が低い女性の期待収益率のほうが低い可能性がある．この収益率の低さが女性の大学進学率を男性より低くしていると人的資本理論から推論できる[10]．

人的資本理論に基づくと，大学に進学する最も能力の低い男性と最も能力の低い女性の収益率は金融資産の収益率に等しい．しかし，それを実証するのは，データの制約があり困難だ．男女の平均的な収益率を計算した研究に荒井（2002）がある．彼は，学歴別就業率を考慮して，男女の大学教育の収益率を計算している．それによると，1992年には，女性が8.42%に対して，男性が6.38%と，女性のほうがおよそ2ポイント大きい．1982年と1987年の収益率も計算しているが，いずれもおよそ1ポイント弱女性のほうが大きい．これらの推計から，男女とも期待収益率に大きな差はなく，金融資産の収益率と比較してもそれほど不合理な数字ではないといえる．つまり，家計がある程度経済合理的な判断をしていることをうかがわせる[11]．

人々が，教育の収益率を考えて行動しているとすれば，大学進学率のジェン

---

[8] ここでは，話を単純化するために能力は一次元で計測できるものとして議論を進める．

[9] 総務省統計局「平成18年労働調査年報」
 http://www.stat.go.jp/data/roudou/report/2006/ft/pdf/summary.pdf，2007年11月3日取得．

[10] 就業率のジェンダー格差以外に，教育の収益率を決める重要な要因に，高卒と大卒の賃金格差がある．この学歴間賃金格差は女性のほうが男性より大きい．このことは，女性の期待収益率を相対的に高める方向に作用する．

[11] 現在，教育ローンの金利は2%から5%程度だ．荒井の推定による大学教育の収益率はこれよりやや高いが，能力の高い者は金融資産の期待収益率より大学教育の期待収益率のほうがかなり高いことを考慮すると，現実的な数字といえよう．

3. 経済合理的選択仮説

ダー格差は就業率のジェンダー格差を縮小させることによって縮小する．WLBを実現し，女性の就業率を上げることが必要だといえる．

3.2 家計生産理論

わが国の男性の1日あたり稼得労働時間は5時間17分，家事労働時間は39分であるのに対し，女性の稼得労働時間は2時間40分，家事労働時間は3時間44分である[12]．このような稼得労働時間と家事労働時間のジェンダー格差（性別分業）を説明する理論として家計生産理論を紹介しよう．

家計生産理論を提唱したのはBecker（1965）だ．家計生産理論は，私たちが時間と財を投入して生産した家計生産物を消費しているという考えに基づいている．たとえば，私たちは肉や魚や野菜を直接消費しているのではなく，それらと家事時間（調理時間）から生産された料理を消費している．また，ミルクや紙オムツやベビー用品を直接消費しているのではなく，それらと育児時間から生産された子どもを消費している（子どもから効用を得ている）と解釈する．この理論は，生活時間配分の分析以外にも，消費のための時間を考慮した財やサービスの消費量の決定，育児時間を考慮した子育ての費用や子どもの数の決定など，さまざまな分野に応用が可能だ．家計生産理論は，家庭における生産的労働である家事や育児に光を当てたことで，家事労働や育児労働の経済学的分析に道を開いた．

家計生産理論によれば，生活時間の配分は，家計生産物の消費から得られる満足度を最大とするように決定される．その際，家事労働の限界生産物の価値が賃金に等しくなる．たとえば，1分追加的に料理をするのと，1分追加的に稼得労働をするのとどちらが家計の効用に寄与するかを考える．1分追加的に料理をすれば，それだけ手の込んだ料理が作れるが，1分の稼得労働を犠牲にするので，収入は減ってしまう．あらゆる活動の時間配分にこのような考慮をする結果，最終的には追加的な家事労働による限界効用が追加的な稼得労働からの収入による限界効用に等しくなる[13]．

12　総務省統計局「平成18年社会生活基本調査」
http://www.stat.go.jp/data/shakai/2006/jikan-a/zenkoku/zuhyou/b00101.xls,
2007年11月3日取得．数字は15歳以上のすべての男女の平均値である．家事時間は，家事，介護・看護，育児，買い物の合計である．
13　ただし，労働時間や家事時間が0の場合は，このような関係が成立しない．これが，成

料理，育児，掃除，修繕，買い物などさまざまな家事労働があるが，日本ではそのほとんどが女性によって担われている．その理由を，家計生産理論はどう説明するのだろうか．一つは，男性より女性の賃金が低いため，もう一つは男性より女性の家事能力が高い（男女の家事時間の投入量が同じであれば，男性より女性の限界生産性が高い）ためだ．

さらに，家事労働や稼得労働についての嗜好や社会規範をモデルに組み込むことも可能だ．「男は仕事，女は家庭」という意識が強い男性ほど家事時間が短く，そのような意識が強い女性ほど家事時間が長いことが予想される．男性より女性にとって家事労働から受ける満足が大きい（または苦痛が小さい）か，あるいは女性より男性にとって稼得労働から受ける満足が大きい（または苦痛が小さい）ならば，女性の家事労働は男性より長くなる．このように，家事の生産性や稼得労働や家事労働への嗜好，社会規範を重視する度合などを捉える適当な変数があれば，生産性，嗜好，社会規範が生活時間配分に与える影響を推定することが可能だ．

極端な例として，夫と妻の家事時間が完全に代替的である場合には，明確な性別分業が発生する．これは，貿易理論における Ricardo の比較優位理論を応用することによって理解できる．すなわち，夫と妻の稼得労働と家事労働の生産性をそれぞれ比較し，夫が稼得労働に比較優位をもっているなら（同じことではあるが，妻が家事労働に比較優位をもっているなら），稼得労働を夫が担い，家事労働を妻が担うことが最も効率的な分業となる[14]．ここで，「夫が稼得労働に比較優位をもつ」とは，次の式が成り立つことである．

$$夫の時間当たり賃金 - 夫の時間当たり家事労働生産物の価値 \\ > 妻の時間当たり賃金 - 妻の時間当たり家事労働生産物の価値$$

これは，必ずしも夫の賃金が妻より高いことを意味しない．たとえ妻の賃金が夫より高くても，妻の家事労働の生産性が非常に高い場合や夫の家事労働の生産性が非常に低い場合はこの不等式が成立する．

家計生産理論を応用して，WLB 政策が就業率や労働時間のジェンダー格差

立するのは，内点解の場合である．

14　正確にいえば、夫がすべての労働時間を稼得労働に当てているか、妻がすべての労働時間を家事労働に当てているか、あるいはその両方が生ずる。

に及ぼす影響を分析することができる．たとえば，政府が低い料金で保育サービスを提供したとしよう．育児は購入した保育サービスと（主に）妻の保育時間を投入して子どもを生産していると考える．保育サービスの料金が低下すると，家計は保育サービスをより多く投入し，妻の保育時間を削減し，労働時間を増やすのが合理的である．したがって，WLB 政策は妻の就業率を高め，労働時間を長くすることによって，労働時間のジェンダー格差の縮小に寄与する．

以上をまとめると，稼得労働と家事労働のジェンダー格差を小さくするには次の方法がある．1）女性の稼得労働能力（＝賃金）を高める，2）男性の家事労働能力を高める，3）性別分業を支持する社会規範の影響を小さくする，4）WLB 政策を実施する．

3.3 人的資本理論と家計生産理論の統合

人的資本理論は，女性の（将来の）就業率の低さが女性の人的資本（＝稼得労働能力）の水準を低くしていることを合理的に説明する．逆に，家計生産理論では（他の要因とならんで）女性の稼得労働能力の低さが女性の就業率を低くしていることを合理的に説明する．確かに，就業率と人的資本の水準には相互依存関係があることはわかるが，満足のいく説明とはいいがたい．就業率と人的資本の水準を同時に説明するような理論はないのだろうか．川口（1999）が人的資本理論と家計生産理論を統合したモデルを使って性別分業の議論を展開している．以下，このモデルを簡単に紹介しよう．

モデルは，学部・学科での教育内容には，相対的に稼得労働能力を高めるか家事労働能力を高めるかの違いがあることに注目する．もちろん，すべての学部・学科の教育は稼得労働の役に立つが，図 1-1 によると，女子学生比率が高い学部・学科の教育内容は，家事・育児にも大いに役立つものが多い．家政学がまさにそうだし，看護学も家族の看護に必要な知識を学ぶ．教育学は育児に役立つし，芸術や人文科学は子どもの情操教育や文化的水準の高い家庭を築くのに有用だ．それに対し，女子学生が少ない工学，理学，社会科学などは，専業主婦にはあまり役に立ちそうにない知識を学ぶ．つまり，女子学生は，相対的に見て，家事・育児に必要な学問を専攻する傾向があるといえる．そのような観点から学部・学科専攻の性別分離を考察する．

モデルは以下の仮定をもっている．すべての人々は，教育を受ける前には等しい能力をもっている．人々は未婚時に，稼得労働の能力を高めるための教育

第1章　ジェンダー経済格差は男女の適性の違いから生じるのか

表1-1　夫婦の教育分野の組み合わせと家庭の効用の関係

		妻	
		稼得労働能力	家事労働能力
夫	稼得労働能力	a	1
	家事労働能力	1	0

か，家事・育児能力を高めるための教育かいずれかを選択する．教育を受けた後，男女がランダムに出会い結婚する．結婚後，夫婦それぞれが能力に応じて家庭内で役割分担を決める．

このモデルでは，結婚するときには，男女それぞれ2種類の能力をもった人間（稼得労働能力の高い人と家事労働能力の高い人）がいるので，4種類の夫婦が存在する．

①夫も妻も稼得労働能力が高い，
②夫は稼得労働能力が高く，妻は家事労働能力が高い
③夫は家事労働能力が高く，妻は稼得労働能力が高い
④夫も妻も家事労働能力が高い．

4種類の夫婦の効用は表1-1で表される．ここでは，夫と妻の利害の対立は考えない．常に両者の効用は等しいと仮定する．

WLBが実現していない社会

ここで，WLBが実現していない社会を考えよう．たとえば，正社員の労働時間が非常に長く，パートタイムの就業機会がなく，保育施設が充実していないような社会では，夫婦のうちいずれか一方は専業主婦（夫）となるほうが共稼ぎより夫婦の効用水準が常に高い．このとき，表1-1において$a<1$となる．この表が意味するのは次のことだ．必ず夫婦の一方は労働市場で働き，他方は家庭に留まるので，一方が稼得労働能力に優れ，他方が家事労働能力に優れている場合に夫婦の効用が高くなる．したがって，両者が別々の能力に秀でている場合は効用が1，両者が同じ能力に秀でている場合は効用が1より小さい．両者が稼得労働能力に投資している場合と両者が家事労働能力に投資している場合の効用水準のどちらが高いかは，投資をしたときとしなかったときのそれ

それの労働能力に依る．

このゲームのナッシュ均衡を求めよう．ナッシュ均衡とは，それぞれのプレイヤー（この場合は男女）がそれぞれの戦略（教育分野）を選択しているとき，どのプレイヤーも他のプレイヤーが戦略を変えないかぎり，自分の戦略を変更しても利得（効用水準）が改善しない状態である．いいかえると，どのプレイヤーも他のプレイヤーの戦略を所与として最適な戦略をとっているような戦略分布をナッシュ均衡という．

もし，仮に結婚後に教育分野を決定するのであれば，男女のどちらが稼得労働能力に投資をするかは問題とならない．夫と妻それぞれが別々の労働能力に投資をすれば高い効用が得られるからだ．しかし，未婚期に，結婚相手がわからない状態で投資を行うとすれば，話は別だ．結婚相手がランダムに決まるという仮定のもとでは，異性の多くが稼得労働能力に投資をしているならば，自分は家事労働能力に投資をしたほうがより高い効用が期待できる．逆に，異性の多くが家事労働能力に投資しているのであれば，自分は稼得労働能力に投資したほうがより高い効用が期待できる．みんながそう考えるので，安定的なナッシュ均衡は次の二つになる[15]．

A：すべての男性が稼得労働能力に投資をし，すべての女性が家事労働能力に投資をする．
B：すべての男性が家事労働能力に投資をし，すべての女性が稼得労働能力に投資をする．

Aがナッシュ均衡であることは，以下のように確認できる．すべての男性が稼得労働能力に投資をし，すべての女性が家事労働能力に投資をしているとき，表1-1よりすべての人々は1の効用を得る．もし，ある男性が戦略を変えて家事労働能力に投資をすると，この男性の結婚相手も家事労働能力に投資をしているので効用が0になってしまう．女性についても同じことがいえる．したがって，他人の戦略を所与としたとき誰も自ら進んで戦略を変えるインセンティブ

---

[15] このような極端な戦略分布が均衡となるのは，「すべての人々の能力が等しい」と仮定しているからである．このような仮定を緩めて，能力に個人差があることを仮定すると，たとえば「9割の男性が稼得労働能力に投資をし，9割の女性が家事労働能力に投資をする」というような状態が均衡となりうる．

をもたないので，Aはナッシュ均衡である[16]．

AとBいずれの均衡が選択されるかは歴史的経路に依存する[17]．すなわち，伝統的に女性が家事を負担してきた社会では，Aの均衡が選択される．歴史的経路依存とは，人々は慣習に規定されて行動するため，過去のゲームの戦略分布に近い均衡が選択されることをいう．社会学で家父長制やジェンダー秩序と呼ばれているものがこのゲームでは歴史的経路依存をもたらしていると解釈できる．また，家父長制は社会がゲームの均衡から乖離し，社会が不安定化するのを防ぐ役割を果たしている．

WLBが実現している社会

WLBが実現している社会では，表1-1のaが1より大きくなる可能性がある．たとえば，家事労働の多くは市場や政府が提供する家事・育児サービスによって代替できるため，共稼ぎの効用水準が片稼ぎより高くなる場合である．このような社会では，

C：すべての人々が稼得労働能力に投資をする

が唯一の均衡となる．これも，以下のように確認できる．すべての人々が稼得労働能力に投資をしているとき，すべての人々の効用は$a>1$である．もし，ある男性が戦略を変え，家事労働能力に投資をすると，効用は1に低下する．女性についても同じことがいえる．したがって，誰も自ら進んで戦略を変えるインセンティブをもたない．

このモデルが意味することは，WLBが実現していなければ，教育の性別分離や家庭での性別分業が発生しやすいということだ．たとえ，能力や嗜好に性差がなくても，そのような極端な性別分業が発生する可能性がある．WLB政

16　これ以外に，$\frac{1}{2-a}$の割合の男女が稼得労働能力に投資をし，$\frac{1-a}{2-a}$の割合の男女が家事労働能力に投資する場合もナッシュ均衡である．しかし，これは安定的な均衡とはいえない．均衡の安定性の定義は第5章の脚注5にある．

17　均衡が複数存在するときにどの均衡が選択されるかという問題は，ゲーム理論の重要課題の一つだ．ここでは，歴史的経路依存に言及するにとどめる．第5章以降では，確率進化ゲームの考え方に依拠して議論する．

策の充実は，教育の性別分離の解消に寄与する．

3.4 補償賃金理論

　ジェンダー賃金格差の大きな要因の一つは，就業形態のジェンダー格差にある．女性はパートタイム労働者が多く，男性はフルタイム労働者が多い．そして，パートタイムの時間あたり賃金はフルタイムの時間あたり賃金よりかなり低い．それにもかかわらず，女性がパートタイム労働を選択するのは，労働者の都合に応じた労働時間の選択の自由がある程度保障されているからだ．

　たとえ仕事内容が同じでもパートタイムの時間あたり賃金がフルタイムの時間あたり賃金より低い理由を説明する理論として，補償賃金理論がある．同じ仕事内容でも，労働時間や休みを労働者の自由に設定できる柔軟な働き方と，企業の要求に応じて，残業，休日出勤，出張，転勤などを行わなければならず労働者の選択の余地がほとんどない働き方があるとしよう．賃金が同じであれば，労働者は前者を選択する．したがって，企業は自らの要求に応じた働き方を労働者にさせるには，それだけ高い賃金を支払わなければならない．そこで，労働時間選択の自由度に応じて賃金に格差が生ずる．

　補償賃金理論は，古くは Adam Smith の『国富論』に見られる．労働時間選択の自由以外にも，仕事の負効用を軽減したり仕事の満足度を高めたりする要因があれば賃金は低くなり，逆の場合は賃金が高くなる．

　日本では，フルタイム労働者とパートタイム労働者の賃金格差が大きいが，ヨーロッパでは小さい．ヨーロッパには，パートタイム労働者の差別を禁止する法的規制があることもその理由の一つであるが，補償賃金理論でもその差を説明できる．つまり，労働時間選択についての労働者の自由度が小さいほど賃金は高くなるということである．日本的雇用制度のもとでは，正社員は企業の要求に応じた柔軟な働き方を要求される．残業，休日出勤，配置転換，転勤などが多い．また，有給休暇や育児休業の制度があっても取りにくい．ヨーロッパよりフルタイム労働者の働き方の自由度は小さい．それだけ，労働者の労働時間選択の自由度が大きいパートタイムとの賃金格差が大きいといえる．

　つまり，わが国の企業の正社員は，仕事と家事・育児の両立が困難な労働条件で働いているために，その負効用を補償して賃金が高くなっている．家事・育児に責任をもつ女性はそのような労働条件で働けないために，賃金は低いが，より時間的自由度の高いパートタイムを選択する．正社員の仕事と家事・育児

の両立が困難であるほどパートとの賃金格差が大きくなる.

補償賃金理論は,労働供給側(労働者)の事情に注目し,労働需要側(企業)の事情は考察しないが,実際は企業にも柔軟な働き方を提供しやすい企業とそうでない企業がある.たとえば,スーパーマーケットなどは短時間で柔軟な勤務形態を提供しやすいが,製造業だとなかなかそうはいかない.労働者と企業の両方の事情を考慮して賃金と労働自体がもたらす効用の組み合わせの均衡を求めたのが Rosen(1974)のヘドニック価格理論だ[18].「ヘドニック(hedonic)」とは「快楽の」という意味で,ヘドニック価格とは商品のもたらす快楽に価格が設定されるという意味だ.一般に女性の多い産業や職業では男性の賃金も低いとされるが,その一つの理由として,データには表れない働きやすさがあるのかもしれない.

4．まとめ

ジェンダー経済格差,とくに教育と就業におけるジェンダー格差の原因として,生物学的性差仮説,社会環境仮説,経済合理的選択仮説の三種類の説明を見てきた.

認知能力や嗜好の性差に関する近年の論争を見ると,認知能力や嗜好には性差があるが,それが生物学的な要因によるのか,社会環境の影響によるのかについては決着がついていない.ただし,認知能力の性差は,わが国のジェンダー経済格差と比較すると非常に小さいものである.能力や嗜好の性差は,経済構造を介してジェンダー経済格差となって現れる.したがって,わが国のジェンダー経済格差を分析するには,格差を生み出す経済構造に着目する必要がある.

経済学では,能力や嗜好の性差が生物学的なものか社会環境の影響かについては,ほとんど議論にならない.経済学にとっては,能力や嗜好の性差は所与であり,おもな関心はそれらを前提としてどのような教育投資や職業選択を行うかということにある.教育や職業選択のジェンダー格差を説明する理論として,人的資本理論,家計生産理論,補償賃金理論の三つと,人的資本理論と家計生産理論を統合した理論を紹介した.

経済理論からの政策的インプリケーションとして,WLB が実現していない

---

18 日本のデータを用いてパートタイムとフルタイムの賃金格差をヘドニック価格理論に基づき推定した研究に中馬・中村(1990)と中村・中馬(1994)がある.

4. まとめ

社会では，教育の性別分離や家庭や労働市場での性別分業が発生しやすいことがあげられる．つまり，企業が正社員を拘束する程度が強く，正社員にとって労働時間選択の自由度が小さく，そして保育所などの家事・育児代替サービスが充実していない社会では，夫婦の一方が家事労働に専念する必要があるため，性別分業が発生しやすい．さらに，正社員の労働時間や休暇などの選択の自由度が小さいことが，正社員と非正社員の賃金格差を大きくしている．したがって，企業が正社員のWLBを重視した雇用制度を導入することが，また，政府が育児や介護サービスを安価に提供する社会的インフラを整えることが，ジェンダー経済格差の解消に寄与する．

　WLBの重要性は，この後の章でも繰り返し議論される．WLBが実現していない社会では自主的な選択による性別分業が発生しやすいだけでなく，企業による女性差別も発生しやすいことが第3章で議論される．

第2章 なぜ企業は女性を差別するのか［I］：非合理的差別の諸理論

要約

本章では，差別の非合理的側面について議論する．まず，Beckerの「嗜好による差別」の理論を紹介し，女性差別の分析ツールとしての有効性と限界を明らかにする．嗜好による差別の理論は，完全競争市場において差別が発生するメカニズムと差別の経済的帰結を明らかにした点で評価できる．その一方，差別の原因を人々（とくに雇用主）の嗜好に限定している点に限界がある．

非合理的差別を生む要因は経営者の差別的嗜好以外にもたくさんある．本章では，非合理的女性差別を「嗜好による差別」，「固定観念による差別」，「偏った認識による差別」，「セクシュアル・ハラスメント」，「不十分なワーク・ライフ・バランス施策による差別」，「情報不足による差別」の六つに分類する．これらの差別には，経営が効率的でないために女性が活躍できる職場環境が実現できないという共通点がある．

非効率的な経営は，女性の活躍を妨げると同時に，企業に利潤獲得の機会を失わせる．非効率的な経営が女性差別の主要な原因の一つであることは，終章の政策提言の重要な根拠となる．

1．課題と構成

「女性であることを理由に賃金差別を受けたとして，昭和シェル石油（東京都港区）の元社員，野崎光枝さん（75）が同社を相手に損害賠償を求めた訴訟の控訴審判決で，東京高裁は28日，男女差別を認めた上で，約4500万円の支払いを命じた一審判決認定の損害について一部に時効を適用，賠償額を約2050万円に減額した。」

2007年6月29日の「日本経済新聞」朝刊でこのような記事を目にした．裁判所は，定期昇給額の査定などで，企業が男性を優遇し，女性を著しく差別していたと判断したという[1]．このような裁判は珍しくないが，わが国の女性差別の実態からすれば，氷山の一角にすぎない．裁判にかかる費用や時間を考えると，泣き寝入りする女性がほとんどだ．野崎さんの場合も，提訴から今回の判決まで13年かかっている．

なぜ企業は女性を差別するのだろうか．それによって企業は利益を得ているのだろうか．それとも損失を被っているのだろうか．また，裁判では，企業側は女性差別の存在を否定するが，そもそも差別とは何なのだろうか．このような問題について，本章とそれに続く二つの章で考察する．第2章では差別の非合理的側面に，第3章では差別の合理的側面に光を当てる．そして，第4章では，わが国のデータを使って，差別の存在について実証分析する．

差別が非合理的か合理的かを経済学は，差別が企業利潤を犠牲にしているか，それとも企業利潤を拡大しているかによって判断する．差別が企業の利潤最大化行動の結果として生じているならば，それは合理的差別といえる．ただ，差別が合理的であるからといって，それが倫理的に肯定されるわけではない．また，個々の企業は利潤を最大化しているつもりでも，経済全体を見れば，企業利潤が犠牲になっている場合もある．いわゆる合成の誤謬だ．このように，企業による差別がジェンダー経済格差と経済効率に及ぼす影響を理論的に分析するのが，第2章と第3章の課題である．

また，第2章と第3章の議論は，ジェンダー経済格差発生のメカニズムの分析（第5章）とわが国の雇用制度に内在する女性差別の分析（第6章）に対し，

---

[1] 第一審の判決内容，および，原告が勤務していた当時の昭和シェル石油の賃金制度については，森（2005）が詳細に分析している．

その理論的枠組みを提供する．すなわち，日本的雇用制度は女性に対する統計的差別なしには存在し得ないこと，差別の解消には差別の非合理的側面への着目が有効であることが，第2章と第3章の議論に基づいて主張される．

第2章の構成は以下のようになっている．第2節で，まず女性差別の定義を行う．差別の定義には，個人の比較に基づくものとグループの比較に基づくものがあるが，本章では前者を扱う．

第3節では，非合理的差別のうち，最も代表的なBecker（1957）の「嗜好による差別」について説明する．嗜好による差別とは，雇用主が特定の人種や性別に対して差別意識をもっているときに発生する差別である．Beckerは差別意識の強さを，雇用主がある労働者を雇ったときに被る負の効用の大きさ（つまり，ある労働者を雇ったとき雇用主の効用がどれだけ低下するか）によって計測した．嗜好による差別の理論は，完全競争市場において差別が発生するメカニズムを明らかにした点でジェンダー経済格差の解明に大きく貢献した．

しかし，Beckerの理論をそのままわが国の女性差別に応用するには少し無理があると筆者は考える．女性を雇うと効用が下がる経営者が多いとは思えないからだ．ただし，Beckerの仮定を多少変えると，彼の理論はさまざまな非合理的差別の理解に役立つ．第4節では，非合理的差別を，「嗜好による差別」，「固定観念による差別」，「偏った認識による差別」，「セクシュアル・ハラスメント」，「不十分なワーク・ライフ・バランス（以下WLBと略す）施策による差別」，「情報不足による差別」の六つに分類し，それぞれの差別の特徴を説明する．そして，これらの非合理的差別は，「非効率な経営による差別」と捉えるべきであることを主張する．

最後に，第5節で本章の議論をまとめる．

2．差別の定義

経済学で最もよく用いられる女性差別の定義は次のものだ．

> **女性差別（個人差別）：**
> 　労働能力が等しい2人の男女労働者がおり，性別を理由に女性労働者が男性労働者より不利な処遇を雇用主から受けているとき，女性労働者は差

2．差別の定義

別されているという．

　ここで，「労働能力」には，狭い意味での能力のみならず，残業や転勤など企業が要求する柔軟な働き方ができることや，離職せずに長期間働くことなども含まれる．要するに，企業への貢献度のことだ．「不利な処遇」とは，採用，配置，教育訓練，賃金，昇進などにおける不利な扱いをいう．

　この定義は個人と個人の比較に基づいているが，グループとしての女性が正しく評価されているか否かを基準に差別を定義することもある．グループ差別の定義については，第3章で議論する．

　さて，理論的に差別を定義することも決して容易ではないが，実際にある行為が差別か否かを判断するのはさらに難しい．表2-1を見ていただきたい．こ

表2-1　職場における男女の行為から受ける印象

番号	行為／事象	行為者が男性の場合	行為者が女性の場合
1	机の上に家族の写真がある	ああ、堅実で責任感のある家庭的男性だね	うーん、仕事より家庭が大切なようだね
2	机の上が散らかっている	仕事熱心で、忙しい人だ	だらしない、注意力散漫な人だ
3	子どもが産まれる	昇給が必要だね	出産手当の費用がかさむね
4	出張することになった	彼のキャリアにとっていいことだ	ご主人は何ていっているの？
5	この会社を辞めてもっといい仕事に就こうとしている	彼はどうすればいい機会を逃さないかを知っている	女は頼りにならない
6	結婚する	彼は落ち着くだろう	彼女は妊娠して辞めるだろう
7	同僚と話をしている	最近の取引について話し合っているに違いない	誰かのうわさ話をしているに違いない
8	席をはずしている	会議に出ているに違いない	化粧室に行っているに違いない
9	オフィスにいない	顧客と会っているんだろう	買い物に出かけたんだろう
10	上司と昼ごはんを食べている	彼は出世しそうだ	浮気しているに違いない
11	上司に批判された	彼の働きぶりは良くなるだろう	彼女は取り乱すだろう
12	不当な扱いを受けた	彼は怒らなかった？	彼女は泣かなかった？

注）説明の都合上，行為の掲載順序がJosefowitz（1980）のものと異なっている．
出典：Josefowitz（1980, p.60）．

第2章　なぜ企業は女性を差別するのか［Ⅰ］

れは，ある行為を見たとき，行為者が男性であるか女性であるかによって，見る者の印象がいかに異なるかを示したものだ．ちなみに，これは調査に基づく事例ではなく，職場でよく起こりそうな架空の事例である．

　この表を見て，「ひどい偏見だ」と思う人もいれば，「なかなか正しい推測だ」と思う人もいるだろう．読者によってそのような違いがあるのは，一つには，読者の固定観念の強さによる．「男（女）はこうするはずだ」，「男（女）はこうあるべきだ」という行為の性差についての固定観念が強い人は，表のような印象の差をあまり違和感なく受けいれられるかもしれない．

　また一つには，読者の働いている職場環境による．というのは，人々は自分の経験に基づいて人の行為を推測するからだ．たとえば仕事中にいつもうわさ話をしているような女性が多い職場にいれば，仕事中に話している女性を見ればまたうわさ話をしていると思うだろう．その場合は，一概に偏見とはいえない．

　これらの印象のうち，初めの五つと後の七つは性格が少し異なる．最初の五つは，「男性＝仕事に熱心」，「女性＝家庭を優先」という固定観念を反映しているといえる．そのような固定観念のために，同じ行為でも行為者が男性か女性かで印象がまったく変わる．たとえば，仕事に熱心と思われている男性が家族の写真を飾っていれば，「責任感のある家庭的男性」となるが，家庭を優先すると思われる女性が同じことをすれば「仕事より家庭が大切」となる．

　それに対し後の七つは，ある行為または事象を見て，別の行為がなされる（あるいは，なされた）であろうことを推測している．これらについては，最初の五つと異なり，推測が正しいか誤りかを（少なくとも理論上は）判定できる．したがって，後の七つに関しては，もし推測が正しければ，偏見とはいえない．

　表のように，行為者の性別によって印象が異なる場合には，人事考課における性差別を生む可能性が高い．とくに，わが国の一般的な人事考課の主要項目である情意考課では，積極性や協調性が重視されるため，考課者の主観が評価を左右する．無意識のうちに性別を考課の判断材料に用いるとき，女性差別を生む．

　ただし，性別によって評価を変えることが女性差別となることと，性別によって評価を変えることが非合理的であることとは別の問題だ．表の例でも，後の七つに関しては，性別情報を利用して推測した方がより正確に推測できることがありうる．これは統計的差別の問題として，第3章で詳しく議論する．本章

では，これらの印象が偏見に基づいていたり，間違っていたりする場合について議論する．

3. 嗜好による差別

3.1 Becker の「雇用主の嗜好による差別」

　Becker（1957）は完全競争市場という新古典派の枠組みで，差別がなぜ生ずるのかを議論した．彼が前提としたのは，黒人や女性など特定のグループに対する差別的嗜好＝差別意識である．Becker は人種差別を念頭において議論しているが，彼も述べているように，女性差別も同じ枠組みで分析することができる．以下では，女性差別の文脈で Becker の理論を紹介したい．また彼は，差別をする者を，雇用主，労働者，消費者の三つの場合に分けて考察しているが，本章では，雇用主による差別に焦点を絞って議論したい．

　Becker のモデルは，完全競争市場モデルに基づいている．労働市場には多数の企業が存在し，それらの企業は同じ生産関数をもっている．生産関数は収穫逓減である．男女労働者の労働供給は賃金に依存しない．つまり，垂直な労働供給曲線を仮定している．労働者の能力は等しい．

　均衡では，労働需要が労働供給と一致するように賃金が決まる．通常の労働市場モデルと異なるのは，雇用主は女性の雇用に対する差別的嗜好をもっており，女性を雇うと負の効用を被ってしまうことだ．雇用主は，実際の利潤を最大化するのではなく，利潤から女性の雇用による負の効用を差し引いた純効用を最大化する．

　女性の雇用によって雇用主が被る負の効用が，女性の賃金の何倍であるかを彼は「差別係数」と呼び，d と表記する．例えば，時給 1000 円の女性を雇ったとき，200 円分の負の効用を被る雇用主がいるとすれば，その人の差別係数は $d=0.2$（$=200\div1000$）である．Becker は，①すべての雇用主の差別係数が等しいとき，②差別係数が 0 の雇用主と差別係数がある正の値の雇用主の 2 種類しかないとき，③雇用主の差別係数が連続的に分布しているとき，の三つの場合を考察している．

①すべての雇用主の差別係数が等しい場合

すべての雇用主の差別係数が等しい正の値であるとき,男女の賃金が等しければ女性を雇おうとする雇用主はいない.女性を雇うと雇用主の効用が低下するため,男性を優先的に雇おうとするからだ.このような状況で女性が雇用されるためには,女性の賃金が低くならなければならない.

では,女性の賃金がどの程度男性より低ければ雇用主は女性を雇うだろうか.たとえば,差別係数 $d=0.2$ の雇用主が男性労働者を時給1200円で雇っているとする.この雇用主は,男性労働者と同じ能力をもつ女性労働者に対しては時給1000円しか払おうとしない.というのは,時給1000円を払って女性を雇うと雇用主の効用が200円分低下し,雇用主はまるで1200円払ったように感じるからだ.もし,女性労働者が1000円を超える時給を要求すれば,この雇用主は女性を雇わず,男性だけで定員を埋めようとする.

すべての雇用主の差別係数が d のとき,どこの企業でも女性労働者は男性労働者の賃金の $\frac{1}{1+d}$ 倍以下でなければ雇われない.したがって,女性の均衡賃金は男性の均衡賃金の $\frac{1}{1+d}$ 倍となる.これはもちろん,性別に基づく賃金差別であり,わが国の労働基準法ではこのようなジェンダー賃金格差は許されない.Beckerのモデルは,法による賃金差別規制がない社会を考えている.

②雇用主の差別係数が2種類しかない場合

では,差別的嗜好をもたない雇用主とある正の値の差別係数をもつ雇用主の二つのタイプがいる場合はどうだろう.差別的嗜好をもたない雇用主は,男女の賃金が等しければ,男女を区別せずに雇う.差別的嗜好をもっている雇用主は,男性と同じ賃金では女性を雇わない.よって,差別的嗜好をもっていない雇用主に女性の応募が殺到する.差別的嗜好をもっていない雇用主の数が女性の労働供給に比して十分多ければ,すべての女性は,差別的嗜好をもっていない雇用主に雇用される.このとき,男女の賃金格差は発生しない.

ところが,差別的嗜好をもっていない雇用主が女性労働者に比べて少ない場合は,ジェンダー賃金格差が発生する.女性は差別的嗜好をもっていない雇用主の下に殺到するため,労働供給が過剰となり,賃金が下がる.どこまで賃金

が下がるかというと，差別的嗜好をもつ雇用主が女性を雇ってもいいと思う水準までである．その水準では，差別的嗜好をもっている雇用主も女性を雇用するので，すべての女性が雇用される．このとき，女性の賃金は男性より差別係数分だけ低くなる．差別的嗜好をもっている雇用主の差別係数が d であれば，男性は女性の $1+d$ 倍の賃金を支払われる．つまり，ジェンダー賃金格差は，すべての雇用主が d の差別係数をもっている場合と同じ大きさとなる．

　均衡において，差別的嗜好をもっていない雇用主は，男性よりも低い賃金で女性を雇っている．したがって，差別的嗜好をもたない雇用主は差別的嗜好をもっている雇用主より大きな利潤を得ることができる．注意すべきことは，男女の市場均衡賃金が異なる場合，差別的嗜好をもたない雇用主も女性に対し市場均衡賃金＝差別的賃金を支払っているということだ．Becker のモデルの雇用主は，労働市場で決まる均衡賃金より高い賃金を支払うことはしない．差別的嗜好をもたない雇用主も決して平等主義者ではないのである．

③雇用主の差別係数が連続的に分布している場合

　雇用主の差別係数が連続的に分布している場合も，差別的嗜好をもたない雇用主の数が女性労働者に比べて十分多ければ，賃金格差は発生しない．差別的嗜好をもたない雇用主がすべての女性を雇うことができるからだ．

　差別的嗜好をもたない雇用主が少ない場合，これらの雇用主だけですべての女性を雇うことはできない．したがって，男女の賃金が等しければ，一部の女性はどの企業にも雇われない．つまり，女性労働力が供給過剰となる．その結果，市場の女性賃金は低下する．賃金の低下にともない，差別係数の小さい雇用主から順に女性を雇用し始める．こうして，すべての女性が雇用されるまで女性の賃金が低下したしたときが均衡である．

　賃金を徐々に下げてすべての女性が雇われるようになったとき，最後に女性を雇った雇用主を「限界的雇用主」と呼ぼう．限界的雇用主は，均衡賃金で男性を雇っても女性を雇っても同じ効用を得る．限界的雇用主より差別係数が小さい雇用主は女性のみを雇い，限界的雇用主より差別係数が大きい雇用主は男性のみを雇う．賃金水準は，限界的雇用主の差別係数によって決まる．賃金と差別係数の関係は，上の二つの場合と同じだ．

　女性の均衡賃金は男性の均衡賃金より低いため，女性を雇っている企業は人件費を低く抑えることができ，その結果大きな利潤を得ることができる．し

がって，不採算企業が競争によって駆逐されるならば，差別的企業はやがて市場から淘汰されてしまう[2]．

3.2 Becker モデルの応用

Becker のモデルでは，差別があってもなくても，国全体の総生産量には影響しない．労働者の能力や適性が等しく，努力水準も差別に依存しないからだ．しかし，労働者の配置が生産性に影響を及ぼすときは，差別的な嗜好をもつ経営者が多いと，労働力の効率的分配が妨げられ，総生産量が低下してしまう．

また，Becker のモデルは，完全競争市場を前提としているため，結論のいくつかは極端だ．たとえば，市場の差別係数は限界的な雇用主の差別係数によって決まる．また，差別意識を持つ雇用主が差別意識をもたない雇用主に対して十分少なければジェンダー経済格差は発生しない．差別意識をもたない雇用主に対して女性が十分少ない場合も賃金格差は発生しない．

Black（1995）は，雇用主による差別のモデルに職探しモデルを応用することで，より現実的な結論を導いている．求職者と雇用主がランダムに出会う職探しモデルのもとでは，たとえ一人の差別的雇用主がいる場合でも，女性の賃金は低下する．すべての女性労働者は差別的雇用主と出会う可能性があるからだ．

また，Becker のモデルでは，均衡における男女間賃金格差は，限界的な雇用主の差別係数にのみ依存していたが，職探しモデルでは，労働市場における雇用主の差別係数の分布に依存する．

4．非合理的差別の類型

4.1 Becker 理論の限界

この節では，Becker の嗜好による差別の理論を一般化した「非合理的差別」という概念を用いる．一般化をする理由は三つある．一つは実証分析との関連からだ．Becker 理論の実証分析として，一般に，「従業員に占める女性比率が

---

[2] 現実には，差別係数以外に利潤を左右する要因がたくさんある．生産技術，販売技術，労働者の能力，経営者の能力，市場支配力等々である．これらによって超過利潤がもたらされるならば，差別的企業も存続しうる．

高い企業ほど，利潤が高い」という仮説が検証される．また，それ以外に，「従業員に占める女性比率が高い企業ほど成長率が高い」や「生産物市場で激しい競争にさらされている企業ほど従業員に占める女性比率が高い」などの仮説が検証される．しかし，仮にこれらの仮説が証明されても，それは差別が非合理的であることを証明したにすぎず，経営者の嗜好に基づいて差別が行われていることを証明したことにはならない．これらは，Becker理論の必要条件であって，十分条件ではないからだ．従業員女性比率を低下させるような女性差別には，嗜好による差別以外にいろいろ考えられる．

　二つ目は，Beckerの理論は，人的資本投資がなく完全競争的である労働市場を前提としているということだ．したがって，均等度の高い企業とは，単に女性を多く雇う企業のことにすぎない．女性が基幹的職種に就いている企業でもなければ，女性の賃金が高い企業でもなく，また女性管理職が多い企業でもない．しかし，従業員に占める女性比率だけで差別の程度を計るのは単純化しすぎている．採用における差別と並んで，賃金，教育訓練，配置，昇進などの処遇の差別も重要な問題だ．つまり，企業が賃金，教育訓練，配置，昇進などにおいて女性労働者を男性労働者と等しく処遇しているか否かが，企業の雇用制度が差別的か否かの判断基準とならなければならない．

　三つ目は，嗜好による差別の理論が仮定するような経営者は多くないということだ．Beckerは女性労働者を嫌っている経営者が多数存在していることがジェンダー賃金格差をもたらすと考える．しかし，女性を雇うくらいなら利潤が減ったほうがましだと考える経営者が女性の賃金を低下させるほど多いとは筆者は思わない．

　以上の理由から，女性差別を理解するためにはより現実的な理論に拡張する必要がある．表2-2は女性差別の類型をまとめたものだ．「嗜好による差別」はすでに説明したので，以下，「固定観念による差別」，「偏った認識による差別」，「セクシュアル・ハラスメント」，「不十分なWLB施策による差別」，「情報不足による差別」の順に議論する．いずれの類型においても，従業員に占める女性比率が大きいほど利潤が大きいという，Beckerの嗜好による差別と同じ仮説が成立することが示される．

4.2　固定観念による差別

　「嗜好による差別」を「偏見による差別」といいかえると，女性差別により

第2章 なぜ企業は女性を差別するのか［I］

表 2-2　企業による非合理的女性差別の類型

番号	差別の類型	原因	例
1	嗜好による差別	女性の雇用によって雇用主が被る負の効用	同じ賃金，同じ能力であれば，男性を好んで雇用する
2	固定観念による差別	固定観念に基づく規範意識	女性には，本人の意向にかかわらず深夜業をさせない
3	偏った認識による差別	偏った認識	経営者が女性の離職確率を実際より高いと思い込んでいる
4	セクシュアル・ハラスメント	セクハラを生む職場環境を放置する	セクハラが原因で辞める女性が多い
5	不十分な WLB 施策による差別	WLB 施策が効率的に実施できない	育児休業制度があっても利用できない雰囲気がある
6	情報不足による差別（統計的差別）	労働者の能力や就業意欲を正しく計測できない	人事考課では，男性のほうが高い評価を受ける傾向がある

注1）WLB はワーク・ライフ・バランスの略である．
注2）第6類型の「統計的差別」には，合理的側面もある．

当てはまるように思える．『広辞苑』によれば，「嗜好」とは「たしなみこのむこと．このみ」であり，「偏見」とは「かたよった見解．中正でない意見」である．女性に対する差別の多くは「このみ」で行っているのではなく，女性に対して「かたよった見解」を持っているために発生するのではないだろうか．

偏った見解とは，たとえば「男らしさ」や「女らしさ」についての固定観念であったり，「男は仕事に，女は家庭に責任を持つべきだ」という性別分業についての固定観念であったり，「女性は結婚か出産で辞めるだろう」という予測であったりする．ただし，予測はそれが特定の方向に誤っている場合にのみ偏った見解といえる．これらに共通しているのは，男女それぞれに特有の行動様式を前提としていることだ．

以下では，「男性（女性）はこうすべきだ」というジェンダーについての固定観念から生ずる差別を「固定観念による差別」，「男性（女性）はこうするはずだ」「男性（女性）はこうであるはずだ」という偏った認識から生ずる差別を「偏った認識による差別」と呼ぶ．ジェンダーについての固定観念は，主義主張であって，正しいか誤っているかという問題ではない．それに対し，偏った認識は，特定の方向に誤った認識である．

雇用主がジェンダーについての固定観念をもっている場合とは次のような場

合だ．たとえば「結婚や出産の後は，退職して家事・育児に専念することが女性にとって幸せだ」と信じている経営者は少なくない．昔は，経営者に限らず，このような観念をもっている人が大半だった．政府の行った意識調査でも「女性は結婚したら家庭に入るべきだ」という国民が大半を占めていた．Abeglen (1958：山岡訳 2004) は，1950 年代の日本の町工場を観察し，「工場主の責任の小さからぬ部分として，（未婚女性従業員の）結婚の世話をする」（括弧内は引用者加筆）ことがあると指摘している．もちろん，彼女たちは結婚後退職する．未婚の女性従業員を結婚させ退職させることが，かつては経営者の「責任」とされていたのである．大企業では，これは上司の「責任」であった．

現在の日本でこのような責任を感じている経営者や上司はほとんどいないだろうが，「女性の幸せは家庭にある」と考える人は少なくない．とくに，年齢が高い人ほどそのような固定観念をもつ傾向がある．このような固定観念が女性の賃金に与える影響は，Becker の嗜好による差別の理論と同じ枠組みで説明することができる．

「女性の幸せは家庭にある」と考える経営者は，既婚女性や子どもをもつ女性を働かせることにある種の罪悪感をもつ．そして，残業や夜間勤務や危険な業務がある企業ならば，その罪悪感はもっと大きいだろう．このとき，女性を雇用することで経営者の効用が下がるため，多少利潤を犠牲にしても男性を雇おうとする．主観的には，経営者は差別をしている意識はないだろう．むしろ，女性をいたわっているという意識すらもっているかもしれない．

女性をいたわるゆえに職場から排除する経営者がいるというのは奇妙に思えるかもしれない．しかし，国が固定観念に基づく規範によって女性を特定の労働から排除する場合もある．典型的な例は，1997 年に改正される以前の労働基準法の女性保護規定だ．女性は夜間の就業や危険業務の担当を原則として禁止されていた．これは，女性は能力や体力の点で男性に劣るために保護されなければならないという理由からだった[3]．経済学的に考えると，このような法律は女性の就業領域を狭め，女性が就業可能な職種では労働供給が過剰となり，市場均衡賃金が下がる．

固定観念による差別は，理論的には Becker のモデルと同じ枠組みなので，

---

[3] 戦後の労働基準法に女性保護規定が挿入された経緯については豊田 (2007) が詳しい．それによると，女性は体力で男性に劣るのみならず，雇用主と交渉を行う能力においても男性に劣ることが，しばしば女性保護規定の必要性の根拠とされた．

差別が賃金や企業利潤に及ぼす影響も Becker 理論と同じだ．強い固定観念をもっている経営者がいる企業とそうでない企業とでは，後者のほうがより多くの女性を雇い，利潤も大きい．女性労働者が残業や深夜労働や危険業務を行うことに対する否定的観念をもっていない経営者は，より多くの女性を雇うことができ，人件費を節約できるからだ．

4.3 偏った認識による差別

固定観念に基づく規範意識は，あくまで個人の主義主張であって，客観的に見て正しいかどうかという問題ではない．それに対して，「偏った認識」は客観的に見れば誤りである．

伝統的な経済学では，通常，経済主体は正しい認識をもっていることを前提としている．たとえ誤った認識をもっていることを仮定した場合でも，誤りはランダムで，誤差の分布について正しい認識をもっていることを前提としている．つまり，伝統的経済学が前提とする人々の認識は，たとえ誤りであっても偏ってはいない．

しかし，人間の誤りには特定の方向性があることが，心理学や行動経済学の研究によって明らかにされている．たとえば，新聞のチラシなどで「定価 1000 円のところ，特別価格 600 円にてご奉仕」といった表示を目にすることがある．これは，単に「600 円」と表示するより消費者が得をした気になるからだ[4]．人間が合理的であれば，「定価 1000 円のところ………」は意味がない．

また，一度誤った認識をもってしまうと，それに反する事実は無意識のうちに無視したり，例外として処理したりしてしまうことがある．血液型による性格判断がそのよい例だ．わが国では非常に多くの人が，血液型と性格に関連があると考えている．海外ではごく一部の国を除いてこのようなことは信じられていない．心理学的実験でも，血液型と性格が有意な相関関係をもっていることを証明したものはない．にもかかわらず日本で血液型による性格判断がこれほど広く受け入れられているのは，人々が経験だけでは誤った予測を修正できないことを意味している．

わたしたちは一般に，自分の見解にあった事実は受け入れ，見解と異なった

---

[4] これは，行動経済学ではアンカリング効果と呼ばれる．最初に目にした定価 1000 円がアンカー（錨）となって，それを基準として 600 円を見るので安く感じてしまうのである．友野（2006, p.85）参照．

事実は例外として扱う傾向がある．これは，誤りを認めることによる苦痛を無意識のうちに避けているもので，「認知的不協和」といわれる．人間の性格というのは多面的であるから，同じ人でも場面によって「まじめ」であったり「おおらか」であったり「個人主義的」であったりする．A型と聞くとその人のまじめな側面のみが思い出される．また，どう考えても「まじめ」とはいいがたい人の場合は，「あの人は例外だ」として血液型による性格判断に疑問を投げかけることはしない．

　偏った認識は，それが自明であれば，社会に広く流布することはない．誤りであることが簡単には証明できないから，偏った認識がなくならないのだ．ジェンダーに関する偏った認識の疑いがある例として次のようなことが考えられる．

　一つは，男性と女性は適性が異なるという考えである．女性活躍のためのポジティブ・アクションやWLB施策に熱心な経営者からも「男性にはない女性の能力を活用したい」とか，「女性の視点を営業に活かしたい」などという言葉をしばしば耳にする．もちろん，第1章で議論したように，平均的男性と平均的女性では，能力や嗜好も異なるだろうから，経営者の言葉が偏見であるとは断定できない．しかし，それらの経営者が思っているほど，男女の適性は異ならないかもしれない．そうだとしたら，「女らしさ」や「男らしさ」という固定観念に引きずられて，女性の職域を狭めている可能性も否定できない．

　もう一つは，離職確率のジェンダー格差だ．女性の活用が進まない理由として，経営者が第一にあげるのが，女性の離職確率が高いことである．確かに，統計的に女性の離職率は男性より高い．しかし，女性の活用を判断する際に重要なのは，企業が経験している実際の離職率ではなく，企業が女性を男性並みに活用したと仮定した場合の離職確率だ．本当に企業は離職確率のジェンダー格差を正しく認識したうえで，最適な採用を行っているのだろうか．固定観念に引きずられて，離職確率のジェンダー格差を過大に評価していないだろうか．

　離職確率のジェンダー格差の認識が偏っている可能性があると筆者が考えるのは，根拠のないことではない．時代とともに，労働市場で働きたいという女性の意欲は男性に近づきつつある．結婚・出産後も仕事を続けたいという女性は増加しつつある．しかし，人間は認知的不協和のために一度もった認識はなかなか変えられないとすると，大半の女性にとって仕事は結婚までの「腰掛け」であった時代の認識を，一部の経営者が未だにもっていたとしても不思議ではない．

偏った認識に基づいて経済活動を行うと，利潤や効用は最大化されない．主観的には利潤や効用を最大化しているつもりでも，客観的にはもっと良い状態が実現できたはずだ．女性の離職確率を過大に認識している企業では，女性の雇用量は最適な雇用量を下回り，利潤最大化を達成できない．

4.4　セクシュアル・ハラスメント

差別の一つとして，忘れてはならないのがセクハラである．1997年の改正均等法では，セクハラを防止することが雇用主の義務とされた．破廉恥事件への興味も手伝って，セクハラ事件がマスコミに出ない日はない．おそらく，どの職場でもセクハラが起こる可能性はゼロではないだろう．では，セクハラは，ジェンダー経済格差にどのような影響を及ぼすのだろうか．

女性労働者に対するセクハラの直接的影響として，女性労働者の生産性を下げることと，女性労働者の効用水準を下げることが考えられる[5]．以下では，セクハラが女性労働者の生産性を下げる場合と，女性労働者の効用水準を下げる場合に，それぞれ市場の均衡賃金がどうなるかを考察する．

まず，セクハラが女性労働者の生産性を下げるが，女性の効用水準には影響を及ぼさない場合を考察しよう．セクハラを完全に防止する一つの手段は同じ性別の労働者しか雇わないことだ．Becker（1957）は，同僚による人種差別があるとき，人種間の労働が完全に代替的であれば，一つの企業では同じ人種しか雇わないのが均衡となるとしている．

しかし，現実には，よほどの零細企業でない限り，同じ性別の労働者しか雇わないということはありえない．男女の労働の代替性が非常に大きくない限り，また，同性の労働者だけで多様な人材が調達できるほど応募者が多くない限り，企業にとってはセクハラによる利潤の損失以上に，同性の労働者に限って雇用することによる損失のほうが大きいからだ．

以下では，男女の労働にはある程度の補完性があるため，どの企業でも男性と女性の両方を雇っている（ただし，男女の比率は異なりうる）と仮定して話を進める．また，セクハラの程度は従業員の男女比率には依存しないとする．

もし，すべての職場で同じ程度のセクハラが行われていれば，どの企業でも

---

[5] それ以外に，同じ職場の男性労働者の効用水準を下げる可能性や，少なくとも短期的にはセクハラを行う者の効用水準を上げる可能性もあるが，これらはここでは考察しない．

女性の生産性は，セクハラがない場合より低い．市場の均衡賃金は生産性に等しいので，女性の賃金はセクハラがない場合より低くなる．

セクハラの程度が企業によって異なる場合はどうだろう．セクハラが頻繁に行われている企業では，女性の生産性が低いため，女性労働者を減らしてより多くの男性労働者を雇おうとする．セクハラが行われている企業が多いほど，そしてセクハラの程度が強いほど，労働市場における女性労働の需要が小さくなり，女性の均衡賃金が低下する．

このとき，セクハラが少ない企業では，女性の生産性が高いため，多くの女性を雇う．これらの企業は，男性より賃金が低い女性を多く雇うことで利潤を拡大できる．

次に，セクハラが女性労働者の効用水準を下げるが，生産性には影響がない場合を考えよう．すべての企業で同程度のセクハラが行われているとする．セクハラによって生産性は低下しないので，女性の労働供給が一定であれば，女性の賃金はセクハラがない場合と変わらない．ただし，すべての女性の効用水準はセクハラのない状態よりは低い．

では，セクハラの程度が企業によって異なる場合はどうだろう．女性はよりセクハラの少ない企業で雇われたいと思うので，セクハラの少ない企業では女性の労働供給が過剰となる．したがって，セクハラの少ない企業では女性の賃金が低下する．均衡状態では，女性に対しすべての企業で同一の賃金が支払われるのではなく，セクハラの多い企業ほど高い賃金を支払うことになる．セクハラの少ない企業では女性労働者の比率を上げることにより人件費を削減でき，高い利潤を得ることができる．

4.5　不十分な WLB 施策による差別

女性が家事・育児労働のほとんどを担っている日本のような社会では，男女を平等に処遇するだけでは女性を活用できない．第5章で詳しく議論するように，日本の企業は，家事・育児から解放された男性労働者を前提として人的資源管理を行ってきた．女性の多くは家事・育児にも責任をもっているため，男性とは異なった人的資源管理方法をとらなければ，女性が活躍できる職場環境は生まれない[6]．WLB 施策を低い費用で実施するノウハウをもっている企業

---

[6] もちろん，家庭での性別分業が解消すれば企業が男女を区別する必要はなくなるが，近い将来に家庭での性別分業がなくなるとは思えない．したがって企業は，とりあえずは性

では，女性の離職確率が低く，利潤も大きいだろう．

このことは，差別意識や偏見をもっていない善良な経営者でも，WLB 施策のノウハウを知らなければ女性を活用できないこと，したがって結果的に女性の採用や昇進が行われないことを意味する．WLB 施策の開発は技術開発と同じで，他企業に先駆けて開発すれば，優秀な女性を比較的低い労働費用で活用できる．

ただし，WLB 施策を実施しないことが，女性差別の定義に照らして，差別であるといえるかどうかは微妙だ．家庭の事情で離職しないのも一種の能力と捉えれば，女性の離職確率が高いのは，女性の能力不足であるといえる．したがって，それを理由に不利な処遇を受けるのは差別されていることにはならないという主張は正しいように思える．

しかし，女性社員の離職確率は企業の WLB 施策によって左右される．その場合，離職確率は企業にとって所与ではないため，純粋な女性の能力とはいえない．たとえば，WLB 施策が充実している企業では，男女の離職確率が等しく，WLB が充実していない企業では，女性の離職確率が高いとする．さらに，前者のほうが高い企業利潤を達成しているとする．このような場合に後者の企業は，利潤を犠牲にして，女性の離職確率が高くなる状況を作り出していると解釈できる．つまり，非合理的差別を行っているのである．

4.6 情報不足による差別

採用や人事考課の際に，経営者が労働者の能力や離職確率などの属性の正確な測定方法を知らないために，性別情報を利用してそれらを推定することを統計的差別という．たとえば，企業が，労働者の能力や離職確率について完全な情報をもっていないが，男女別の平均能力や平均離職確率などの事前情報をもっているとき，その性別情報を利用して個々の労働者の能力や離職確率を推定しようとする．能力や離職確率に関する性別情報を利用することで，企業はより正確な予想が可能となり，企業利潤は拡大する．これは統計的差別の合理的な側面である．統計的差別の合理的な側面については，第 3 章で議論する．

ここで注目したいのは，統計的差別の非合理的側面である．統計的差別を行っている企業が，そうでない企業より利潤が必ず大きいわけではない．たとえば，企業が労働者の能力や離職確率についてより正確な情報をもっていれば，企業

別分業を前提として女性の活用を考えなければならない．

は性別情報を利用する必要がなくなる．つまり，統計的差別を行う必要のない企業が最も効率的な経営を行っている企業であり，統計的差別を行わざるをえない企業は経営の効率性で劣っている企業である．

4.7 非効率な経営による差別

以上，非合理的差別を類型化したが，これらの差別は，いずれも経営者が効率的経営を行っていないことから発生する差別だといえる．女性を雇うと経営者の効用が低下してしまう，性別役割分担について固定観念をもっている，女性の離職確率などについて偏った予想をもっている，セクハラの深刻さを認識していない，WLB施策を効率的に実施できない，労働者の属性を正確に測定できない，これらは経営者に経営者としての適性や能力がないために発生する事柄であるといえる．

非合理的差別の最も重要な結論は，差別が企業の利潤を犠牲にして行われるということだ．したがって，差別を厳しく取り締まることによって，企業の利潤が改善し，公平な雇用が実現する．わが国の男女雇用機会均等法やアメリカの大統領令に基づくアファーマティブ・アクションへ強い根拠を与えている．

もうひとつの重要な点は，差別的な企業は利潤が少ないため，長期的には企業間競争に敗れる可能性が高いということだ．しかも，生産物市場における競争が激しいほど企業のレントが少ないため，差別による利潤の喪失が企業の存亡に大きく影響する．いいかえると，競争が激しい生産物市場に直面している企業ほど，差別をする余裕がない．したがって，独占禁止法や市場開放政策などの競争促進政策の推進が，差別的経営者の淘汰を通して差別の解消を促進するということができる．第4章で見るように，これらは実証研究でもある程度支持されている．

さらに，非効率な経営による差別の解消を図るためは，経営の透明化と株主によるガバナンスの強化が有効となるだろう．事実，第9章では，株主のガバナンスがしっかりしている企業ほど女性が活躍していることが実証される．

ただし，差別の禁止や競争促進政策が平等と効率の両方を改善するという楽観的な結論には注意が必要だ．というのは，女性差別には合理的側面もあるからだ．内部労働市場の合理性と差別性が不可分であることを強調したDoeringer and Piore（1985：白木訳2007）は，差別は非効率であるという「楽観論」を次のように批判している．「差別の撤廃は一般的に資源の効率的活用をもた

らし，それによって国民所得を増加させると考えられている．しかし，いくつかの理由によって，そのような分析は差別のメカニズムについての正しい認識を示して（いない）」[7]．差別の合理的側面については続く第3章で議論する．

5．まとめ

本章では，差別の非合理的側面について議論した．まず，Beckerの嗜好による差別を紹介し，女性差別の分析ツールとしての有効性と限界を明らかにした．嗜好による差別の理論は，完全競争市場において差別が発生するメカニズムと差別の経済的帰結を明らかにした点で評価できる．

しかし，Becker理論は，差別の原因を人々（とくに雇用主）の嗜好に限定している点に限界がある．非合理的差別を生む要因は経営者の差別的嗜好以外にもたくさんある．本章では，非合理的女性差別を六つに分類した．それらを分析すると，いずれも非効率的な経営によって女性が活躍できる職場環境が実現できないという共通点がある．

非効率的な経営は，固定観念や偏った情報に基づく判断，セクハラの過小評価，不十分なWLB施策，正確性に欠ける労働者の評価などによって，女性の活躍を妨げると同時に，企業に利潤獲得の機会を失わせる．非効率的な経営が女性差別の主要な原因の一つであることは，終章の政策提言の重要な根拠となる．

---

[7] Doeringer and Piore（1985：白木訳2007，p.168）．括弧内は原文の意味が変わらない範囲で引用者が加筆した．

第3章　なぜ企業は女性を差別するのか［II］：統計的差別の諸理論

> 要約
>
> 　本章では，「統計的差別」の諸理論について説明し，政策的インプリケーションを導く．統計的差別の理論は，差別の原因が①能力のジェンダー格差か，②離職確率のジェンダー格差かによって異なる．また差別の方法が(a)賃金差別か，(b)採用・配置・訓練・昇進などの差別かによっても異なる．海外の理論研究の大半は，①能力のジェンダー格差に基づく (a) 賃金差別を議論しているが，わが国では②離職確率のジェンダー格差に基づく(b)採用・配置・訓練・昇進などの差別のほうがより深刻な問題だ．
>
> 　政策的インプリケーションとして，以下のことが指摘される．統計的差別は企業の合理的な行動に基づくため，差別の禁止は，少なくとも短期的には，社会の経済効率を損なう危険性がある．つまり，平等と効率のトレードオフ関係が存在する．そこで，差別を規制する政策とともに，企業が差別を行うインセンティブを低下させる政策を実施することが望ましい．女性の離職確率が高いことが女性差別の原因であれば，女性の離職確率を低下させるためにワーク・ライフ・バランス（以下，WLBと略す）政策を実施することが有効だ．
>
> 　ただし，中長期的に見れば，差別の禁止が経済効率を改善する可能性もある．それは差別の禁止によって，企業が労働者の属性をより正確に測定するための人的資源管理施策（採用方法・査定方法の見直しや面接者・考課者の訓練）や，女性の離職確率を下げるためのWLB施策に力を入れる場合だ．これらのノウハウが社会に蓄積され低いコストで施策が実施できるようになれば，社会全体の効率が改善される可能性がある．

1. 課題と構成

　第2章では，企業の業績を犠牲にして行われる差別について議論した．本章では，企業の合理的な判断に基づいて行われる差別を議論する．それは，統計情報を利用して行われるため，統計的差別と呼ばれる．たとえば，企業は労働者一人一人の離職確率はわからないが，平均的には女性のほうが離職確率が高いことを，統計により知っているとする．このとき企業は，その情報を利用することにより，労働者の離職確率をより正確に推定することができる．ただし，この場合に女性が不利な扱いを受け，統計的差別が生ずる[1]．

　統計的差別の理論は，差別の原因が①能力のジェンダー格差か，②離職確率のジェンダー格差かによって異なる．また差別の方法が(a)賃金差別か，(b)採用・配置・訓練・昇進などの差別かによっても異なる．海外の理論研究の大半は，①能力のジェンダー格差に基づく(a)賃金差別を議論しているが，わが国では②離職確率のジェンダー格差に基づく(b)採用・配置・訓練・昇進などの差別のほうがより深刻な問題である[2]．

　統計的差別の理論は，わが国の女性差別の原因を分析し，対策を考える上で非常に有用だ．なぜならば，わが国では，企業が女性よりも男性を優遇するのは，女性の離職確率が高いことが最大の原因といわれており，これがまさに統計的差別だからだ．Doeringer and Piore (1985) は内部労働市場が人種差別を不可欠の要素としていることを強調したが，日本の内部労働市場は女性差別を不可欠の要素としている．

　本章では，統計的差別の理論を説明し，その理論がわが国のジェンダー経済

---

[1] 統計的差別は，能力測定の困難さがグループによって異なる場合にも発生する．Phelps (1972), Aigner and Cain (1977), Lundberg and Sturtz (1983) がそのようなモデルについて議論している．有能な労働者の間では正確に能力を測定できるグループが有利になり，有能でない労働者の間では正確に能力を測定できないグループが有利になる．このタイプの統計的差別は，本書では原則として扱わない．必要に応じて文献を紹介するに止める．

[2] 賃金差別に着目した初期の研究に Phelps (1972), Arrow (1973) が，採用差別や昇進差別に着目した初期の研究に Doeringer and Piore (1985), Thurow (1975：小池・脇坂訳 1984) がある．また，①能力のジェンダー格差に基づく(b)採用・配置・訓練・昇進などの差別を扱った研究に，Coate and Loury (1993), 川口 (2007a) がある．

第3章 なぜ企業は女性を差別するのか［II］

格差の理解にどのように役立つかを議論する．本章の議論は，第5章におけるジェンダー経済格差のモデル分析の基礎となる．

本章の構成は以下のとおりだ．第2節で，能力格差に基づく賃金差別のモデルを説明する．合理的な人間が特定の条件下における確率を推論する際に用いるベイズの定理を紹介し，それが統計的差別にどのように応用されるかを議論する．第3節では，その議論を拡張して，離職確率のジェンダー格差に基づく採用差別のモデルについて議論する．第4節では，統計的差別の諸理論に基づいて，政策的インプリケーションを議論する．最後に，第5節で本章の議論をまとめる．

2. 能力格差に基づく賃金差別のモデル

まず，労働市場が完全競争的であることを前提にし，企業が労働者の能力について十分な情報をもっていないために生ずる賃金差別を議論する．

2.1 能力を完全に測定できる場合

簡単な理論モデルを作成しよう．次のような仮定を設ける．労働者には有能な人と有能でない人の2種類しかいない．どの企業に勤めても，有能な労働者は2の付加価値を生産し，有能でない労働者は1の付加価値しか生産しない．労働市場には多数の企業があり，労働者が自由に企業を選択できる．

以上の仮定のもとで，企業が労働者の能力を完全に測定できるならば，一人一人の労働者に付加価値どおりの賃金を企業が払うのが市場の均衡となる[3]．それは，次のように確認できる．すべての企業が付加価値どおりの賃金を払っているとき，ある企業がそれより賃金を抑えれば，その企業は労働者を雇えない．逆に，付加価値を超える賃金を払えば，企業は赤字になってしまう．したがって，企業は付加価値どおりの賃金しか払えない．

このとき，有能な労働者は2の賃金を，有能でない労働者は1の賃金を受け取る．仮に，男性と女性の2種類の労働者がいるとしても，性別にかかわらず有能な労働者は2の賃金を，有能でない労働者は1の賃金を受け取る．したがって，第2章で定義した個人差別は発生しない．

さてここで，男女労働者の平均付加価値を確認しておこう．男性労働者のう

---

[3] 本章では，企業の生産関数は収穫一定で，生産要素は労働のみであると仮定する．

ち有能な労働者の割合を p_m，女性労働者のうち有能な労働者の割合を p_f，ただし $p_m > p_f$ と仮定する．このとき，男性労働者と女性労働者の平均付加価値はそれぞれ次のようになる．

男性労働者の平均付加価値： $2p_m + (1-p_m) = 1 + p_m$ (1)
女性労働者の平均付加価値： $2p_f + (1-p_f) = 1 + p_f$ (2)

当然のことながら，男性労働者の平均賃金は男性労働者の平均付加価値に等しく，女性労働者の平均賃金は女性労働者の平均付加価値に等しい．

2.2 能力をまったく測定できない場合

次に，企業がまったく能力を測定できない場合を考察しよう．ただし，企業は，男性労働者が有能である確率が p_m，女性労働者有能である確率が p_f であることを知っているとする．このとき，男性労働者と女性労働者の付加価値の期待値は，式(1)と(2)より，それぞれ $1+p_m$ と $1+p_f$ である．

労働市場が競争的であれば，均衡における男女の賃金はそれぞれ男女の付加価値の期待値に等しくなる．理由は以下のとおりだ．すべての企業が付加価値の男女別期待値に等しい賃金を払っているとき，ある企業がそれより賃金を抑えれば，その企業は労働者を雇えない．逆に付加価値の男女別期待値以上の賃金を払えば，企業は赤字になってしまう．したがって，すべての企業は付加価値の男女別期待値に等しい賃金を支払おうとする．

ではこの状況のもとでは，誰が差別を受けているのだろうか．男性は全員 $1+p_m$ の賃金を，女性は全員 $1+p_f$ の賃金を受け取っている．したがって，能力が等しい男女を比較すると，男性の方が高い賃金を受け取っている．このことは，第2章の定義に基づくと，女性が差別（個人差別）を受けていることを意味する．性別統計の利用が統計的差別と呼ばれる所以だ．

しかし，Aigner and Cain (1977) は，このモデルでは女性がグループとして差別を受けているわけではないと主張した．グループ差別は以下のように定義できる．

女性差別（グループ差別1）：

> 女性全体の平均報酬が，女性全体の生産性と比べて不釣合いに低いとき，女性は差別されているという[4].

能力をまったく測定できない場合，すべての男性は，男性の期待付加価値 $1+p_m$ に等しい賃金を受け取っており，すべての女性は女性の期待付加価値に等しい賃金 $1+p_f$ を受け取っている．つまり，女性が全体として，生産性に比して不釣合いに低い賃金を受け取っているとはいえない．女性一人一人は差別を受けているのに，女性全体としては差別を受けていないというパラドクスが発生している．

2.3 能力を誤差をともなって測定できる場合

以上，能力を完全に測定できる場合とまったく測定できない場合の両極端を考察した．これでも統計的差別の理論の核心を理解することはできるが，経済学では通常，より現実的な場合を議論する．それは，企業が労働者の能力をある程度の誤差をともなって測定できる場合だ．

男女の能力分布はこれまでと同じとしよう．ただし，すべての企業は同じ精度の試験を実施する．その試験の結果は，良い（G）か，悪い（N）かのいずれかだ．有能な労働者（H）は q の確率で良い結果を，$1-q$ の確率で悪い結果を出す．逆に有能でない労働者（L）は $1-q$ の確率で良い結果を，q の確率で悪い結果を出す．ただし，$1/2 \leq q \leq 1$ である．したがって，q は能力を正しく判定する確率，すなわち試験の精度と解釈できる．ちなみに，$q=1$ は，企業が労働者の能力を完全に測定できる場合，$q=1/2$ は，まったく測定できない

表 3-1 労働者の能力と試験の結果の関係

	良い結果（G）を得る確率	悪い結果（N）を得る確率
有能な労働者（H）	q	$1-q$
有能でない労働者（L）	$1-q$	q

注：$1/2 \leq q \leq 1$ を仮定する．

---

[4] Aigner and Cain は個人差別とグループ差別を区別して定義しているわけではない．同様の定義を個人差別にも適用している．しかし，その場合には個人差別の範囲があまりに広くなるので，本書では個人差別は第2章の定義を用いる．

場合に相当する．この試験の仮定は，後のモデルでも使用するので，表3-1にまとめておく．

企業は，男性および女性労働者が有能である確率を統計から知っているとする．企業はその情報と試験の結果から，試験の成績の良い男性，悪い男性，良い女性，悪い女性のそれぞれが有能である確率を計算する．合理的な人間がそのような条件付確率を計算するときに用いるのがベイズの定理だ．

ベイズの定理

$$\Pr(H|G) = \frac{\Pr(G|H)\Pr(H)}{\Pr(G|H)\Pr(H)+\Pr(G|L)\Pr(L)}$$

$\Pr(H|G)$：試験結果の良い者が有能である確率

$\Pr(G|H)$：有能である者が試験で良い結果を得る確率（q）

$\Pr(H)$：労働者が有能である確率（$p_i, i=m, f$）

$\Pr(G|L)$：有能でない労働者が試験で良い結果を得る確率（$1-q$）

$\Pr(L)$：労働者が有能でない確率（$1-p_i, i=m, f$）

この公式の分母は労働者が試験で良い結果を修める確率，分子は労働者が有能でかつ良い結果を修める確率を意味している．上の公式は，試験結果の良い者が有能である確率を求める式だが，式のなかの G を N に替えると試験結果の悪い者が有能である確率を求めることができる．ベイズの定理の右辺に出てくる確率はすべて事前に企業が知っているものだ．これらのうち，男女で差があるのは，$\Pr(H)$ と $\Pr(L)$ である．

この定理は以下のことを意味している．男性が有能である確率と女性が有能である確率が異なるとき，合理的な企業は，同じ試験で同じ成績を修めた男女に対して，彼（女）らが同じ確率で有能であるとは推測しない．定理によれば，同じ試験で同じ結果を得た男女を比較すると，男性のほうが有能である確率が高いのである[5]．

---

[5] ベイズの定理は，合理的な人間が確率を計算するときに用いる公式であるとはいえ，私たちの直感とは相容れないこともある．ベイズの定理を用いたクイズで，以下のようなものがある（友野 2006, p.12 参照）．「ある感染症にかかる確率は1万分の1である．あなたが信頼性99％の検査を受けたところ，陽性となった．あなたが感染症にかかっている確率は何パーセントか．」直感的には99％の確率で感染症にかかっているように思うが，ベイズの定理に基づいて計算すると，感染症にかかっている確率は1％未満となる．

第3章 なぜ企業は女性を差別するのか [II]

図 3-1 男性の能力と試験結果の関係

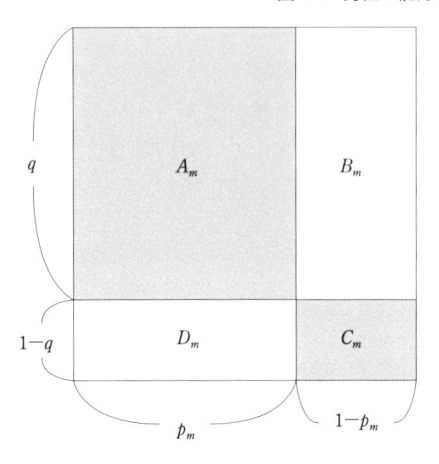

q ：試験の制度（能力測定が正しい確率）
p_m：男性が有能である確率
A_m：男性が有能で，かつ成績が良い確率
B_m：男性が有能でなく，かつ成績が悪い確率
C_m：男性が有能でなく，かつ成績が良い確率
D_m：男性が有能で，かつ成績が悪い確率

図 3-2 女性の能力と試験結果の関係

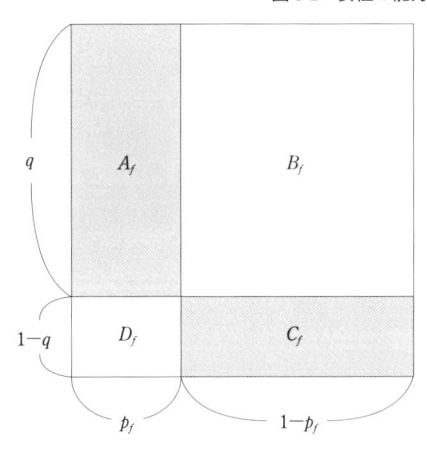

q ：試験の制度（能力測定が正しい確率）
p_f：女性が有能である確率
A_f：女性が有能で，かつ成績が良い確率
B_f：女性が有能でなく，かつ成績が悪い確率
C_f：女性が有能でなく，かつ成績が良い確率
D_f：女性が有能で，かつ成績が悪い確率

　ベイズの定理を図 3-1 と図 3-2 を使って説明しよう．いずれの図も 1 辺が 1 の長さをもつ正方形を描いている．図 3-1 は男性，図 3-2 は女性の場合を描いている．横の長さは有能な労働者である確率と有能でない労働者である確率を表わす．男性労働者は p_m の確率で，女性労働者は p_f の確率で有能だ．縦の長さは能力測定が正しい確率と正しくない確率を表わす．正しい確率が q だ．二つの図の違いは，労働者が有能である確率が，男性のほうが女性より高い点だけだ．

2．能力格差に基づく賃金差別のモデル

表 3-2　労働者の属性別期待賃金の数値例

	数　　式	図 3-1, 図 3-2	$q=1$	$q=0.75$	$q=0.5$
試験結果の良い男性	$1+\dfrac{qp_m}{qp_m+(1-q)(1-p_m)}$	$1+\dfrac{A_m}{A_m+C_m}$	2.00	1.92	1.80
試験結果の良い女性	$1+\dfrac{qp_f}{qp_f+(1-q)(1-p_f)}$	$1+\dfrac{A_f}{A_f+C_f}$	2.00	1.67	1.40
試験結果の悪い男性	$1+\dfrac{(1-q)p_m}{(1-q)p_m+q(1-p_m)}$	$1+\dfrac{D_m}{B_m+D_m}$	1.00	1.57	1.80
試験結果の悪い女性	$1+\dfrac{(1-q)p_f}{(1-q)p_f+q(1-p_f)}$	$1+\dfrac{D_f}{B_f+D_f}$	1.00	1.18	1.40
有能な男性	$1+\dfrac{q^2 p_m}{qp_m+(1-q)(1-p_m)}+\dfrac{(1-q)^2 p_m}{(1-q)p_m+q(1-p_m)}$	$1+\dfrac{A_m(A_m+B_m)}{A_m+C_m}+\dfrac{D_m(C_m+D_m)}{B_m+D_m}$	2.00	1.84	1.80
有能な女性	$1+\dfrac{q^2 p_f}{qp_f+(1-q)(1-p_f)}+\dfrac{(1-q)^2 p_f}{(1-q)p_f+q(1-p_f)}$	$1+\dfrac{A_f(A_f+B_f)}{A_f+C_f}+\dfrac{D_f(C_f+D_f)}{B_f+D_f}$	2.00	1.55	1.40
有能でない男性	$1+\dfrac{q(1-q)p_m}{qp_m+(1-q)(1-p_m)}+\dfrac{q(1-q)p_m}{(1-q)p_m+q(1-p_m)}$	$1+\dfrac{A_m(C_m+D_m)}{A_m+C_m}+\dfrac{D_m(A_m+B_m)}{B_m+D_m}$	1.00	1.66	1.80
有能でない女性	$1+\dfrac{q(1-q)p_f}{qp_f+(1-q)(1-p_f)}+\dfrac{q(1-q)p_f}{(1-q)p_f+q(1-p_f)}$	$1+\dfrac{A_f(C_f+D_f)}{A_f+C_f}+\dfrac{D_f(A_f+B_f)}{B_f+D_f}$	1.00	1.30	1.40
全　男　性	$1+p_m$	$1+A_m+D_m$	1.80	1.80	1.80
全　女　性	$1+p_f$	$1+A_f+D_f$	1.40	1.40	1.40

注：数値例では，$p_m=0.8$，$p_f=0.4$ と仮定している．小数点第 3 位以下は四捨五入している．$q=1$ は能力を完全に把握できることを，$q=0.5$ は能力をまったく把握できないことを意味する．

それぞれの図の影の部分の合計面積が，労働者が試験で良い結果を修める確率だ．有能な者はqの確率で，有能でない者は$1-q$の確率で良い成績を修める．企業は，良い成績を修めた者が有能である確率を計算したい．それはベイズの公式より，

$$\Pr(H|G) = \frac{A_i}{A_i + C_i}, i = m, f$$

となる．ここで分母は，労働者が試験で良い結果を修める確率，分子は労働者が有能でかつ良い結果を修める確率だ．図3-1の$\frac{A_m}{A_m + C_m}$と図3-2の$\frac{A_f}{A_f + C_f}$を比べると，前者のほうが大きいことがわかる．つまり，試験で良い結果を修めた者が有能である確率は，女性より男性のほうが高いのである．

同様に，成績が悪かった者が有能である確率は，

$$\Pr(H|N) = \frac{D_i}{B_i + D_i}, i = m, f$$

だ．ここでも二つの図を比べると，有能である確率は女性より男性が高いことがわかる．このことは，男女に同じ精度の試験を実施しても，性別情報p_mとp_fに応じて，男女でその結果の解釈を変えるのが合理的だということを示している．

労働者の能力，試験結果，性別による期待賃金（＝期待付加価値）は表3-2にまとめられている．ただし，上から四つは労働者が受け取る賃金そのものを，それ以外は期待賃金を表している．証明は多少手間がかかるが複雑ではないので省略する．このモデルから，$1/2 < q < 1$の場合について，次の特徴が指摘できる．

賃金における統計的差別の特徴：
①試験結果が同じであれば，男性のほうが女性より賃金が高い．
②能力が同じであれば，男性のほうが女性より期待賃金が高い．
③男性（または女性）全体の期待賃金は，男性（女性）全体の期待付加価値に等しい．

①は表3-2の試験結果の良い男性と女性の比較，および，試験結果の悪い男

性と女性の比較より明らかだ．②は，表3-2の有能な男性と有能な女性の比較，および，有能でない男性と有能でない女性の比較によって確かめられる．③は表の下から2行を見れば明らかだ．競争的な労働市場を仮定しているのでこれが成り立つ．このことは，統計的差別がグループとしての女性を差別しているわけではないことを意味している．単純な例でも示したように，個人差別とグループ差別のパラドクスがある．これらの特徴は，能力分布が連続であっても，試験の点数が連続であっても成立する統計的賃金差別の一般的な特徴である[6]．

さて，このモデルは現在のわが国の女性差別をどの程度的確に捉えているだろうか．このモデルは，査定における女性差別をある程度説明できるが，採用や配置や昇進などの差別は説明できない．採用や配置は賃金のように連続的でなく，採用か不採用か，昇進か据え置きかのように，1か0かの判断だ．そのような状況のもとでは，統計的差別のもつ意味合いが変わってくる．そこで次に，離職率が高いことを理由に，採用において女性が不利な扱いを受けるモデルを考察する．

3．離職確率格差に基づく採用差別のモデル

3.1 理論モデル

ここでは，Thurow（1975）のモデルを参考にして，それを単純化したものを紹介する．以下の仮定を設ける．すべての労働者の能力は等しいが，採用後の勤続年数が異なる．労働者には採用すれば長く勤める者（以下では「潜在的長期勤続者」という）と採用してもすぐに辞める者（以下では「潜在的短期勤続者」という）の2種類がいる．企業は人的資本投資を行うため，長く勤める労働者を採用したい．応募の段階で応募者は自分が潜在的長期勤続者か潜在的短期勤続者かを知っているが，企業はそれを知らない[7]．

企業は労働者の教育訓練に費用を支出する．そのため，長期勤続者は一人当

---

[6] ただし，試験の精度がグループによって異なる場合は，グループ差別が発生することもある．Aigner and Cain（1977）は，雇用主が危険回避的であると，試験によってより正確に能力を測れるグループの賃金が高くなることを示した．

[7] 実際は，仕事を始めた後，長期勤続するか否かを決めるのが普通なので，潜在的長期勤続者か潜在的短期勤続者かがあらかじめ決まっているという仮定は現実的ではないが，こ

たり1の利潤を企業にもたらすが，短期勤続者は企業に一人当たり1の損失をもたらす．企業は面接試験によって，労働者が潜在的長期勤続者か潜在的短期勤続者かを判断するが，正確にはわからない．

面接試験の精度は表3-1の例と同じくqである．「有能な労働者」を「潜在的長期勤続者」に，「有能でない労働者」を「潜在的短期勤続者」に置きかえれば，表3-1がそのまま使える．男性労働者が潜在的長期勤続者である確率はp_m，女性労働者が潜在的長期勤続者である確率はp_f，ただし$p_m > p_f$とする．これは，第2節のモデルにおける有能な男性の確率および有能な女性の確率の表記と同じだ．したがって，図3-1と図3-2もそのまま応用できる．

面接試験で良い結果を得た性別iの労働者の期待利潤$E(\pi|G,i)$と，悪い結果を得た性別iの労働者の期待利潤$E(\pi|N,i)$は以下の式で表される．ただし，A_i，B_i，C_i，D_iは図3-1と図3-2の長方形の面積を表す．

$$E(\pi|G,i) = \frac{A_i}{A_i+C_i} - \frac{C_i}{A_i+C_i} = \frac{A_i-C_i}{A_i+C_i}, \ i=m,f \tag{3}$$

$$E(\pi|N,i) = \frac{D_i}{B_i+D_i} - \frac{B_i}{B_i+D_i} = \frac{D_i-B_i}{B_i+D_i}, \ i=m,f \tag{4}$$

ここで，$\frac{A_i}{A_i+C_i}$は良い成績を修めた者が潜在的長期勤続者である確率，$\frac{C_i}{A_i+C_i}$は良い成績を修めた者が潜在的短期勤続者である確率，$\frac{D_i}{B_i+D_i}$は悪い成績を修めた者が潜在的長期勤続者である確率，$\frac{B_i}{B_i+D_i}$は悪い成績を修めた者が潜在的短期勤続者である確率だ．

面接試験結果と性別の組み合わせは四つある．企業は，この四つのグループに期待利潤が大きい順に優先順位をつけ，定員が埋まるまで採用する．ボーダーライン上に複数の応募者がいる場合は抽選で決めるものとする．

表3-3は，どのような属性をもったグループが優先的に採用されるかについて四つのケースを示している．潜在的長期勤続者である確率のジェンダー格差（p_mとp_fの差）がどの程度大きいかで採用の優先順位が異なる．ケース1は潜在的長期勤続者である確率のジェンダー格差が小さいか，試験の精度が高い場

こでは単純化のため，そのように仮定する．仕事を始めた後に長期勤続するか否かを決めるようなモデルは，第5章で議論する．

表 3-3 応募者の属性（面接試験の成績・性別）による採用の優先順位

順位	ケース1 潜在的長期勤続者確率 の性差小・試験精度高	ケース2 潜在的長期勤続者確率 の性差大・試験精度低	ケース3（参考） 潜在的長期勤続者の 特定可能	ケース4（参考） 潜在的長期勤続者の 性別情報利用せず
1	成績良・男性	成績良・男性	潜在的長期勤続者・ 男性と女性	成績良・男性と女性
2	成績良・女性	成績悪・男性		
3	成績悪・男性	成績良・女性	潜在的短期勤続者・ 男性と女性	成績悪・男性と女性
4	成績悪・女性	成績悪・女性		

合，ケース2は潜在的長期勤続者である確率のジェンダー格差が大きいか，試験の精度が低い場合だ．ケース3とケース4は，それぞれ誰が潜在的長期勤続者か企業が特定できる場合と企業が性別情報を使用しなかった場合で，いずれも参考のために掲載している．

ケース1と2の違いは，面接試験の成績の良い女性と悪い男性のいずれが優先されるかだ．式(3)と(4)からケース1が起こる条件を計算すると，以下のようになる．

$$\frac{A_f - C_f}{A_f + C_f} > \frac{D_m - B_m}{D_m + B_m}$$

これは，次のような書きかえられる．

$$q^2(1-p_m)p_f > (1-q)^2 p_m(1-p_f)$$

つまり，女性の潜在的長期勤続者確率 p_f が高いほど，男性の潜在的長期勤続者確率 p_m が低いほど，そして試験の精度 q が高いほど，ケース1が生ずる可能性が高い．

表 3-3 の特徴をまとめると次のようになる．

採用における統計的差別の特徴：
①面接試験の結果が同じであれば，男性のほうが女性より採用の優先順位が上である．
②潜在的長期勤続者である男女を比べると，男性のほうが女性より採用される確率が高い．潜在的短期勤続者についても同じことがいえる．
③以下の(a)または(b)または(c)の条件を満たすとき，企業が労働者の属性を

完全に見分けられる場合と比べて，男性の採用が増え，女性の採用が減る．
(a) 応募者に比べて企業の定員が少ない．
(b) 潜在的長期勤続者確率のジェンダー格差（p_m と p_f の差）が大きい．
(c) 試験の精度 q が低い．

特徴の①と②は，賃金における統計的差別の特徴の①と②にそれぞれ対応している．①は表3-3から明らかだ．②は，次のように証明できる．潜在的長期勤続者が試験で良い結果を修める確率は性別に依存しないが，成績が同じであれば常に男性の優先順位が上になる．したがって，採用される確率は男性の潜在的長期勤続者のほうが女性の潜在的長期勤続者より高い．

③については，表3-3の例で次のように確かめられる．まず，(a)応募者に比べて定員が少ないと優先順位の1位グループだけで定員が満たされる．このとき，ケース1でも2でも男性しか採用されない．(b)潜在的長期勤続者確率のジェンダー格差が大きいか，または，(c)試験の精度 q が低いと，ケース2が生じ，試験の成績にかかわらず男性が優先して採用される．

採用差別の特徴③と賃金差別の特徴③とはかなり異なっている．賃金差別の場合，企業が統計的差別を行っているときでも，女性全体としては期待付加価値に等しい報酬を受け取っていた．また，それは労働能力の測定が容易か困難かには依存しなかった．しかし採用差別の③は，労働能力の測定が困難であるほど女性の採用者が減り，男性の採用者が増えることを意味している．したがって，次のような意味で女性に対するグループ差別が発生していることを意味している[8]．

女性差別（グループ差別2）：
　労働者の属性の測定が困難であるほど女性の処遇が男性と比較して低いとき，労働者の属性の測定が困難な状況において女性が差別されているという．

---

[8] 採用差別のモデルでは，賃金を定義していないために，グループ差別1の定義は適用できない．

3.2 新卒採用者数と女性比率の関係

応募者に比べて企業の定員が少ないときに女性に対するグループ差別が悪化することは，わが国の大企業と中小企業の採用者に占める女性の割合の差からも確かめられる．わが国では，大企業ほど女性の採用が少ない傾向がある．それは，大企業では募集に対して応募者が多いため，優先順位が非常に高いグループしか採用されないことが一つの理由だ．

また，応募者に比べて企業の定員が少ないときに女性に対するグループ差別を悪化させるのであれば，景気が悪く募集人員が少ないときに採用者に占める女性の割合が低下するはずだ．これを確かめたのが，図3-3である．破線が高専・短大以上の学歴の新卒採用者数，実線が採用者に占める女性の割合を示している．

図から明らかなように，採用者数の上下と採用者に占める女性の割合の上下には正の相関関係がある．相関係数は0.451である．ただし，1986年から

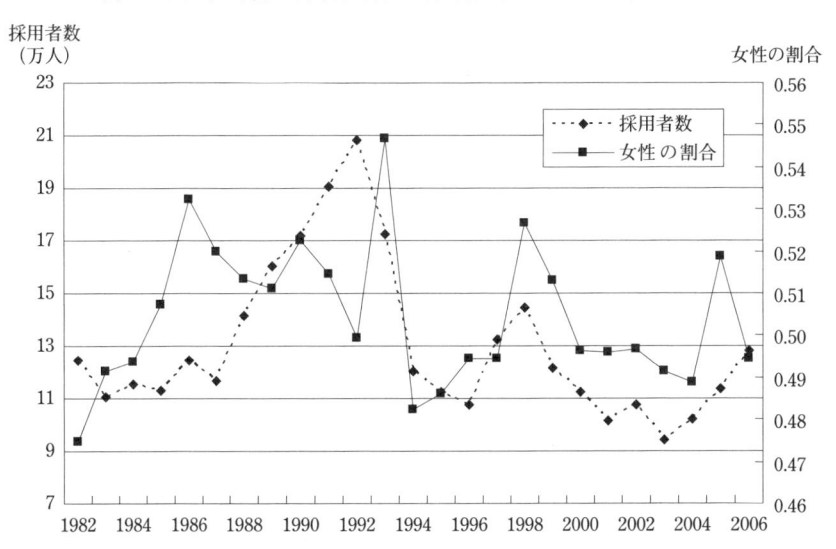

図3-3 大企業の高学歴新卒採用者数と採用者に占める女性の割合（全産業）

注1）大企業とは，常用労働者が1000人以上の企業を指す．
注2）高学歴新卒とは，高専・短大・大学・大学院の新卒を指す．20から24歳の勤続年数が0年の常用一般労働者数を新卒採用者数とみなしている．
出典：厚生労働省「賃金センサス」各年．

1992 年までは，動きが逆になっている．これは 1986 年に施行された男女雇用機会均等法の影響かもしれないが，正確な原因はより厳密な分析をしないとわからない．1994 年から 1997 年にかけて「就職氷河期」といわれた時期には，女性の比率も低い．この図は，募集人員が少ないときは，優先順位が高い男性を中心に採用し，募集人員が多いときには優先順位の低い女性までもが採用されるという仮説を支持している[9]．

4. 政策的インプリケーション

統計的差別の特徴は，企業の利潤最大化行動の結果として差別が発生するということだ．企業の合理的な動機によって差別が行われているということは，差別禁止政策を実施するに当たって二つの困難がともなう可能性があることを意味する．一つは，少なくとも短期的には，社会の経済効率が悪化する危険性があるということ，そしてもう一つは，差別を行う企業のほうが平等な雇用政策をとる企業より高い利潤を得ることだ．前者は，社会レベルでの平等と効率のトレードオフ，後者は企業レベルでの平等と効率のトレードオフといえる．

以下では，賃金差別のモデルと採用差別のモデルにおいて，差別禁止政策が効率に及ぼす影響を議論するとともに，差別禁止政策以外にどのような政策が可能かを議論する．

4.1 能力格差に基づく賃金差別のモデル

労働能力のジェンダー格差が女性に対する賃金差別（個人差別）をもたらしている場合に，国が性別情報の利用を法律で禁止すると，どのようなことが起こるだろうか[10]．第 2 節で議論した賃金差別のモデルの場合，性別情報の利用禁止は，社会の総生産量（経済効率）には影響を及ぼさない．つまり，社会レ

---

[9] 女性の割合が 50％を超えている年が多いのは，いわゆる総合職のみならず一般職の採用者も含まれているためである．総合職に限って分析するほうが望ましいが，そのような統計が存在しない．

[10] わが国の労働基準法や男女雇用機会均等は，性別情報を利用して処遇を決定することを禁止している．このような法的規制については，法学と経済学では評価が分かれる．法学は正義を重んじ，経済学は効率を重んじる．女性差別規制について，法学と経済学の評価の違いを議論したものに，山川・川口（2008）がある．

ベルでの平等と効率のトレードオフは発生しない．仮定により，生産量は賃金制度に依存しないからだ．

ただし，男性労働者から女性労働者への所得移転が発生する．このとき，男性労働者の平均賃金は男性の平均付加価値より低くなり，女性労働者の平均賃金は女性の平均付加価値より高くなる．つまり，男性に対するグループ差別（グループ差別1）が発生する．個人差別を解消することによりグループ差別が発生することが，倫理的に望ましいことか否かは議論の余地があるだろう．

この政策の実施にとってより重要な問題は，法律を破って差別をする企業のほうが高い利潤を得ること，つまり，企業レベルでの平等と効率のトレードオフがあることだ．企業が法律を守って性別情報を利用しないとき，同じ賃金を受け取っている男女を比べると，男性の期待付加価値が女性より高い．したがって企業は女性より男性を雇いたい．そこで，企業は男性労働者に他企業よりわずかに高い賃金を払うことで，より多くの男性労働者を採用しようとする．このとき市場メカニズムが働き不採算企業が淘汰されると，平等な雇用制度をもつ企業が淘汰されてしまう．

したがって，法律によって差別を禁止するだけでなく，企業が差別をするインセンティブ自体を小さくする政策が必要だ．たとえば，能力を正しく評価する手段を国が提供するという方法がある．さまざまな職業に関して国家資格などの公的資格を開発するのがその一つだ．

以上は，労働能力を測定する企業の技術（人事考課の精度）が所与であることを前提にした議論であるが，人事考課の精度を企業が変更しうる場合は，差別禁止が社会の経済効率を改善する可能性がある．というのは，性別情報の利用が禁止されると，企業は性別によらずより正確に労働能力や労働者の努力水準を測定する方法を開発する可能性があるからだ．こうしたノウハウが比較的低い費用で社会に普及するならば，差別禁止が中長期的には，社会的な経済効率の改善をもたらす可能性がある．

4.2 離職確率格差に基づく採用差別のモデル

採用差別のモデルは，賃金差別のモデルと次の点で異なっている．一つは，差別によってより効率的な労働力の配分が実現しているということ，したがって，差別の禁止が労働力配分の効率性を阻害するということだ．そしてもう一つは，グループとして女性が差別されている（グループ差別2）ということだ．

個々の労働者の離職確率の測定が困難であるほど,女性の採用は少なくなる.

国が採用における性別情報利用を禁止するとどのような事態が発生するだろうか.性別情報が利用できなくなると,企業は離職率の高い女性労働者を採用しなければならず,企業の生産性が低下する.その結果,社会全体の経済効率が低下する.つまり,採用における性別情報の禁止には,社会レベルでも企業レベルでも平等と効率のトレードオフがある.したがって,罰則を強化するなどして採用差別を厳しく取り締まることは経済的負担が大きい.

差別を解消するには,法律で禁止する以外に,差別をするインセンティブがなくなるような政策をとるという方法がある.女性の離職率を低下させる政策だ.それには,WLB政策が効果的だ.政府が,WLB政策を実施することにより,女性の離職率が男性に近づけば,企業は差別をするインセンティブがなくなる.

採用における性別情報利用の禁止は,離職確率が所与である場合は,社会の経済効率を損ねる可能性が高いが,離職確率が企業の施策に依存するのであれば,長期的には経済効率を改善する可能性もある.なぜならば,採用における女性差別が禁止されることによって,企業が女性労働者の離職確率を低下させるための施策を実施する可能性があるからだ.育児休業制度や育児期のフレックスタイム制度などのWLB施策がそれに当たる.多くの企業がそのような施策を実施し始めると,WLB施策のノウハウが社会に蓄積される.それによって,企業は低い費用で女性の離職確率を低下させることができ,企業が女性差別をするインセンティブが小さくなる可能性がある.

5.まとめ

本章では,統計的差別の諸理論について説明し,わが国のジェンダー経済格差の説明に,これらの理論が役に立つことを確認した.統計的差別の理論から導かれる政策的インプリケーションは以下のとおりだ.

統計的差別は企業の合理的な行動に基づくため,差別の禁止は,少なくとも短期的には,社会の経済効率を損なう危険性がある.つまり,平等と効率のトレードオフ関係が存在する.そこで,差別を規制する政策とともに,企業が差別を行うインセンティブを低下させる政策を実施することが望ましい.女性の離職確率が高いことが女性差別の原因であれば,女性の離職確率を低下させる

5. まとめ

ために WLB 政策を実施することが有効だ．

ただし，中長期的に見れば，差別の禁止が経済効率を改善する可能性もある．それは差別の禁止によって，企業が労働者の属性をより正確に測定するための人的資源管理施策（採用方法・査定方法の見直しや面接者・考課者の訓練）や，女性の離職確率を下げるための WLB 施策に力を入れる場合だ．これらのノウハウが社会に蓄積され低いコストで施策が実施できるようになれば，社会全体の効率が改善される可能性がある．

このような政策の中長期的な影響については，第 5 章で本格的に議論する．そこでは，本章の議論を基礎として，政府の WLB 政策や家庭における性別分業などを内生的に扱うモデルを作成する．

第4章 現実は理論を支持しているのか：差別の実証分析

> 要約
>
> 　本章では，「非合理的差別」と「統計的差別」の存在を，わが国のデータを使って検証する．具体的には，「男女均等処遇は，企業業績を向上させる」という仮説と「離職確率のジェンダー格差が大きいと，企業は配置や教育訓練において性別を基準にして労働者を処遇する」という仮説を検証する．
>
> 　「男女均等処遇は，企業業績を向上させる」という仮説を検証するために，説明変数として，「社員による均等度評価」，「女性正社員比率」，「女性管理職比率」，「男女間賃金格差」などを用い，これらが「売上高経常利益率」，「一人当たり経常利益」，「売上高」などの企業業績に及ぼす影響を推定する．
>
> 　推定の結果，業績指標に何をとるかによって結果が大きく異なることがわかる．すなわち，男女均等処遇は，経常利益に関連する業績指標を改善するが，売上高に関連する経営指標を悪化させる傾向がある．ただし，この推定結果は，利益を重視する企業が女性を活用し，売上高やその成長を重視する企業は男性を優遇していると解釈することも可能だ．
>
> 　統計的差別に関しては，労働者の配置と教育訓練に着目し，離職確率のジェンダー格差が大きい企業ほど，社員の性別を基準にして処遇を決定していることを検証する．
>
> 　推定の結果，離職確率のジェンダー格差が小さい企業ほど，女性を積極的に活用・登用し，男女にかかわりなく人材を育成し，女性にも創造性の高い仕事をさせていることがわかる．逆に，離職確率のジェンダー格差が大きい企業では，女性の活用・登用に消極的で，男性優先の人材育成を行っており，女性には創造性の高い仕事をさせていない．この結果は，統計的差別の存在を強く支持している．

1. 課題と構成

　本章では，第2章で議論した「非合理的差別」と第3章で議論した「統計的差別」の存在を，わが国のデータを使って実証する．

　非合理的差別の実証分析の先行研究は，女性の雇用が少ないことが企業利潤の低下をもたらすか否かに注目してきた．それに対し，筆者は第2章で，非合理的差別の存在を女性社員比率だけで捉えるのではなく，配置，教育訓練，査定，昇進など処遇のジェンダー格差を多面的に捉える必要があると主張した．

　そこで，本章では，企業の女性差別の程度を捉える変数として，女性社員比率以外に，社員による企業の均等度評価，女性管理職比率，女性の相対賃金を用い，これらと企業業績の関係を分析する．また，企業業績も売上高経常利益率，一人あたり経常利益，売上高の3種類を用いる．これは，企業の経営目標は企業によって異なるため，一つの指標のみに依存すると，企業が実際に目標としている指標ではない指標を企業の業績と捉える危険性があるからだ．

　一方，統計的差別の存在を実証的に検証した先行研究は，すべて賃金における差別を対象としてきた．そこでは，賃金が雇用主による労働者の期待生産性に等しいという仮定を置いていた．これは，長期的雇用制度に基づく人材育成を特徴とするわが国の実情には合わない．人的資本投資があると，企業と労働者の間の費用分担によって，生産性と賃金が乖離するからである．

　わが国では，女性の勤続年数が平均的に短いことが，採用や配置や教育訓練において統計的差別を生んでいる可能性が高い．そこで本章では，労働者の配置と教育訓練に着目し，離職確率のジェンダー格差が大きい企業ほど，社員の性別を基準にして処遇を決定しているという仮説を検証する．性別を基準に社員の処遇を決定するか否かについての経営トップの方針と，性別を基準に社員の処遇を決定しているか否かについての社員の評価を被説明変数として用いる．

　本章の構成は以下の通りだ．第2節では，非合理的差別と統計的差別に関する実証研究の簡単なサーベイを行う．第3節では，分析に利用したデータについて説明する．続いて，第4節で非合理的差別の存在についての実証分析を，第5節で統計的差別についての実証分析を行う．第6節で本章の議論をまとめる．

2．先行研究

2.1　非合理的差別

Becker の嗜好による差別を実証した研究は少なくない．それらの研究は，以下のような実証仮説を検証している．

①社員に占める女性の割合が高い企業は，企業利潤が高い．
②社員に占める女性の割合が高い企業は，企業成長率が高い．
③生産物市場の競争が激しい産業の企業は，社員に占める女性比率が高い．
④生産物市場の競争が激しい産業の企業は，ジェンダー賃金格差が小さい．

①は Becker のモデルから直接的に導かれる仮説だ．本章の第3節でも，この仮説をより一般化したものを検証する．②は女性差別のない企業は利潤が高く，利潤が高い企業は成長率が高いという三段論法で導かれる．③は生産物市場での競争が激しい産業では，寡占による超過利潤がないため，差別的企業は利潤が負になり生き残れないという論理だ．④は生産物市場の競争が激しいと，差別的企業が少なくなるため，市場の均衡賃金におけるジェンダー格差が小さくなるという推論だ．

以下，これらの研究を簡単に紹介しよう．

①女性社員比率と企業利潤

わが国のデータを利用した研究には，佐野（2005），児玉・小滝・高橋（2005），Kawaguchi, D.（2007）がある．佐野（2005）は，1992年から2001年までの「日経 NEEDS」と「就職四季報・女子版」（東洋経済新報社）を結合させて，女性社員比率と売上高営業利益率（＝営業利益／売上高）の関係を分析している．その結果，最小二乗法（Ordinary Least Squares: 以下 OLS と略す）を用いた推定では負の相関関係を，中央回帰による推定と固定効果モデルによる推定では正の相関関係を発見している．

児玉・小滝・高橋（2005）は1992年から2000年までの「企業活動基本調査」と「就職四季報・女子版」を結合させて，女性社員比率と総資本経常利益率（＝

経常利益／総資本）の関係を分析している．その結果，OLSでは有意に正の相関関係が見られるが，固定効果モデルでは有意な相関関係は観測されていない（モデルによっては負で有意な相関関係が観察されている）．

Kawaguchi, D. (2007) は1992年と1995年から1999年までの「企業活動基本調査」を用いて，女性社員比率と売上高営業利益率の関係を分析している．その結果，OLS推定でも固定効果推定でも女性社員比率と売上高営業利益率との間に正の相関関係があることを発見している．

このように，わが国のデータを用いた三つの研究を見ると，女性社員比率と企業利益との関係は，OLS推定では，佐野が負，児玉他とKawaguchi, D.が正，固定効果推定では，佐野とKawaguchi, D.が正，児玉他が有意でない相関となっている．総じて正の相関関係が観測される傾向があるが，モデルによって結果は異なる[1]．

海外の研究はどうだろうか．Hellerstein, Neumark and Troske (2002) は1980年代のアメリカのクロス・セクション・データを用いて，女性社員比率と売上高営業利益率との関係を推定している．その結果，工場レベルでも企業レベルでも，女性社員比率と売上高営業利益率の間に正の相関関係を発見している[2]．

②女性社員比率と企業成長

わが国のデータを用いた研究では，上で紹介した佐野 (2005) とKawaguchi, D. (2007) が，女性正社員比率と企業成長の関係を分析している．佐野は，1992年の女性社員比率が1992年から2001年までの売上高成長率と負の相関関係をもっていることを報告している．また，Kawaguchi, D.は，1992年の女性社員比率が1992年から1999年までの売上高と社員数の成長率とどのような相関関係にあるかを分析している．その結果，女性社員比率が高

---

1 児玉他は，嗜好による差別の理論は支持されないとし，女性社員比率と企業利潤の双方に影響を及ぼす第三の要因があると結論している．その要因として，再雇用制度をあげている．

2 企業のWLB施策と企業業績の関係を分析した研究に脇坂 (2006a, 2006b, 2007)，阿部・黒澤 (2006) がある．いずれもWLB施策と企業業績の間に正の相関関係があることを発見している．また，WLB施策と企業業績の関係についての海外の文献のサーベイとして，松原・脇坂 (2005a, 2005b, 2006) がある．

いほど，売上高の成長率も社員数の成長率も低いことを発見している．

佐野と Kawaguchi, D. の結果は，いずれも Becker の仮説に反する．女性社員比率は，企業利益とは正の相関関係があったが，企業の成長とは負の相関関係がある．これは，どのように解釈すればいいだろうか．二つの解釈が可能だ．

一つは，女性社員比率と企業成長との相関関係の推定は OLS を使用しているので，観測できない企業固有の要因が推定結果にバイアスをもたらしている可能性がある．たとえば，企業の経営目標は企業によって異なる．利益率や株価を重視する企業もあれば市場でのシェアや成長を重視する企業もある．何を重視するかは，経済環境やステークホルダーの発言力によって異なる．伝統的な日本企業は，どちらかといえば，成長重視型だといわれてきた．成長重視型企業は女性より男性を雇用する傾向があるのかもしれない．

もう一つは，仮説とは逆の因果関係を捉えている可能性だ．女性社員と利益率の関係を推定したときに，利益率が高いと女性社員が増える可能性がある．日本の企業では，雇用の調整を女性労働者によって行うことが多い．そして，パートタイムや派遣社員などの雇用調整に使われやすい社員には女性が多い．また，第3章で見たように，正社員の採用でも景気のいいときは女性採用者比率が増える傾向がある．さらに，女性の離職確率が男性よりも高いので，景気が悪いときに男女とも採用を控えると，離職によって女性比率が下がる．このように，景気が良くて（悪くて）利益率が高い（低い）ときには女性社員比率が高く（低く）なる可能性がある[3]．

海外のデータを使った研究では，Hellerstein, Neumark and Troske (2002) が 1990 年の工場レベルの女性社員比率が 1990 年から 1995 年までの売上高の成長率，雇用の成長率，および，工場所有者の交代の有無とどのような相関関係があるかを調べている．女性社員比率と工場所有者の交代との相関関係に注目するのは，差別的工場ほど利益が低いため，所有者が交代する可能性が高いのではないかという推測からだ．推定の結果，女性社員比率は，その後の売上高の成長率にも雇用の成長率にも，また，工場所有者の交代にも有意な影響がないことがわかった．わが国のデータを使った研究のように，負の相関関係があったわけではないが，やはり，Becker の仮説を支持しない．

---

3 Kawaguchi, D. (2007) は，OLS 推定には投資額や情報費用などで，需要ショックの影響を調整しているが，固定効果推定では調整を行っていない．

③生産物市場の競争と女性の雇用

生産物市場の競争と女性の雇用の関係を，わが国のデータを使って分析した研究としては，Kawaguchi, D.（2007）がある．それによると，集中度が大きい産業の企業ほど女性社員比率は小さい．

海外の研究では，Ashenfelter and Hannan（1986）が1976年のアメリカ，ペンシルベニア州とニュージャージー州における銀行業のデータを使い，産業の集中度と女性社員比率には負の相関関係があることを報告している．これらはBeckerの仮説と整合的だ．

④生産物市場の競争とジェンダー賃金格差

Black and Strahan（2001）は1969年から1997年までのアメリカの銀行業のデータを使い，規制緩和がジェンダー賃金格差にどのような影響を及ぼすかを分析している．その結果，規制緩和は男性の賃金を12パーセント下げたのに対し，女性の賃金は3パーセント下げたにすぎないことを発見している．これは，銀行間の競争の激化が，銀行に対してより平等な経営を迫ったことを意味している．Beckerの理論を支持する結果だ．

また，Black and Brainerd（2004）は，1976年から1993年までのアメリカのデータを用いて，グローバリゼーションによる輸入の増加が，男女の賃金格差にどのような影響を及ぼしたかを分析した．その結果，集中度の高い産業の間では，輸入のシェアが増えた産業ほど男女の賃金格差が縮小したと報告している．この結果をBlack and Brainerdは以下のように解釈している．集中度が高い産業ではそれまで寡占によるレントが発生しており，それが主に男性労働者に配分されていたが，外国との競争激化によってそのレントが減り，女性を差別（男性を優遇）する余裕がなくなった．つまり，Becker理論と整合的だ．

その他のアプローチ

これまでに紹介した研究は，Beckerの差別理論の実証を主要な目的にした研究であるが，それら以外に，アファーマティブ・アクションが企業経営を圧迫しているか否かという観点から行われた研究が多数ある．アファーマティブ・アクションはアメリカの連邦政府と契約関係にある業者に対し，雇用機会均等施策の実施を要求したのが始まりで，現在では多くの州政府が同様の政策を実

施している.

　研究は大きく分けて二つの観点から行われている.一つは,アファーマティブ・アクションを実施している企業の企業業績と実施していない企業の業績との比較,もう一つは,アファーマティブ・アクションによって採用されたマイノリティ労働者の仕事の実績と一般労働者の仕事の実績との比較だ.差別が合理的であれば,アファーマティブ・アクションを実施している企業の業績はそうでない企業より悪いはずだ.また,差別が合理的であれば,アファーマティブ・アクションを導入している企業で採用されたマイノリティ労働者の仕事の業績は,一般の労働者の仕事の業績より悪いはずだ.

　これらの実証研究はたくさんあるので,詳しく紹介することはしない.Holzer and Neumark（2000）が理論的および実証的研究の詳細なサーベイを行っている.実証研究の結果には必ずしも一貫性があるとはいえないが,全体的には,アファーマティブ・アクションは経営の効率に影響がないか,良い影響をもたらしているという結論を導いたものが多い.

　これらの先行研究のアプローチ以外に,コーポレート・ガバナンスと女性の活躍の関係について分析するという方法も考えられる.女性差別が非合理的であれば,ステークホルダーから効率的経営を強く要求される企業ほど,女性を差別できないはずだ.たとえば,株主と銀行では,株主のほうが短期の企業業績に敏感で,より効率的な経営を企業に迫る傾向にある.そこで,そのようなステークホルダーの力関係の違いから生ずるコーポレート・ガバナンスの違いが女性差別に及ぼす影響を分析することで,差別の非合理性を検証することが可能になる.そのような先行研究はないが,本書の第9章でそれを行っている[4].

2.2　統計的差別

　嗜好による差別の検証と比べると,統計的差別を検証した研究は非常に少ない.筆者の知る限りでは,Foster and Rosenzweig（1993）,Altonji and Pierret（2001）,Neumark（1999）がある程度だ.彼らは,経営者には知りえないが,研究者は知ることができる労働者の能力に関する変数（前職での出来高給,父親の教育水準,兄弟姉妹の賃金など）を利用して,賃金関数を推定している.そして,経営者が性別や人種の情報を利用した場合と利用しなかった場合の係数の違いを理論的に予想し,係数の符号によって経営者が性別や人種の情報を利

---

[4] この発想は,川口大司氏との議論のなかから生まれた.

用して労働者の生産性を推計しているか否かを検証している．その結果，いずれも統計的差別の存在を支持する結果を得ている．

ただし，これらの研究の限界は，人的資本投資がないという前提のもとで仮説検定を行っていることだ．つまり，賃金は雇用主が入手可能な情報に基づいて計算された期待生産性に等しいと仮定している．わが国では，人的資本投資からの期待収益率のジェンダー格差が，企業による女性差別の動機となっている可能性が高いため，彼らの方法はわが国の女性差別の分析には適さない．

本章では，これらの先行研究のアプローチとは，異なったアプローチをとる．すなわち，女性の離職確率が高い企業では，性別を基準として処遇を決める傾向があることを実証する．

3．データ

本章の研究に使用したデータベースは，「仕事と家庭の両立支援にかかわる調査」である．この調査は，2006年6月28日から7月21日の間に，労働政策研究・研修機構によって実施された．調査対象は，全国の社員数300人以上の企業6000社で，業種・規模別に層化無作為抽出した（ただし，農林漁業に属する企業を除く）．調査は，「企業調査」，「管理職調査」，「一般社員調査」の三つからなる．企業調査は1企業につき1件であるのに対し，管理職調査は1企業あたり5人，計3万人，一般社員調査は1企業あたり10人，計6万人を対象としている．調査票は，すべて企業の人事・労務担当者宛に郵送し，人事・労務担当者が管理職5人と一般社員10人に調査票を配布している．

有効回収数は，企業調査863社（有効回収率14.4%），管理職調査3299人（同11.0%），一般社員調査6529人（同10.9%）だ．

企業調査と社員調査を結合させることの利点は大きい[5]．企業調査では，制度の詳細や経営トップの経営戦略まで明らかにできるが，個々の社員の賃金，年齢，経験，学歴，家族構成などはわからない．逆に，社員調査では，賃金，年齢，経験などの個人属性はわかるが，企業の制度の詳細まではわからない．社員自身が勤務先の制度を知らない場合や間違って理解している場合が多い．

使用したデータは，郵送法による調査のため，回答企業に以下のような無視

5　企業調査と社員調査を結合させたデータを用いてわが国のジェンダー賃金格差を分析した研究として，三谷（1997）と阿部（2005）がある．

第4章 現実は理論を支持しているのか

できない偏りがある[6]．
1) 学歴の高い人が多い．大卒が過半数を占める．
2) 産業に偏りがある．産業では，製造業，金融・保険業，サービス業のシェアが 2000 年の国勢調査の数値よりかなり大きい．逆に，建設業，情報・通信業，飲食店のシェアは，国勢調査の数値より小さい．
3) 職種に偏りがある．事務職と専門職・技術職が全国平均よりかなり多く，その他の職種とくに製造業の技能工の比率がかなり小さい．
4) 仕事と家庭の両立支援施策を熱心に推進している企業が多い．過去3年間に育児休業制度を利用した女性社員がいる企業が 82%である．女性社員の典型的な退職パターンについての質問で，「出産後，育児休業を利用してその後も就業を継続する」と回答した企業が 45%に上る．

したがって，この研究は，製造業，金融・保険業，サービス業におけるワーク・ライフ・バランス（以下，WLB と略す）施策の比較的充実した企業の事務職，専門職に比重を置いた分析である点に留意する必要がある．

4．非合理的差別の検証

4.1 仮説

まず，非合理的差別の存在についての実証研究を行う．女性差別が企業業績を犠牲にしているか否か，いいかえると，男女の均等な処遇が企業業績を上昇させるか否かを分析する．検証する仮説は以下のとおりだ．

仮説1：男女の均等な処遇は，企業業績を向上させる．

男女均等処遇が企業業績を上昇させているか否かを見るために，均等処遇についても企業業績についても複数の指標を用いる．多様な指標を用いることにより，どのような均等処遇が企業業績のどの側面に影響しているのかが分析可能となる．以下，分析に用いた変数について説明する．

---
6 調査の詳細な説明やクロス表については，労働政策研究・研修機構（2007b）を参照されたい．

4.2 変数

被説明変数

企業業績には，以下の三つの変数を用いる．

○売上高経常利益率＝経常利益／売上高
○一人あたり経常利益＝経常利益／正社員数[7]
○売上高の対数値

売上高経常利益率は企業の総合的な収益性を捉え，一人あたり経常利益は人材活用の効率性を捉える．それに対し，売上高は企業規模を表わす指標の一つで，費用面での効率性は考慮されていない．推定に用いた変数の記述統計量は補論にまとめている．

説明変数

説明変数には，均等処遇を示す主観的な指標と客観的な指標の2種類の指標を用いる．主観的な指標は，企業の雇用均等度について管理職と一般社員に尋ねたものだ．「管理職調査」と「一般社員調査」には，以下の質問がある．

＜管理職調査・一般社員調査＞
あなたは現在の会社や職場についてどのように思われますか．次のa～nの各項目について，当てはまる番号に一つ○をつけてください．
 a. 女性を積極的に活用・登用している　　　　　　　　（1, 2, 3, 4, 5）
 b. 男女にかかわりなく人材を育成している　　　　　　（1, 2, 3, 4, 5）
 c. 女性にも定型的な仕事ではなく，創造性の高い仕事をさせている
 　　　　　　　　　　　　　　　　　　　　　　　　　（1, 2, 3, 4, 5）
 d. セクハラやいじめなど，従業員が被害を受けた場合の対応策を周知している
 　　　　　　　　　　　　　　　　　　　　　　　　　（1, 2, 3, 4, 5）
（以下略）
引用者注：括弧の中の番号は（1 そう思う，2 ややそう思う，3 どちらともいえない，4 あまりそう思わない，5 そう思わない）を意味する．

---

[7] 調査は正社員数とパートや派遣を含む全社員数の両方を尋ねているが，後者は回答率が

これらの質問への回答から，「そう思う」，「ややそう思う」，「どちらともいえない」，「あまりそう思わない」，「そう思わない」にそれぞれ，1，0.75，0.5，0.25，0を付与し，以下の説明変数を作成する．

○男女均等処遇についての社員の評価（女性を積極的に登用）
○男女均等処遇についての社員の評価（男女にかかわりなく人材育成）
○男女均等処遇についての社員の評価（女性にも創造性の高い仕事）
○男女均等処遇についての社員の評価（セクハラ対策を周知）

さらに，均等処遇を捉える客観的指標として，以下の変数を用いる．

○正社員に占める女性の割合
○課長以上の役職に占める女性の割合
○35歳女性の相対賃金＝35歳女性の平均賃金の対数値－35歳男性の平均賃金の対数値

操作変数

本研究の目的は，男女均等処遇が企業業績を改善することを検証することだが，OLS推定では，企業業績が良くなると女性を登用するという逆の因果関係を捉えてしまう可能性がある．たとえば，業績が良く，経営に余裕のある企業が企業イメージの改善策として，あるいは企業の社会的責任（CSR）の一環として女性を活用している可能性がある．さらに，第3章で議論したように，経営が順調なときには女性社員を多く雇う傾向がある．逆に，不況時に男女とも採用を止めると，女性社員は離職確率が高いので，女性社員の割合が減っていく．

このような，検証したい仮説とは逆の因果関係がある場合，同時方程式バイアスが発生する．そこで，本研究では，操作変数を使うことによって，企業業績が女性の活躍に及ぼす影響を除去することを試みる[8]．

操作変数には，男女の均等処遇には影響を及ぼすが，企業の業績には直接的

低いため，分析には社員数として正社員数を用いる．

[8] 操作変数を使った推定については，森田陽子，長江亮の両氏より助言をいただいた．ここに，感謝の意を表したい．なお，残っている誤りは筆者の責任である．

な影響を及ぼさない変数が必要だ．理想的には，女性差別にかかわる法的規制が企業によって異なるような場合に，その法的規制を捉える変数を用いることができればよいのだが，わが国では均等法はすべての企業に適用されるので，そのようなことはありえない．

そこで，外資系企業ダミーを操作変数として用いる．外資系企業と日本企業では，雇用管理制度がかなり異なっている．とくに男女均等処遇については，外資系企業のほうが進んでいる．ただし，外資系企業であることが直接企業の利益を左右するわけではない．したがって，外資系企業ダミーを操作変数として利用することで，男女均等処遇が企業業績に及ぼす影響を識別できる．

ただ，外資系企業ダミーを操作変数とすることの問題点もある．外資系企業は女性の活躍のみならず，その他の人的資源管理も典型的な日本企業とは異なっている．したがって，外資系企業ダミーが女性の雇用管理以外の人的資源管理の影響を経て業績に影響を及ぼす可能性がある．

また，観測できない要因が男女均等処遇と企業業績の両方に影響を及ぼしていることによって生ずるバイアスがある場合は，操作変数を用いても修正できない．たとえば，売上などの規模の成長を重視する企業では，長期的な経営目標をもっているため，長期雇用制度がある可能性が高い．そして，長期雇用制度がある企業では，離職確率が高い女性を均等に処遇しない可能性がある．このように，経営目標の違いが企業業績と男女均等処遇の両方に影響を及ぼしている場合には，経営目標を説明変数に入れないと，パラメータの推定値が一致性をもたない．観測できない要因によるバイアスは，パネルデータを用いた固定効果モデルによって修正するのが通常の方法だが，本研究で使用するのは一時点のデータなのでそれができない．

4.3 実証モデル

社員による男女均等処遇の評価は，性別や職種や職位や経験年数など，社員の属性によって構造的な違いがある可能性がある．そこで，それらを調整したうえで，社員による均等処遇の評価が企業業績に及ぼす影響を分析する必要がある．

社員による男女均等処遇評価を説明変数として用いるモデルは，以下のようにして導出される．企業 j に勤務する労働者 i による男女均等処遇評価 s_{ji} は，企業の男女均等処遇の程度 e_j 以外に，労働者の属性 Z_{ji} の影響を受ける．すな

わち，

$$s_{ji} = e_j + rZ_{ji} + \varepsilon_{ji} \tag{1}$$

である．ただし，ε_{ji} は男女均等処遇評価に影響をおよぼす観測できない要因である．企業 j の業績 y_j は，企業の属性 X_j と企業の均等度 e_j の関数である．

$$y_j = \alpha X_j + \beta e_j + u_j \tag{2}$$

ただし，u_j は企業業績に影響を及ぼす観測できない要因である．筆者が推定したいのは均等度 e_j の係数 β だ．しかし，男女均等処遇の程度 e_j は直接的には観測できないため，社員による男女均等処遇評価から推定しなければならない．

式(1)は次のように書きかえられる．

$$e_j = s_{ji} - rZ_{ji} - \varepsilon_{ji} \tag{3}$$

式(3)を式(2)に代入すると，

$$y_j = \alpha X_j + \beta(s_{ij} - rZ_{ji} - \varepsilon_{ji}) + u_j$$
$$= \alpha X_j + \beta s_{ij} + \delta Z_{ji} + v_{ji}$$

となる．ただし，$\delta = -\beta r$，$v_{ji} = -\beta \varepsilon_{ji} + u_j$ である．つまり，企業業績は企業属性，社員による男女均等処遇評価，および，労働者の属性を説明変数とすることによって推定できる．ここで，筆者が注目するのは，社員による男女均等処遇評価の係数 β である．

4.4 推定結果

非合理的差別の検証結果は表4-1と表4-2にある．OLSの推定結果と操作変数を用いた二段階最小二乗法（Two Stage Least Squares: 以下，2SLSと略す）の推定結果が比較できるように並べて掲載している．表のIVは，操作変数（Instrumental Variable）を用いて2SLSで推定したことを意味している．表4-1のすべてのモデルは，性別ダミー，勤続年数，経験年数，学歴ダミー，職種ダミー，役職ダミー，企業規模ダミー，産業ダミー，労働組合ダミーを，表4-2のすべてのモデルは，企業規模ダミー，産業ダミー，労働組合ダミーを説明変数として含んでいるが，それらの説明変数の係数と標準誤差は表には掲

載していない．

　表 4-1 と表 4-2 の OLS による推定結果には，OLS 推定値の一致性を検定した結果を掲載している．これは，2 SLS の第一段階の推定から得られた内生変数の予測値を，それぞれ元のモデルの説明変数に加えて回帰分析し，その係数が 0 であるという帰無仮説を検定している[9]．

　操作変数を用いた推定については，操作変数の有効性を確かめるために二つの検定を実施した．過少識別検定（Underidentification Test）と脆弱性検定（Weak Identification Test）である[10]．過少識別検定は LM 検定であり，「推定が過少識別されている」という帰無仮説を検定している．仮説が棄却されなければ，操作変数の有効性に問題がある可能性を示唆する．操作変数の脆弱性検定は，内生変数と操作変数の相関関係の強さを検定している．検定統計量が小さいほど内生変数と操作変数の相関関係が小さく，識別が脆弱であることを意味する[11]．

　さて，社員による均等処遇評価が売上高経常利益率に及ぼす影響を見よう．(1)から(8)のモデルのうち，OLS 推定を行った四つはいずれも一致性検定において帰無仮説が 1 ％水準で棄却されている．他方，IV 推定法の結果は検定の結果，モデルの有効性には問題がない．したがって，IV 推定の結果のほうが，信頼性が高い．これらのモデルでは，均等処遇に関連する四つの項目の社員評価の係数は，いずれも有意に正である．一人あたり経常利益を被説明変数としたモデル(9)から(16)についても同じことがいえる．これは，仮説 1 を強く支持する結果といえる．

　ところが，売上高を被説明変数としたモデル(17)から(24)については，結果が大きく異なる．OLS 推定の結果，一致性検定の帰無仮説は 5 ％水準では棄却されなかったので，OLS 推定に依拠して議論する．「女性を積極的に登用」している企業は，売上高が有意に低い．「男女にかかわりなく人材育成」しているか否かや，「女性にも創造性の高い仕事」をさせているか否かは，売上高には有意な影響がない．「セクハラ対応策を周知させている」企業は売上高が有意に高い．ただし，モデル(23)は，一致性検定の帰無仮説が 10％水準で棄

9　この検定は，帰無仮説のもとでは Wu-Hausman 検定と漸近的に同じである（森棟 1999, p.213）.
10　いずれも，計量経済学ソフト Stata のコマンド ivreg 2 を利用した．
11　操作変数の脆弱性検定については，Stock, Wright and Yogo（2002）を参照されたい．

第4章 現実は理論を支持しているのか

表4-1 男女均等処遇が企業業績に及ぼす影響（説明変数＝主観的均等処遇指標）

	被説明変数：売上高経常利益率							
	OLS (1)	IV (2)	OLS (3)	IV (4)	OLS (5)	IV (6)	OLS (7)	IV (8)
女性を積極的に登用	0.008 (0.005)	0.389*** (0.073)	-	-	-	-	-	-
男女にかかわりなく人材育成	-	-	0.009** (0.004)	0.400** (0.087)	-	-	-	-
女性にも創造性の高い仕事	-	-	-	-	0.005 (0.005)	0.341*** (0.062)	-	-
セクハラ対応策を周知	-	-	-	-	-	-	0.010* (0.006)	0.468*** (0.101)
R^2	0.078	-	0.079	-	0.078	-	0.079	-
一致性検定(p値)	0.000	-	0.000	-	0.000	-	0.000	-
過少識別検定(p値)	-	0.000	-	0.000	-	0.000	-	0.000
脆弱性検定(F値)	-	56.302	-	47.721	-	79.479	-	33.899
観測数	4862	4680	4865	4681	4853	4670	4856	4673

注1）すべてのモデルは、性別ダミー、勤続年数、経験年数、学歴ダミー、職種ダミー、役職ダミー、企業規模ダミー、産業ダミー、労働組合ダミーを説明変数として含んでいる．
注2）括弧の中の数字は標準誤差を示す．
注3）***は1%水準で、**は5%水準で、*は10%水準でそれぞれ有意であることを意味する．
注4）それぞれの企業の回答者総数の逆数でウェイトをつけ、分散不均一のときの一致性のある標準誤差（White 1980）を用いている．
注5）操作変数は、外資系企業を1とするダミー変数である．
注6）一致性検定は、OLS推定の一致性を検定している．
注7）過少識別検定はLM検定である．「推定が過少識別されている」という帰無仮説を検定している．
注8）脆弱性識別検定（Stock-Yogo Weak Identification Test）におけるStock-Yogo棄却限界値は、16.38（10%）、8.96（15%）、6.66（20%）、5.53（25%）である．
注9）影のついているセルは、モデルの有効性に疑問のある検定結果を示している．

表4-1 続き

	被説明変数：一人あたり経常利益							
	OLS (9)	IV (10)	OLS (11)	IV (12)	OLS (13)	IV (14)	OLS (15)	IV (16)
女性を積極的に登用	0.672 (0.632)	17.657*** (2.819)	-	-	-	-	-	-
男女にかかわりなく人材育成	-	-	1.157** (0.575)	18.200*** (3.154)	-	-	-	-
女性にも創造性の高い仕事	-	-	-	-	1.481** (0.722)	15.389*** (2.161)	-	-
セクハラ対応策を周知	-	-	-	-	-	-	1.567* (0.841)	21.360*** (4.052)
R^2	0.088	-	0.089	-	0.089	-	0.089	-
一致性検定(p値)	0.000	-	0.000	-	0.000	-	0.000	-
過少識別検定(p値)	-	0.000	-	0.000	-	0.000	-	0.000
脆弱性検定(F値)	-	56.408	-	47.743	-	80.915	-	33.577
観測数	5130	4906	5133	4907	5120	4895	5123	4898

4．非合理的差別の検証

表 4-1　続き

	被説明変数：売上高の対数値							
	OLS (17)	IV (18)	OLS (19)	IV (20)	OLS (21)	IV (22)	OLS (23)	IV (24)
女性を積極的に登用	−0.193*** (0.059)	−1.951 (1.523)	-	-	-	-	-	-
男女にかかわりなく人材育成	-	-	−0.077 (0.057)	−2.071 (1.622)	-	-	-	-
女性にも創造性の高い仕事	-	-	-	-	0.075 (0.061)	−1.578 (1.223)	-	-
セクハラ対応策を周知	-	-	-	-	-	-	0.341*** (0.065)	−1.911 (1.491)
R^2	0.638	-	0.637	-	0.637	-	0.639	-
一致性検定(p 値)	0.180	-	0.152	-	0.114	-	0.073	-
過少識別検定(p 値)	-	0.000	-	0.000	-	0.000	-	0.000
脆弱性検定(F 値)	-	24.837	-	20.677	-	41.709	-	24.047
観測数	5165	4942	5168	4943	5155	4931	5158	4935

表 4-2　男女均等処遇が企業業績に及ぼす影響（説明変数＝客観的均等処遇指標）

	被説明変数＝売上高経常利益率					
	OLS (1)	IV (2)	OLS (3)	IV (4)	OLS (5)	IV (6)
女性正社員比率	0.026 (0.019)	3.238 (8.964)	-	-	-	-
女性管理職比率	-	-	0.022 (0.023)	1.345 (1.206)	-	-
35 歳女性賃金対数値−35 歳男性賃金対数値	-	-	-	-	0.010 (0.025)	0.321** (0.163)
Adj. R^2	0.054	-	0.079	-	0.036	-
一致性検定（p 値）	0.011	-	0.002	-	0.022	-
過少識別検定（p 値）	-	0.717	-	0.242	-	0.000
脆弱性検定（F 値）	-	0.127	-	1.318	-	12.274
観測数	554	535	470	453	392	377

注1）すべてのモデルは，企業規模ダミー，産業ダミー，労働組合ダミーを説明変数として含んでいる．
注2）括弧の中の数字は標準誤差を示す．
注3）***は 1％水準で，**は 5％水準で，*は 10％水準でそれぞれ有意であることを意味する．
注4）操作変数は，外資系企業を 1 とするダミー変数である．
注5）一致性検定は，OLS 推定の一致性を検定している．
注6）過少識別検定は LM 検定である．「推定が過少識別されている」という帰無仮説を検定している．
注7）脆弱性識別検定（Stock-Yogo Weak Identification Test）における Stock-Yogo 棄却限界値は，16.38（10％），8.96（15％），6.66（20％），5.53（25％）である．
注8）影のついているセルは，モデルの有効性に疑問のある検定結果を示している．

表 4-2　続き

	被説明変数＝一人あたり経常利益					
	OLS (7)	IV (8)	OLS (9)	IV (10)	OLS (11)	IV (12)
女性正社員比率	2.590 (2.251)	149.5 (415.7)	-	-	-	-
女性管理職比率	-	-	−0.544 (2.129)	59.18 (62.56)	-	-
35 歳女性賃金対数値−35 歳男性賃金対数値	-	-	-	-	−0.478 (2.185)	15.54 (13.03)
Adj. R^2	0.053	-	0.114	-	0.050	-
一致性検定（p 値）	0.316	-	0.129	-	0.191	-
過少識別検定（p 値）	-	0.707	-	0.227	-	0.000
脆弱性検定（F 値）	-	0.137	-	1.409	-	12.588
観測数	579	555	492	471	409	392

表 4-2 続き

	被説明変数＝売上高の対数値					
	OLS (13)	IV (14)	OLS (15)	IV (16)	OLS (17)	IV (18)
女性正社員比率	−1.453*** (0.237)	−9.042 (16.633)	-	-	-	-
女性管理職比率	-	-	−1.875*** (0.332)	−3.706 (3.959)	-	-
35歳女性賃金対数値 −35歳男性賃金対数値	-	-	-	-	−1.035*** (0.330)	1.953 (2.189)
Adj. R²	0.647	-	0.670	-	0.589	-
一致性検定（p値）	0.448	-	0.631	-	0.141	-
過少識別検定（p値）	-	0.565	-	0.061	-	0.001
脆弱性検定（F値）	-	0.320	-	3.401	-	10.696
観測数	591	567	501	480	413	398

却されているので，このモデルの信頼性にはやや疑問が残る．したがって，売上高を被説明変数とした場合は，仮説1が支持されたとはいえない．

次に，表4-2は，女性の活躍の客観的な指標を説明変数にしたモデルの推定結果をまとめている．売上高経常利益率を被説明変数としたモデル(1)から(6)のうち，モデルの有効性に問題がないのはモデル(6)だけだ．このモデルによれば，賃金のジェンダー格差が小さい企業ほど，売上高経常利益率が高い．その他のモデルも係数は正であるが，いずれも有意でない．これらの結果から，仮説1は弱いながらも支持されているといえる．

一人あたり経常利益を被説明変数としたモデル(7)から(12)では，二つのモデルで，モデルの有効性に疑問がある．しかし，これらも含め，すべてのモデルで女性の活躍は一人あたり経常利益には有意な影響がない．

売上高の対数値を被説明変数としたモデル(13)から(18)は，IV推定を行ったモデル(14)と(16)で，モデルの過少識別と操作変数の脆弱性の恐れがある．OLSモデルはいずれも一致性検定に問題がなかったのでこれらに着目する．三つのモデルは，いずれも女性の活躍を捉える変数が売上高に負の効果をもっている．これらは仮説1に反する結果である．

以上の結果から，均等度が企業業績に及ぼす影響は，企業業績をどの変数で捉えるかで大きく結果が異なることが明らかになった．均等度は経常利益に関連する企業業績を上昇させるが，売上高を低下させる傾向がある．

この結果は，先行研究の結果ともある程度の整合性がある．佐野（2005）とKawaguchi, D.（2007）は，女性社員比率は売上高経常利益率（＝経常利益／売上高）と正の相関関係をもっているのに対し，売上高の成長率とは負の相関関係をもっているとしている．これは，女性の活躍と企業の経営目標が相関し

ている可能性を示唆している．つまり，経常利益を重視する企業では女性が活躍し，売上やその成長を重視する企業では女性の活躍が見られないという可能性である．これについては，コーポレート・ガバナンスと女性の活躍の関係を分析した第9章でより詳細に議論する．

5．統計的差別の実証分析

統計的差別の諸類型について第3章で議論したが，本章では，そのうち離職確率のジェンダー格差から生ずる配置と教育訓練における統計的差別に限定して検証する．使用するデータベースは第4節のものと同じだ．

5.1 仮説

女性の離職確率が高いと，企業は女性に対し長期的な視点に立った人材育成を行うことを躊躇するだろう．なぜならば，女性に対して教育訓練を行ったり，基幹的な仕事を経験させたりしても，早期に退職してしまい，人的資本投資の費用を回収できない可能性があるからだ．したがって，次の仮説が成り立つ．

仮説2：離職確率のジェンダー格差が大きいと，企業は配置や教育訓練において性別を基準にして労働者を処遇する．

仮説2を検証するために，被説明変数には企業が性別に基づいて労働者の処遇を決めているか否かを捉える変数を，説明変数には企業が離職確率のジェンダー格差を捉える変数を用いる．以下，変数の詳しい説明を行う．

5.2 変数

被説明変数

被説明変数には，男女均等処遇に関する経営トップの方針（企業調査）と，企業の男女均等処遇に対する社員による評価（管理職調査と一般社員調査）を用いる．企業調査の文言は，管理職調査や一般社員調査の文言と少し異なる．管理職調査と一般社員調査における質問は第4節で掲載したので，ここでは企業調査における質問を掲載する．

第4章 現実は理論を支持しているのか

> ＜企業調査＞
> 貴社の経営トップが示している正社員の人事管理上の経営方針として，次にあげるa～iの各項目について，当てはまる番号に○をつけてください（○印は一つ）．
> 　a．女性を積極的に活用・登用する　　　　　　　　　　（1, 2, 3, 4, 5）
> 　b．男女にかかわりなく人材を育成する　　　　　　　　（1, 2, 3, 4, 5）
> 　c．女性にも定型的な仕事ではなく，創造性の高い仕事をさせる
> 　　　　　　　　　　　　　　　　　　　　　　　　　　（1, 2, 3, 4, 5）
> （以下略）
> 引用者注：括弧の中の番号は（1 当てはまる，2 やや当てはまる，3 どちらともいえない，4 あまり当てはまらない，5 当てはまらない）を意味する．

　これらは，企業が労働者を性別に基づいて処遇しているか否かを捉えたものだ．「a．女性を積極的に活用・登用する（している）」（ただし，企業調査と管理職調査や一般社員調査で質問の文言が異なる場合は，管理職調査と一般社員調査における質問の文言を括弧のなかに入れて表記する）は，「男女を区別せずに活用・登用する（している）」と解釈すれば，性別を基準にして処遇を決めていないことを意味していると理解できる．したがって，この項目の得点が低い企業ほど性別を基準にした処遇を行っていることになる[12]．

　次に，「b．男女にかかわりなく人材を育成する（している）」と「c．女性にも定型的な仕事でなく，創造性の高い仕事をさせる（させている）」も，男女を区別せず処遇していることを意味していると解釈できる．これらの得点が低い企業は，「男性を優遇して人材を育成する（している）」および「女性には定型的な仕事しかさせない（させていない）」ことになる．被説明変数をまとめると以下の六つになる．

○男女均等処遇についての経営トップの方針（女性を積極的に登用）
○男女均等処遇についての経営トップの方針（男女にかかわりなく人材育成）
○男女均等処遇についての経営トップの方針（女性にも創造性の高い仕事）

12　ただし，この項目については，別の解釈も可能だ．「ポジティブ・アクションによって，基幹的職種や管理職への女性の登用を計画的に進めている」という解釈だ．この場合，これを行っていないからといって性別を基準にした処遇をしているわけではない．本研究では，本文の解釈に基づいて分析する．

○男女均等処遇についての社員の評価（女性を積極的に登用）
○男女均等処遇についての社員の評価（男女にかかわりなく人材育成）
○男女均等処遇についての社員の評価（女性にも創造性の高い仕事）

説明変数

女性の離職確率を捉える変数として，女性正社員の就業継続指数を用いる．これは，女性の就業継続・離職パターンに関する以下の質問に対する回答を利用する．

＜企業調査＞
貴社では，女性正社員の就業継続の状況として，次にあげるどのパターンが多いと思われますか．1番目に多いパターンと2番目に多いパターンについて，程度の大きなものから順に2つ以内を選び，その番号を記入してください．
1. 結婚前に自己都合で退職する
2. 結婚を契機に退職する
3. 結婚後，妊娠や出産より前に退職する
4. 妊娠や出産を契機に退職する
5. 出産後，育児休業を利用するが，その後1～2年で退職する
6. 出産後，育児休業を利用して，その後も継続就業する
7. 出産後，育児休業を利用しないで，継続就業する

この質問に対する回答から，1番目に多いパターンについて，項目6と7を選択した場合は6点，それ以外の項目を選択した場合は項目の番号を得点として，「女性就業継続指数」を作成する．上記の仮説が正しければ，この変数の係数は正であるはずだ．

これ以外に説明変数として，男性の平均勤続年数の対数値，企業規模ダミー，産業ダミー，労働組合ダミーを用いる．男性の平均勤続年数の対数値は男性の離職確率を調整するためだ．企業が性別に基づく処遇を行うインセンティブは，女性の離職確率そのものでなく，離職確率のジェンダー格差に基づくため，この変数は負の符号をもつことが予想される．

説明変数をまとめると以下のようになる．

第4章　現実は理論を支持しているのか

○女性正社員の就業継続指数
○男性の平均勤続年数の対数値
○企業規模ダミー
○産業ダミー
○労働組合ダミー

操作変数

　女性の就業継続は，企業の女性差別に影響を及ぼすかもしれないが，逆に企業の女性差別が女性の就業継続に影響を及ぼすことも考えられる．差別的な待遇をされることによって，離職の時期が早まることがあるかもしれない．また逆に，均等化によって男性と同等の仕事量や責任を要求され，それが結婚・出産後の女性の就業を困難にする可能性もある．

　そこで，女性労働者の離職行動には影響を及ぼすが，男女の均等処遇に直接は影響を及ぼさない変数を操作変数として用いて推定を行う必要がある．操作変数には次の二つを用いる．

○事業所全国展開ダミー
○事業所全国展開ダミーと正社員数の対数値の交差項

事業所全国展開ダミーは以下の質問に対する回答から作成する．

＜企業調査＞
貴社の概況についてお教えください（選択肢回答の場合，○印は一つ）．
（一部略）
事業所の展開
　1．一事業所のみ
　2．地域的に展開
　3．全国的に展開
　4．海外にも展開

　これらから，「3．全国的に展開」または「4．海外にも展開」を選択した企業に1を付与するダミー変数を事業所全国展開ダミーとする．事業所全国展開

ダミーは，女性就業継続指数と負の相関があると予想できる．事業所展開地域が広くなるほど，正社員の出張や転勤の可能性が高くなり，女性が勤めにくいからだ．他方，全国に事業所がある企業では女性が勤めにくく女性の離職確率が高いという理由を除いて，事業所の全国展開が女性差別を助長するとは考えられない．このように，全国的な事業所の展開は，女性の離職確率には影響を及ぼすが，性差別には直接的影響を及ぼさないため，操作変数として用いることができる．

また，事業所全国展開ダミーと正社員数の対数値の交差項は女性就業継続指数と正の相関関係があると予想できる．というのは，全国展開している企業でも正社員数が十分多ければ，個々の労働者の家庭の事情を考慮して出張や転勤を命じることが可能になるため，女性が就業しやすいと予想されるからだ．他方，事業所を全国展開している企業における正社員数が，女性差別に直接影響を及ぼすとは考えられない．確かに正社員数の多い企業のほうが，均等化の指標が高い傾向は見られるが，正社員数の影響は企業規模ダミーで調整している．このように，全国的な事業所展開を行っている企業における正社員数は，女性の離職確率には影響を及ぼすが，女性差別には直接的影響を及ぼさないため，操作変数として用いることができる．

5.3 推定結果

統計的差別の検証結果は表 4-3 と表 4-4 にある．表 4-3 は，経営トップの方針を被説明変数としたモデルの，表 4-4 は社員による評価を被説明変数としたモデルの推定結果だ．OLS 推定の結果と IV 推定の結果が比較できるように並べて掲載している．表 4-3 のすべてのモデルは，企業規模ダミー，産業ダミー，労働組合ダミーを説明変数として含んでいる．また，表 4-4 のすべてのモデルは，それらに加えて，性別ダミー，勤続年数，経験年数，学歴ダミー，職種ダミー，役職ダミーを説明変数としている．しかし，それらの変数の係数と標準誤差は省略している．IV 推定については，操作変数の有効性を確かめるために三つの検定を実施した．過少識別検定（Underidentification Test），脆弱性検定（Weak Identification Test），過剰識別検定（Overidentification Test）である．ここでは，操作変数が二つあるため，過剰識別検定を行っている．過剰識別検定は，Sagan 検定である．

第4章 現実は理論を支持しているのか

表4-3 女性の離職確率が男女均等処遇に及ぼす影響（被説明変数＝経営トップの方針）

	被説明変数：女性を積極的に登用		被説明変数：男女にかかわりなく人材育成		被説明変数：女性にも創造性の高い仕事	
	OLS (1)	IV (2)	OLS (3)	IV (4)	OLS (5)	IV (6)
女性就業継続指数	0.015*** (0.005)	0.083*** (0.031)	0.015*** (0.004)	0.045* (0.025)	0.013*** (0.005)	0.020 (0.027)
男性平均勤続年数の対数値	−0.089*** (0.019)	−0.130*** (0.028)	−0.061*** (0.016)	−0.078*** (0.022)	−0.072*** (0.019)	−0.079*** (0.024)
Adj. R^2	0.137	-	0.142	-	0.127	-
一致性検定（p値）	0.014	-	0.217	-	0.778	-
過少識別検定（p値）	-	0.000	-	0.000	-	0.000
脆弱性検定（F値）	-	9.242	-	9.242	-	9.335
過剰識別検定（p値）	-	0.183	-	0.011	-	0.018
観測数	623	612	623	612	621	610

注1）すべてのモデルは、企業規模ダミー、産業ダミー、労働組合ダミーを説明変数として含んでいる．
注2）括弧の中の数字は標準誤差を示す．
注3）***は1％水準で、**は5％水準で、*は10％水準でそれぞれ有意であることを意味する．
注4）操作変数は、事業所全国展開ダミー（「一事業所のみ」または「地域的に展開」を0，「全国的に展開」または「海外にも展開」を1とする）、および、事業所全国展開ダミーと正規従業員数の対数値の交差項の二つである．
注5）一致性検定は、OLS推定の一致性を検定している．
注6）過少識別検定はLM検定である．「推定が過少識別されている」という帰無仮説を検定している．
注7）脆弱性検定（Stock-Yogo Weak Identification Test）におけるStock-Yogo棄却限界値は、19.93（10％）、11.59（15％）、8.75（20％）、7.25（25％）である．
注8）過剰識別検定は、Sagan検定である．
注9）影のついているセルは、モデルの有効性に疑問のある検定結果を示している．

表4-4 女性の離職確率が均等処遇に及ぼす影響（被説明変数＝社員による企業の均等処遇に対する評価）

	被説明変数：女性を積極的に登用		被説明変数：男女にかかわりなく人材育成		被説明変数：女性にも創造性の高い仕事	
	OLS (1)	IV (2)	OLS (3)	IV (4)	OLS (5)	IV (6)
女性就業継続指数	0.017*** (0.002)	0.070*** (0.014)	0.017*** (0.002)	0.058*** (0.014)	0.014*** (0.002)	0.029** (0.012)
男性平均勤続年数の対数値	−0.083*** (0.009)	−0.113*** (0.013)	−0.073*** (0.010)	−0.095*** (0.013)	−0.081*** (0.009)	−0.088*** (0.011)
R^2	0.151	-	0.136	-	0.155	-
一致性検定（p値）	0.000	-	0.002	-	0.216	-
過少識別検定（p値）	-	0.000	-	0.000	-	0.000
脆弱性検定（F値）	-	73.717	-	74.021	-	74.089
過剰識別検定（p値）	-	0.268	-	0.013	-	0.000
観測数	4523	4437	4523	4437	4518	4432

注1）すべてのモデルは、性別ダミー、勤続年数、経験年数、学歴ダミー、職種ダミー、役職ダミー、企業規模ダミー、産業ダミー、労働組合ダミーを説明変数として含んでいる．
注2）括弧の中の数字は標準誤差を示す．
注3）***は1％水準で、**は5％水準で、*は10％水準でそれぞれ有意であることを意味する．
注4）それぞれの企業の回答者総数の逆数でウェイトをつけ、分散不均一のときの一致性のある標準誤差（White 1980）を用いている．
注5）操作変数は、事業所全国展開ダミー（「一事業所のみ」または「地域的に展開」を0，「全国的に展開」または「海外にも展開」を1とする）、および、事業所全国展開ダミーと正規従業員数の対数値の交差項の二つである．
注6）一致性検定は、OLS推定の一致性を検定している．
注7）過少識別検定はLM検定である．「推定が過少識別されている」という帰無仮説を検定している．
注8）脆弱性検定（Stock-Yogo Weak Identification Test）におけるStock-Yogo棄却限界値は、19.93（10％）、11.59（15％）、8.75（20％）、7.25（25％）である．
注9）過剰識別検定は、Sagan検定である．
注10）影のついているセルは、モデルの有効性に疑問のある検定結果を示している．

離職確率のジェンダー格差が経営トップの男女均等処遇方針に及ぼす影響

まず，経営トップの男女均等処遇に関する方針を被説明変数としたモデルの推定結果である表4-3を見る．検定の結果，モデルの有効性に問題がなかったのは，モデル(2)，(3)，(5)である．これらのモデルでは，いずれも女性就業継続指数の係数が有意に正，男性の平均勤続年数の係数が有意に負だ．つまり，離職確率のジェンダー格差が大きいほど企業が性別に基づく処遇を行っている．これは，仮説2を支持する結果だ．

離職確率のジェンダー格差が企業の男女均等処遇に関する社員による評価に及ぼす影響

次に，離職確率のジェンダー格差と，社員が評価した企業の男女均等処遇の関係を見る．検定の結果，モデルの有効性に問題がないのはモデル(2)と(5)である．いずれも，女性就業継続指数が有意に正の係数を，男性平均勤続年数の対数値が有意に負の係数をもっている．すなわち，離職確率のジェンダー格差が大きいほど企業が性別を基準に処遇する傾向があることを示している．

このように，離職確率のジェンダー格差と企業の均等処遇の関係については，均等処遇を捉える変数をいろいろ変えても，非常に安定的な結果を得た．OLS推定でもIV推定でも，ほとんどのモデルで，女性就業継続指数は均等処遇に有意に正の効果を，男性の平均勤続年数は均等処遇に有意に負の効果をもっていることがわかった．これは，仮説2を強く支持する結果といえる．

6．まとめ

本章では，第2章で議論した非合理的差別と第3章で議論した統計的差別の存在を，わが国のデータを使って検証した．具体的には，「男女均等処遇は，企業業績を向上させる」という仮説と「離職確率のジェンダー格差が大きいと，企業は配置や教育訓練において性別を基準にして労働者を処遇する」という仮説を検定した．

推定の結果，男女均等処遇が企業の業績に与える影響については，業績指標に何をとるかによって結果が大きく異なることがわかった．すなわち，男女均等処遇は，経常利益に関連する業績指標を改善するが，売上高に関連する経営指標を悪化させる傾向がある．

ただし，この推定結果は以下のように解釈することも可能だ．それは，男女均等処遇と経常利益と売上高の三つに対しともに影響を及ぼす要因が説明変数から抜け落ちているため，推定結果にバイアスがかかっているという解釈だ．その要因とは，企業の経営目標である．利益を重視する企業は女性を活用し，売上高を重視する企業は男性を優遇している．いずれのタイプの企業も経営目標にとって合理的な雇用戦略をとっているという解釈が可能だ．

統計的差別に関しては，労働者の配置と教育訓練に着目し，男女の離職確率格差が大きい企業ほど，社員の性別を基準にして処遇を決定していることを検証した．

推定の結果，離職確率のジェンダー格差が小さい企業ほど，女性を積極的に活用・登用し，男女にかかわりなく人材を育成し，女性にも創造性の高い仕事をさせていることがわかった．いいかえると，離職確率のジェンダー格差が大きい企業では，女性の活用・登用に消極的で，男性優先の人材育成を行っており，女性には創造性の高い仕事をさせていない．この結果は，統計的差別の存在を強く支持している．

補論　記述統計量

表 4-補-1　記述統計量（表 4-1 と表 4-4 の推定に使用した変数）

	観測数	平均値	標準偏差	最小値	最大値
売上高経常利益率（＝経常利益／売上高）	5169	0.053	0.080	−0.942	0.538
一人あたり経常利益	5445	2.699	7.557	−174.6	107.5
売上高の対数値	5493	9.904	1.752	4.977	15.977
社員による均等度評価					
女性を積極的に登用	6645	0.571	0.300	0	1
男女にかかわりなく人材育成	6647	0.583	0.305	0	1
女性にも創造性の高い仕事	6629	0.561	0.290	0	1
セクハラ対応策を周知	6635	0.589	0.281	0	1
女性就業継続指数	6552	4.022	2.110	1	6
女性ダミー	6665	0.421	0.494	0	1
勤続年数	6449	14.397	9.726	0	41
他企業での経験年数	6665	2.256	5.835	0	42
学歴ダミー					
大学・大学院卒	6607	0.525	0.499	0	1
短大・高専卒	6607	0.125	0.330	0	1
専門学校卒	6607	0.118	0.322	0	1
高校卒	6607	0.233	0.423	0	1
職種ダミー					
専門・技術的な仕事	6665	0.140	0.347	0	1
事務の仕事	6665	0.421	0.494	0	1
販売の仕事	6665	0.015	0.120	0	1
営業（外回り）の仕事	6665	0.028	0.166	0	1
保安の仕事	6665	0.003	0.050	0	1
サービスの仕事	6665	0.019	0.136	0	1
運輸・通信の仕事	6665	0.006	0.079	0	1
製造の技能工	6665	0.014	0.119	0	1
その他	6665	0.018	0.134	0	1
役職ダミー					
課長	6665	0.216	0.411	0	1
部長	6665	0.085	0.280	0	1
その他の管理職	6665	0.035	0.184	0	1
企業規模ダミー（正社員数）					
100−299 人	6665	0.136	0.343	0	1
300−499 人	6665	0.383	0.486	0	1
500−699 人	6665	0.188	0.390	0	1
700−999 人	6665	0.102	0.303	0	1
1000−1999 人	6665	0.098	0.298	0	1
2000 人以上	6665	0.093	0.290	0	1
産業ダミー					
建設業	6665	0.044	0.205	0	1
製造業	6665	0.297	0.457	0	1
電気・ガス・熱供給・水道業	6665	0.004	0.064	0	1
卸売業	6665	0.041	0.197	0	1
小売業	6665	0.082	0.274	0	1
飲食店	6665	0.005	0.068	0	1
運輸業	6665	0.045	0.208	0	1
通信業	6665	0.010	0.100	0	1
金融・保険業	6665	0.081	0.273	0	1
不動産業	6665	0.004	0.064	0	1
サービス業	6665	0.388	0.487	0	1
組合ダミー	6655	0.558	0.497	0	1
外資系企業ダミー	6184	0.025	0.155	0	1
事業所全国展開ダミー	6526	0.386	0.487	0	1
事業所全国展開ダミー×正社員数の対数値	6526	2.621	3.376	0	10.55

第4章 現実は理論を支持しているのか

表4-補-2 記述統計量（表4-2と表4-3の推定に使用した変数）

	観測数	平均値	標準偏差	最小値	最大値
売上高経常利益率（経常利益／売上高）	554	0.050	0.084	−0.942	0.538
一人あたり経常利益	476	1.979	9.977	−174.55	87.94
売上高の対数値	491	3.181	1.320	−1.555	7.818
経営トップの均等化方針					
女性を積極的に登用	710	0.712	0.258	0	1
男女にかかわりなく人材育成	710	0.836	0.222	0	1
女性にも創造性の高い仕事	708	0.748	0.246	0	1
均等度総合指数					
経営トップの方針	707	0.771	0.185	0	1
管理職による評価	623	0.633	0.158	0.083	1
一般社員による評価	629	0.545	0.162	0	1
女性正社員比率	710	0.292	0.231	0.005	0.983
女性管理職比率	604	0.095	0.176	0	0.929
女性平均賃金の対数値 　−男性平均賃金の対数値	491	−0.159	0.164	−0.675	0.539
女性就業継続指数	699	3.990	2.087	1	6
男性平均勤続年数の対数値	635	2.550	0.586	0	3.807
企業規模ダミー（正社員数）					
100−299人	710	0.132	0.339	0	1
300−499人	710	0.375	0.484	0	1
500−699人	710	0.193	0.395	0	1
700−999人	710	0.104	0.306	0	1
1000−1999人	710	0.100	0.300	0	1
2000人以上	710	0.096	0.294	0	1
産業ダミー					
建設業	710	0.045	0.208	0	1
製造業	710	0.300	0.459	0	1
電気・ガス・熱供給・水道業	710	0.004	0.065	0	1
卸売業	710	0.045	0.208	0	1
小売業	710	0.089	0.285	0	1
飲食店	710	0.006	0.075	0	1
運輸業	710	0.061	0.239	0	1
通信業	710	0.010	0.099	0	1
金融・保険業	710	0.073	0.261	0	1
不動産業	710	0.003	0.053	0	1
サービス業	710	0.365	0.482	0	1
組合ダミー	709	0.553	0.498	0	1
外資系企業ダミー	664	0.021	0.144	0	1
事業所全国展開ダミー	695	0.414	0.493	0	1
事業所全国展開ダミー×正社員数の対数値	695	2.815	3.423	0	10.74

第 5 章　ジェンダー経済格差を生み出すメカニズムは何か

要約

　本章では，企業における女性差別的雇用制度，家庭における性別分業，ワーク・ライフ・バランス（以下，WLB と略す）を妨げる社会経済制度の相互依存関係を，ゲーム理論を使って分析する．
　まず，「企業における女性差別的雇用制度」と「家庭における性別分業」の相互依存関係を分析する．企業が「女性は離職確率が高い」と予想して，採用において女性を差別し，男性を優遇することが，実際に家庭での性別分業を生み，女性の離職確率を高めるという関係を明らかにする．
　次に，「企業における女性差別的雇用制度」と「WLB を無視したビジネス慣行」の相互依存関係を分析する．多くの企業が男性のみを採用し WLB を無視した取引交渉を行うと，WLB を重視した取引交渉を行う企業の利潤が低下し，どの企業も WLB を無視した取引交渉を行わざるをえなくなることを示す．こうして，女性差別的雇用制度と WLB を無視したビジネス慣行が均衡となる．
　さらに，「家庭における性別分業」と「WLB のためのインフラの不備」の相互依存関係を分析する．片稼ぎを選択する家庭が多いほど，WLB 政策への支持が少なくなり，WLB が貧弱になること，その結果，共稼ぎ家庭の効用水準が低下し，片稼ぎがますます増加することを示す．
　こうして，＜WLB を無視したビジネス慣行＝企業における女性差別的雇用制度＝家庭における性別分業＝WLB のためのインフラの不備＞が均衡となる．これがわが国の現状である．
　政策的なインプリケーションとして，企業の女性差別自体が，WLB 政策の充実に反対する勢力を生み出すことを指摘する．そのような状況では，WLB 政策の充実を訴えることには限界がある．そこで筆者は，女性が活躍する革新的企業が活動しやすい競争のルールを政府が整備する必要性を主張する．革新的企業の利潤と成長率を高めることができれば，＜WLB を重視したビジネス慣行＝企業における男女平等雇用制度＝家庭における男女平等分業＝WLB のためのインフラの充実＞という均衡へ日本社会が移行する可能性が高まる．

1. 課題と構成

　本章はジェンダー経済格差発生のメカニズムを理論モデルによって分析する[1]．第3章までの先行研究のサーベイを踏まえて，企業の雇用制度，家庭における性別分業，産業界のビジネス慣行，WLB 政策の不備などの相互依存関係を，ゲーム理論を用いて分析する．

　第3章までは，労働者の自主的選択と企業による差別を別々に見てきたが，本章では，これらを一つの枠組みで議論する．また，第3章までは，WLB 政策やビジネス慣行を所与としてきたが，本章では，これらの政策や慣行が形成されるメカニズムをジェンダー経済格差との関連で分析する．

　そして，分析の結果，わが国が＜企業における女性差別的雇用制度＝家庭における性別分業＝WLB を妨げる社会経済制度＞という均衡にあることが明らかになる．また，そのような均衡から＜企業における男女平等雇用制度＝家庭における男女平等分業＝WLB と整合的な社会経済制度＞の均衡へと移行する可能性について議論する．

　本章の構成は次のようになっている．第2節でジェンダー経済格差を生み出す構造の全体像を明らかにしたのち，第3節では「企業における女性差別的雇用制度」と「家庭における性別分業」の相互依存関係を明らかにするモデルを作成する．企業が「女性は離職確率が高い」と予想して，採用において女性を差別し，男性を優遇することが，実際に家庭での性別分業を生み，女性の離職確率を高めるという関係を明らかにする．

　さらに，第4節では「企業における女性差別的雇用制度」と「WLB を無視したビジネス慣行」の相互依存関係を，第5節では「家庭における性別分業」と「WLB のためのインフラの不備」の相互依存関係を，第6節では「女性差別的雇用制度」と「WLB のためのインフラの不備」の相互依存関係を理論モデルによって分析する．企業が採用において女性を差別すると専業主婦家庭が増え，その結果，政府の WLB 政策に支持が集まらず，共稼ぎが困難になり，女性の離職確率がますます高くなるという関係を明らかにする．最後に，第7節で本章の議論をまとめる．

1　本章の執筆課程で，水野敬三氏よりさまざまな助言をいただいた．ここに，感謝の意を表したい．なお，残っている誤りは筆者の責任である．

第5章　ジェンダー経済格差を生み出すメカニズムとは何か

図 5-1　ジェンダー経済格差を生み出す構造

```
    ┌─────────┐    ①      ┌─────────┐
    │ 女性差別的 │ ────→   │ 家庭における │
    │ 雇用制度  │ ←────   │  性別分業  │
    └─────────┘            └─────────┘
         ↑                       ↑
    ┌────│───────────────────────│────┐
    │    │  WLBを妨げる社会経済制度  │    │
    │  ② │                       │ ③  │
    │    ↓                       ↓    │
    │ ┌─────────┐            ┌─────────┐│
    │ │ WLBを無視した│         │ WLBのための││
    │ │ ビジネス慣行 │         │ インフラの不備││
    │ └─────────┘            └─────────┘│
    └────────────────────────────────┘
```

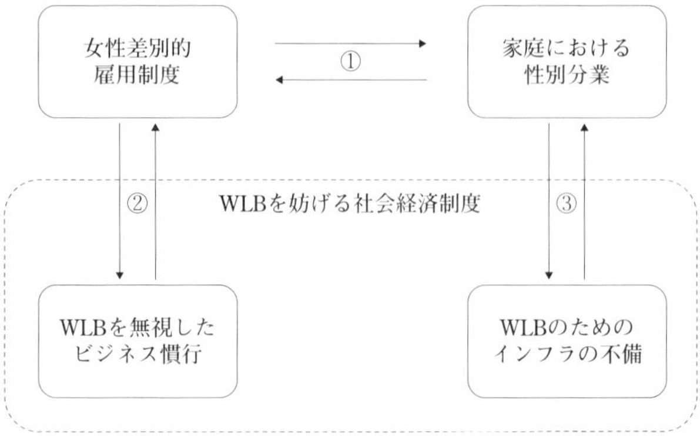

注）WLB はワーク・ライフ・バランスの略．

2．ジェンダー経済格差を生み出す構造

　ジェンダー経済格差を生み出す構造は，図 5-1 のように描くことができる．これは，序章で用いた図と同じものだが，本章の構成を説明するためには不可欠なので再掲する．図のなかの双方向の矢印は，制度間の相互依存関係を意味している．すなわち，①は女性差別的雇用制度と家庭における性別分業の相互依存関係，②は女性差別的雇用制度と WLB を無視したビジネス慣行の相互依存関係，③は家庭における性別分業と WLB のためのインフラの不備の相互依存関係を表している．以下では，これら三つの相互依存関係を簡単なゲーム理論のモデルを使って説明する．

　そして，それらのモデルからプレイヤー（企業や家庭）は，多数のプレイヤーが選択した戦略と同じ戦略をとろうとする傾向があることが理論的に示される．すなわち，①多くの企業が女性を差別すると，女性差別をしない企業は利益を得られなくなる，②多くの企業が WLB を無視したビジネス戦略をとると，WLB を重視したビジネス戦略をとる企業は利益を得られなくなる，③多くの家庭が片稼ぎという分業形態をとると，共稼ぎ家庭の効用が下がってしまうという関係がある．

　以下，これらの関係を，①，②，③の順で示そう．

3．「企業における女性差別的雇用制度」と「家庭における性別分業」の相互依存関係

　第3章で議論したように，わが国の企業が女性差別をする最大の理由は，女性の離職確率が高いことだ．そして，それは第4章の実証分析でも確認された．しかし，女性の離職確率が高いのは，企業が女性を差別し，男性を優遇するからでもある．たとえば，企業によって基幹的職種から排除された女性は，結婚後家事・育児に責任をもつようになり，出産を契機に離職する確率が高くなる．以下では，企業が「女性の離職確率が高い」という理由で女性を採用しないことが，家庭内の性別分業をもたらし，結果的に女性の離職確率を高めるというメカニズムを，ゲーム理論を用いて示す[2]．

仮定

　ゲームのタイミングは図5-2にまとめてある[3]．太い線で囲まれたところは，

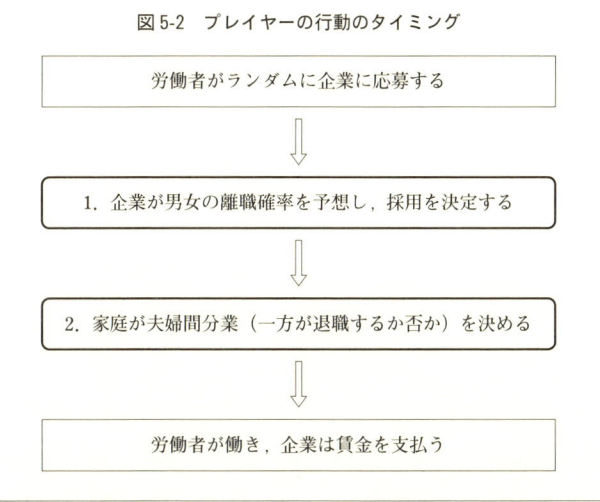

図5-2　プレイヤーの行動のタイミング

労働者がランダムに企業に応募する
⇩
1．企業が男女の離職確率を予想し，採用を決定する
⇩
2．家庭が夫婦間分業（一方が退職するか否か）を決める
⇩
労働者が働き，企業は賃金を支払う

2　企業が「女性の人的資本投資が少ない」という理由で女性を採用しないことが，結果的に女性の人的資本投資を低下させるというモデルは，Coate and Loury (1993)，川口 (2007a) が議論している．
3　このモデルは，川口 (1997, 2007a) を簡略化したものである．より，一般的なモデル

そこでプレイヤーである企業と家庭が戦略の選択を行うことを意味する．多数の同質の企業と，能力や嗜好が等しい多数の男女労働者からなる社会を考える．すべての男女は異性と結婚し家庭を形成している．意思決定の主体は個々の労働者ではなく家庭（夫婦）である．家庭が家庭の効用を最大化するような決定を行う[4]．

まず，男女がランダムに企業に応募する．議論を単純にするため，すべての企業に男女それぞれ1名ずつが応募するものとする．企業数が多いので，夫婦がたまたま同じ企業に応募する可能性は無視する．第1段階のゲームとして，企業は，「男女とも採用する」，「男性のみ採用する」，「女性のみ採用する」，「どちらも採用しない」のいずれかの戦略を選択する．

表 5-1　WLB 政策の実施・家庭内分業と家庭の効用水準

WLB 政策	家庭内分業	家庭の効用水準
充　実	共　稼　ぎ	2
	片　稼　ぎ	1
	稼ぎ手なし	0
貧　弱	共　稼　ぎ	0
	片　稼　ぎ	1
	稼ぎ手なし	0

注）WLB はワーク・ライフ・バランスの略．

表 5-2　企業・労働者の行動と一人の労働者が企業にもたらす利潤の関係

企業の行動	採用した労働者の行動	一人の労働者が 企業にもたらす利潤
採用する	就業を継続する	1
	途中で退職する	-2
採用しない	—	0

に関心のある読者はこれらを参照していただきたい．

4　夫と妻それぞれが独自の効用関数をもち，夫婦間でゲームを行うというモデルのほうがより現実的である．Manser and Brown（1980）や McElroy and Horney（1981）以降，そのようなモデルが分析によく使われるが，本章では議論を簡単にするために，家庭の効用関数を前提とする．

3.「企業における女性差別的雇用制度」と「家庭における性別分業」の相互依存関係

次に，第2段階のゲームとして，家庭が夫婦間分業を決める．第1段階のゲームで夫婦そろって採用されたけれど，仕事と家庭が両立しないため夫婦の一方が退職して家事に専念したほうが効用水準が高くなる場合には，夫か妻のいずれかが退職する．このとき，夫婦のいずれが退職するかは，平等な（確率50％ずつの）くじ引きで決める．第1段階のゲームで採用されなかった者が，第2段階で就職することはできない．最後に，労働者が働き，賃金が支払われる．

家庭の効用については表5-1のように仮定する．WLB政策が充実していると，共稼ぎが容易であるため，共稼ぎ家庭の効用水準が片稼ぎ家庭の効用水準より高い．他方，WLB政策が貧弱だと，仕事と家庭の両立ができないため，共稼ぎ家庭の効用水準が片稼ぎ家庭の効用水準より低い．

さらに，労働者の就業継続・離職行動と企業利潤の関係を表5-2のように仮定する．労働者一人が企業にもたらす利潤は，その労働者が退職せずに働くと1，その労働者が途中で退職すると－2，その労働者を採用しないと0とする．仮定により，企業は最大二人まで採用できるので，企業の総利潤は最大で2，最小で－4となる．

以上がモデルの仮定だが，重要な点を二つ確認しておく．

一つは，能力や嗜好における男女の差はまったくないと仮定していることだ．第1章で議論したように，男女の能力や嗜好には差があり，それが企業の差別や家庭での分業に影響を及ぼしている可能性は否定できない．しかし，本書の関心はあくまで経済的メカニズムにあるので，それをより鮮明に描くために，能力や嗜好の性差は無視する．

もう一つは，労働者が途中で退職すると企業の損失が大きいと仮定している点だ．これは，企業の負担による人的資本投資（教育訓練など）を行っている典型的日本企業を念頭に置いている．もし企業による人的資本投資が重要でなければ，退職による企業の損失は小さく，企業が労働者の離職を気にして採用を決める理由はなくなる．

このゲームの均衡を求めるには，かなり説明を要するので，それは補論に譲ることとし，ここでは結論だけを述べる．このゲームには，WLB政策の充実度に応じて，異なった均衡が存在している．安定的な均衡において選択される企業と家庭の戦略およびそのときの男女の離職確率は以下のようになる[5,6]．

---

5 経済学では「安定的」という言葉は多様な意味で使われる．本章では，とくに断りのない限り，次の意味で用いる．ゲームが繰り返しプレイされ，プレイヤーは前回のゲームの

WLB 政策が充実している場合：
すべての企業が男女とも採用し，すべての家庭が共稼ぎとなる．
このときの離職確率は，男女とも 0 である．

WLB 政策が貧弱な場合[7,8]：
①すべての企業が男性のみを採用し，すべての家庭が片稼ぎとなる．
　このときの離職確率は，男性が 0，女性は 0.5 である．
②すべての企業が女性のみを採用し，すべての家庭が片稼ぎとなる．
　このときの離職確率は，男性が 0.5，女性は 0 である．

　均衡における男女の離職確率を確認しておこう．WLB が充実している場合は，共稼ぎのほうが片稼ぎより家庭の効用水準が高いので誰も離職しない．離職確率は 0 である．WLB 政策が貧弱な場合，均衡①では女性は採用されないので，男性は必ず片稼ぎだ．したがって，男性の離職確率は 0 である．他方，均衡①において，ある企業がたまたま女性を採用したとすれば，その女性は 2 分の 1 の確率で離職する．なぜならば，すべての男性が採用されているため，女性を採用するとその女性は必ず共稼ぎとなるからだ．つまり，企業は女性の離職確率が男性より高いことを予想して，女性を採用しなかったわけだが，事後的にその予想は正しいことになる．均衡②も同様に考えることができる．
　WLB 政策が貧弱な場合の均衡のうち，均衡②は，実際には選択されない．その理由として，次の二種類の説明が可能だ．
　一つは，歴史的経路依存があることだ．歴史的経路依存とは，同じゲームが繰り返されるとき，過去のゲームの戦略分布に依存して現在のゲームの戦略が

戦略分布に対する最適反応をとるとする．ある均衡の近傍からゲームを開始したとき，ゲームを繰り返すと必ずその均衡に収束するとき，その均衡は安定的であるという（Rasmusen 1989, p.78）.

6　使用する均衡概念は「部分ゲーム完全均衡」である．ここでは，均衡経路のみを示す．
7　これらの均衡以外に，3 分の 2 の企業が男性を採用し，3 分の 2 の企業が女性を採用するという均衡がある．ただし，この均衡は安定的でない．詳細は，本章の補論を参考されたい．
8　①における女性の離職確率は，もしある企業が女性を採用したと仮定した場合にその女性が離職する確率である．②の男性の離職確率も同様である．

3.「企業における女性差別的雇用制度」と「家庭における性別分業」の相互依存関係

選択されることをいう．その結果，通常はゲームの戦略分布が突然大きく変わることはない．このゲームでいえば，初期の戦略分布において男性のみを採用する企業が十分多ければ，戦略分布は均衡①に収束する．

もう一つの説明としては，夫婦のいずれかが離職せざるをえないとき，夫婦がそれぞれ50％の確率で離職するという仮定が現実的でないということがある．実際には，仕事と家庭の両立が困難な場合，妻が離職する確率が高い．その場合は，均衡①が選択されやすくなるし[9]，妻の離職確率が夫より十分高ければ，均衡②が存在しない可能性もある．

インプリケーション

このモデルは，企業による採用と家庭における分業の関係を単純化したものだが，わが国のジェンダー経済格差を考える上で二つのインプリケーションをもっている．

第一に，WLB政策が貧弱な社会では，女性が労働市場から排除されることによって，男性の安定的労働供給が可能になっている．個々の企業にとっては，女性を採用しないことで，男性社員の労働供給が安定的になるわけではないが，社会全体としてみれば，そうなっている．つまり，女性を差別することには外部経済が働いているといえる．ある企業が女性を採用しないことによって，その女性の夫の離職確率が低下し，彼が勤務する企業が利益を得る．これは，第6章で日本的雇用制度と性別分業の相互依存関係を考える際の重要なインプリケーションである．

第二に，WLB政策が貧弱な社会では，性差別と性別分業が必然的に発生する．平等な採用戦略は安定的な均衡とはならない．わが国のようなWLBが貧弱な社会で，専業主婦と同じだけ専業主夫が存在するということは，理論的にありえない[10]．企業が性別情報を利用して採用や配置を決めるために，女性差別と性別分業が安定的な均衡となるからだ．したがって，仕事と家庭の両立が

---

9 妻の離職確率が夫より高い場合，均衡①のほうが均衡②より企業利潤が高くなる．またこのとき，企業の戦略にある確率でゆらぎが生ずると，初期の戦略分布にかかわらず長期的には均衡①が選択される．プレイヤーの選択にゆらぎが生ずるモデルの長期的均衡については神取（2003）がわかりやすい解説を行っている．

10 アメリカで専業主夫が増えていると言われているが，15万人程度にすぎない．専業主婦と比べるとまだまだ少ない．「日本経済新聞」（朝刊）2007年11月11日．

可能な社会を実現することが，女性差別解消の前提条件となる．

4．「企業における女性差別的雇用制度」と「WLB を無視したビジネス慣行」の相互依存関係

企業間の取引は国によって独自の慣行があるが，わが国のビジネス慣行は WLB を無視したものが多い．たとえば，夜に商談を行うとか，夜や休日に接待を行うといったことが慣行となっている．そのため，どの企業でも女性の営業職は少なく，女性営業職の離職確率が高い傾向にある．WLB を無視したビジネス慣行のもとでは女性は働きにくい．

労働者の採用は一企業の判断で行えるが，取引は一企業だけでは行えない．そのため，企業の最適な取引交渉方法は，他の企業の取引交渉方法に依存する．その結果，多数の企業が WLB を無視した取引交渉方法をとると，WLB を重視した取引交渉を行おうとしても交渉ができないという事態が発生する．

ここでは，ビジネス慣行と雇用制度のあいだに相互依存関係があるために，ビジネス慣行における戦略的補完性が雇用制度の戦略的補完性となって現れることを簡単なモデルで示す．

仮定

多数の同質の企業と，多様な能力をもつ多数の男女からなる社会を仮定する．ゲームのタイミングは図 5-3 にある．企業が取引相手との取引交渉の方法を決定し，それに適した労働者を採用する．取引交渉の方法は，「WLB を重視した取引交渉」と「WLB を無視した取引交渉」の二種類があるものとする．WLB を無視した取引交渉とは，たとえば，夜間に商談や接待を行うような取引交渉をいう．取引交渉の方法を決定した後，企業は労働者を採用する．採用戦略には，「男女を混合で採用する」と「男性のみ採用する」の二つがある[11]．労働者を採用した後，多数の企業が互いにランダムに出会い，実際に取引交渉を行う．取引は 1 社対 1 社で行うものとする．また，企業は取引相手によって，交渉方法を柔軟に変えることはできないと仮定する．

企業は交渉戦略を二つ，採用戦略を二つもっているので，その組み合わせと

---

11 議論を簡単にするために，「女性のみ採用する」という戦略は考えない．

4.「企業における女性差別的雇用制度」と「WLB を無視したビジネス慣行」の相互依存関係

図 5-3　プレイヤーの行動のタイミング

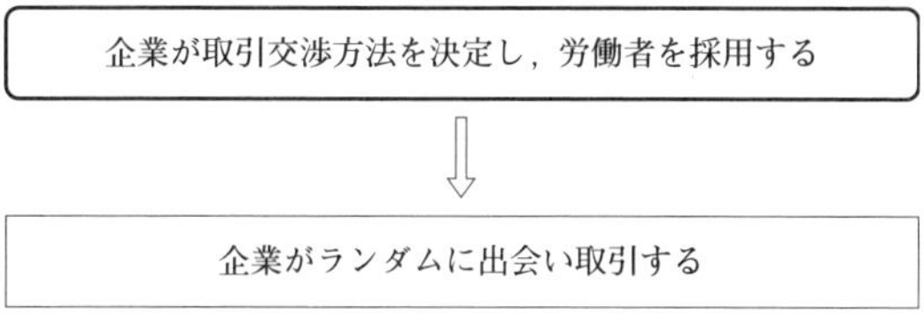

```
┌─────────────────────────────────┐
│ 企業が取引交渉方法を決定し，労働者を採用する │
└─────────────────────────────────┘
                 ⇩
┌─────────────────────────────────┐
│     企業がランダムに出会い取引する      │
└─────────────────────────────────┘
```

表 5-3　取引交渉の方法と企業 A の利潤

企業 A の取引交渉戦略と採用戦略	取引相手の取引交渉戦略	
	WLB を重視した交渉	WLB を無視した交渉
(1) WLB を重視した交渉・男女混合採用	1	0
(2) WLB を重視した交渉・男性のみ採用	0.5	0
(3) WLB を無視した交渉・男性のみ採用	0	1
(4) WLB を無視した交渉・男女混合採用	0	0.5

注）WLB はワーク・ライフ・バランスの略．

して次の四つの戦略をもっている．

(1) WLB を重視した取引交渉・男女混合採用
(2) WLB を重視した取引交渉・男性のみ採用
(3) WLB を無視した取引交渉・男性のみ採用
(4) WLB を無視した取引交渉・男女混合採用

　企業の利潤は，自社の戦略と相手企業の取引交渉戦略によって決まる．戦略と利潤の関係は，表 5-3 にまとめてある．この表は，以下のことを意味している．企業 A が WLB を重視した（無視した）取引交渉を行う場合，取引相手も WLB を重視した（無視した）取引交渉を行えば，商談が成立するが，相手が WLB を無視した（重視した）取引交渉を行う場合は，商談が成立しない．したがって，取引相手が企業 A と同じ戦略をとる場合にのみ企業 A は正の利潤を得ることができる．
　また，取引戦略が相手企業と同じ場合，WLB を重視した交渉戦略をとるなら男女混合で採用したほうが利潤が高く，WLB を無視した交渉戦略をとるな

ら男性のみ採用したほうが利潤が高い．これは，女性はWLBを無視した交渉戦略をとる企業では能力を十分発揮できないからだ．他方，男女混合で採用することの利点としては，より多数の労働者から優秀な人材を選べることや，多様な人材を採用することにより多様なアイデアが生まれやすいということがある．

表5-3のような利得が仮定される場合，戦略(2)や戦略(4)は均衡にはなりえない．戦略(2)より戦略(1)が，戦略(4)より戦略(3)が常に高い利潤（少なくとも同じ利潤）をもたらすからだ．したがって，以下では戦略(1)と戦略(3)のみに着目して議論する．

均衡

このゲームには，以下の均衡が存在する[12]．

①すべての企業が，「WLBを重視した取引交渉」と「男女混合採用」を選択する（戦略(1)）．
②すべての企業が，「WLBを無視した取引交渉」と「男性のみ採用」を選択する（戦略(3)）．

これらの均衡の存在は，以下のように確かめられる．すべての企業が戦略(1)をとっているとき，すべての企業の利潤は1である．このとき，ある企業が戦略(3)に変更すると，この企業の利潤は0に低下する．したがって，この企業は淘汰され，戦略(1)をとる企業のみが残る．よって①は均衡である．全企業が戦略(3)をとっている場合も同じことがいえるので，②も均衡である．

インプリケーション

このモデルは，企業の取引交渉の方法に戦略的補完性があることを示しているが，取引交渉方法の選択を通して，採用戦略にも戦略的補完性が存在している．すなわち，男性のみ採用する企業が多いと，WLBを無視したビジネス慣

---

[12] このゲームは進化ゲームと呼ばれるゲームである．ここで使用する均衡概念は，「進化的に安定な戦略」である．進化ゲームはもともと生物学の分野で開発されたゲームだが，経済の分析にも広く応用されている．進化ゲームをわかりやすく解説した日本語の文献としてはMaynard Smith（1982：寺本・梯訳1985）がある．

行が形成されるため,男女を混合で採用する企業は十分な利潤をあげられず,市場から淘汰されてしまう.

モデルには均衡が二つあり,いずれの均衡においても,企業の利益は同じであると仮定している.しかし,現実には,均衡における企業の利潤は男女の学歴,就業意欲,WLB政策などの要因によって,左右される.近年,女性の学歴や就業意欲が上昇し,保育政策に代表されるWLB政策が徐々にではあるが充実しつつあることを考えると,かつては均衡②における企業利潤のほうが高かったが,最近は①の均衡における企業利潤が次第に大きくなりつつあるといえる.このような状況では,社会が均衡②の状態にあっても,もし男女を混合で採用しWLBを重視した取引戦略をとる革新的企業がある確率で発生するならば,やがて社会は均衡②から均衡①へ移行する可能性がある[13,14].

現在わが国は,均衡②に近い状態にあるが,革新的企業が利潤を獲得しやすい経済環境が整いつつある.革新的企業がより活動しやすい競争のルールを政府が整備すれば,均衡②から均衡①への移行の可能性をより高めることができる.

5.「家庭における性別分業」と「WLBのためのインフラの不備」の相互依存関係

民主主義社会においては,政策が多数決の原則によって決定される.したがって,社会のなかで多数を占めるグループにとって有利な政策が実行される傾向がある[15].わが国では,WLB政策が貧弱だが,その原因の一つに,女性の就

---

[13] 革新的企業がある確率で発生することで,社会が一つの均衡から別の均衡に移行するという考え方は,確率進化ゲームに依拠している.確率進化ゲームは,Kandori, Mailath and Rob (1993) と Young (1993) が確立した.日本語のわかりやすい解説に神取 (2003) がある.

[14] ここでは,革新的企業と伝統的企業が出合ったときは交渉が成立しないためにいずれの企業の利潤も0であると仮定している.しかし,二つのタイプの企業は交渉にかかる費用が異なるため,交渉が成立しなかったときの利潤も異なると仮定するのがより現実的だろう.このとき,直感的に予想できるように,交渉が成立しない場合の利潤が高い(費用が低い)戦略のほうが,長期的に選択される可能性が高い.

[15] もちろん,グループの数の力以外に,経済力や政治力が政策に反映されることは当然だが,ここでは数の力に着目して議論する.

図5-4 プレイヤーの行動のタイミング

1. 家庭が夫婦間分業を決定する

⇩

2. 投票によりWLB政策を決定する

⇩

3. 家庭が夫婦間分業を変更する

⇩

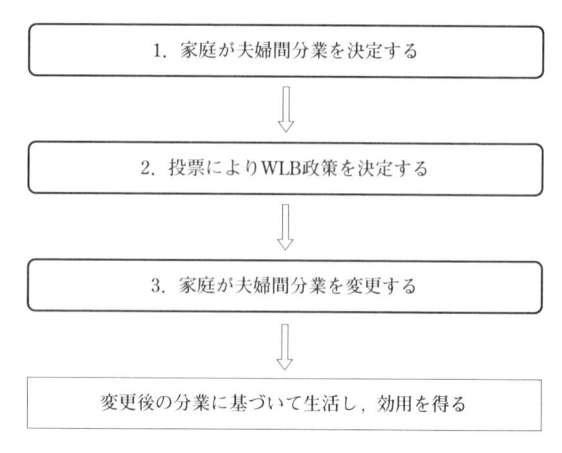

変更後の分業に基づいて生活し，効用を得る

注）WLBはワーク・ライフ・バランスの略．

業率が低く，共稼ぎ家庭が少ないことがあるのではないだろうか．片稼ぎ家庭より共稼ぎ家庭のほうがWLB政策から受ける恩恵が大きいために，片稼ぎ家庭が最適と考えるWLB政策の水準は，共稼ぎ家庭が最適と考える水準より低いはずだ．

以下では，WLB政策が多数決によって決まるようなモデルを用い，片稼ぎ家庭が多い社会ではWLB政策が貧弱になり，共稼ぎ家庭の効用水準が下がり，ますます片稼ぎ家庭が増えることを示そう．

仮定

社会は，多数の同じ属性の家庭（夫婦）からなる．ゲームのタイミングは図5-4にある．まず，すべての家庭が共稼ぎか片稼ぎかを選択する．ただし，片稼ぎとは夫のみが労働市場で働くことを意味する．単純化のために，妻のみが労働市場で働く場合は考えない（第1段階のゲーム）．その後，政府がWLB政策を充実させるべきか否かを，国民の投票によって決める（第2段階のゲーム）．そして，多数決で政策が決定された後，夫婦が家庭内分業を変更するか否かを決める（第3段階のゲーム）．ただし，第1段階のゲームで就職していた者は，第3段階で退職できるが，第1段階で就職していなかった者が第3段階で就職することはできないとする．これは，正社員を辞めるのはいつでも可能だが，

5．「家庭における性別分業」と「WLBのためのインフラの不備」の相互依存関係

一旦キャリアにブランクができると，正社員としての再就職が困難であるような状況を仮定している．また，第3節のモデルと同様，意思決定の主体は個人ではなく家庭とする．

家庭の効用水準は，WLB政策の充実度と夫婦間分業に依存する．表5-4がそれをまとめている．まず，就職活動の費用（a）を見よう．一人あたりの就職活動の費用は0.5と仮定している．したがって，第1段階のゲームで共稼ぎを選択する家庭は1の費用を費やす．就職活動の費用には，就職のための教育の費用も含まれる．税金（b）は，WLB政策を充実させるための費用である．政府がWLB政策を充実させる場合は，すべての家庭が0.5の税を支払う．

生活からの効用（c）は，第3段階のゲームで最終的に選択した夫婦間分業によって決まる．WLB政策が充実している場合には，共稼ぎのほうが片稼ぎより家庭の効用水準が高く，WLB政策が貧弱な場合には，片稼ぎのほうが共稼ぎより効用水準が高い．そして，WLB政策は共稼ぎ家庭の効用を高めるが，片稼ぎ家庭の効用には影響しない．純効用は，生活からの効用から就職活動の費用と税金を引いたものである．家庭はこれを最大化しようとする．

第3段階のゲーム

完全情報ゲームは，時間的に後のゲーム（図5-4の下に位置するゲーム）から解くのが定石である（後ろ向き帰納法）．そこでまず，第3段階のゲームにおける家庭の行動を考察する．すでに，第1段階のゲームと第2段階のゲームは終了しているものとする．表5-4の列(c)から明らかなように，最初に共稼ぎを

表5-4　WLB政策の充実度・夫婦間分業と家庭の効用水準

WLB政策	夫婦間分業（当初→変更後）	就職活動の費用 (a)	税金 (b)	生活からの効用 (c)	純効用 (c-a-b)
充実	共稼ぎ→共稼ぎ	1	0.5	2	0.5
充実	共稼ぎ→片稼ぎ	1	0.5	1	−0.5
充実	片稼ぎ→片稼ぎ	0.5	0.5	1	0
貧弱	共稼ぎ→共稼ぎ	1	0	0	−1
貧弱	共稼ぎ→片稼ぎ	1	0	1	0
貧弱	片稼ぎ→片稼ぎ	0.5	0	1	0.5

注）WLBはワーク・ライフ・バランスの略．

選んだ家庭は，政策決定後は，WLB 政策が充実していれば共稼ぎを，WLB 政策が貧弱であれば片稼ぎを選ぶ．

第 2 段階のゲーム

次に，人々の投票行動（第 2 段階のゲーム）を考える．まず，第 1 段階のゲームで片稼ぎを選択した家庭は，第 3 段階のゲームでも片稼ぎを続ける以外に選択肢がない．この家庭は，WLB 政策が充実していれば純効用が 0，WLB 政策が貧弱であれば純効用が 1 なので，WLB 政策は貧弱なほうが良い．したがって，片稼ぎ家庭は WLB 政策の充実に反対する．

一方，第 1 段階のゲームで共稼ぎを選択した家庭は，WLB 政策が充実すれば共稼ぎを続けて 0.5 の純効用を得ることができるが，WLB 政策が貧弱であれば共稼ぎを続けることができず，純効用は 0 となる．したがって，最初に共稼ぎを選択した家庭は WLB 政策の充実に賛成する．

第 1 段階のゲーム

人々の投票行動を前提に，家庭の分業形態と効用の関係をまとめたのが表 5-5 だ．他のすべての家庭が共稼ぎを選択する場合は，WLB 政策が充実するので，家庭 A も共稼ぎを選択するほうがよい．逆に他のすべての家庭が片稼ぎを選択する場合は，WLB 政策が貧弱なままなので，片稼ぎを選択するほうがよい．

均衡

均衡では，次のような戦略が選択される[16]．

①すべての家庭が，当初共稼ぎを選択し，WLB 政策の充実に賛成し，共稼ぎを続ける．
②すべての家庭が，当初片稼ぎを選択し，WLB 政策の充実に反対し，片稼ぎを続ける．

---

16 使用する均衡概念は「部分ゲーム完全均衡」である．ここでは，均衡経路のみを示す．

表 5-5　夫婦間分業と家庭 A の効用の関係

		他のすべての家庭	
		共稼ぎ	片稼ぎ
家庭 A	共稼ぎ	0.5	0
	片稼ぎ	0	0.5

インプリケーション

　このゲームが意味するのは，共稼ぎが多い社会では共稼ぎがより生活しやすく，片稼ぎが多い社会では片稼ぎがより生活しやすいという戦略的補完性があるということだ．したがって，共稼ぎ社会と片稼ぎ社会の二つの均衡が同時に存在している．

　上のモデルでは，二つの均衡で家庭の効用水準は等しいが，現実には，男女の教育水準や就業意欲によって均衡における効用水準は異なる．そのようなより現実的な仮定の下では，女性の教育水準や就業意欲の向上は均衡①の効用水準を上昇させる．その結果，第3節で議論したように，均衡②から均衡①に社会が移行する可能性が高くなる．

6．企業による採用ゲームと国民による投票ゲームの結合

　第5節で議論した投票によるWLB政策選択ゲームを第3節で議論した企業の採用ゲームと結合させると，次のような興味深い結果を得ることができる．すなわち，企業が採用において女性を差別すると専業主婦家庭が増えるために，WLB政策に支持が集まらず，共稼ぎが困難になり，女性の離職確率がますます高くなる．逆に，企業が男女平等な採用を行うと，共稼ぎ家庭が増え，WLB政策に支持が集まり，共稼ぎが容易になり，女性の離職確率が低下する．以下では，そのようなモデルを考察しよう．

仮定

　図5-5は，企業の採用・家庭内分業・WLB政策を一つの枠組みで捉えたゲームのタイミングを示している．これは，図5-1の①と③を同時に説明したモデルである．

第5章　ジェンダー経済格差を生み出すメカニズムとは何か

図5-5　プレイヤーの行動のタイミング

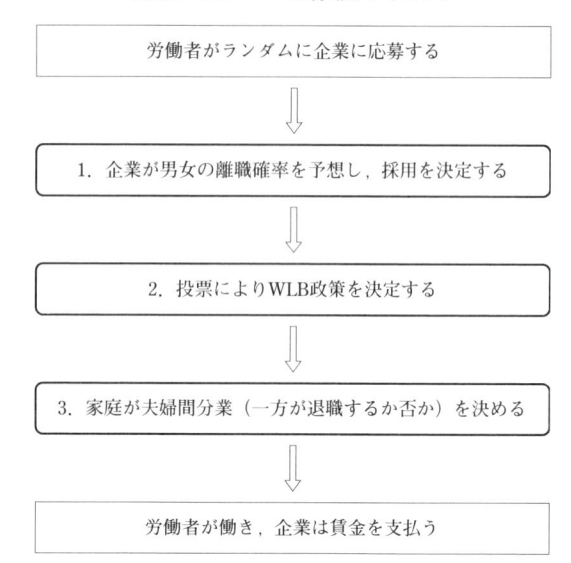

```
労働者がランダムに企業に応募する
          ↓
1. 企業が男女の離職確率を予想し，採用を決定する
          ↓
2. 投票によりWLB政策を決定する
          ↓
3. 家庭が夫婦間分業（一方が退職するか否か）を決める
          ↓
労働者が働き，企業は賃金を支払う
```

　このモデルも夫婦間分業とWLB政策のモデルと同様，第1段階のゲームで企業に採用された者はWLB政策が決まった後に退職できるが，企業に採用されなかった者はWLB政策が決まった後に就職することはできないとする．また，WLB政策は，共稼ぎ家庭のみに恩恵を与えるが，税金は国民全体から徴収するものとする．
　途中の推論は略するが，このようなゲームの均衡では，以下の戦略が選択される[17]．

①すべての企業が男女とも採用し，すべての人々がWLB政策の充実に賛成し，すべての家庭が共稼ぎを続ける．
②すべての企業が男性のみを採用し，すべての人々がWLB政策の充実に反対し，すべての家庭が片稼ぎを続ける．
③すべての企業が女性のみを採用し，すべての人々がWLB政策の充実に反対し，すべての家庭が片稼ぎを続ける．

17　均衡概念は「部分ゲーム完全均衡」である．ここでは，均衡経路のみを示す．

均衡①と②の直感的な解釈は，それぞれ以下のとおりだ．
①「男女とも離職確率が低い」という予想に基づき，すべての企業が男女を採用すると，社会のなかで共稼ぎ家庭が多数派となる．その結果，政府のWLB政策に支持が集まり，実際に離職確率が低水準になる．
②「女性の離職率が高い」という予想に基づき，すべての企業が男性のみを採用すると，社会のなかで片稼ぎ家庭が多数派となる．その結果，政府のWLB政策に支持が集まらず，実際に女性の離職確率が高水準になる．

このゲームにも戦略的補完性がある．すなわち，多数の企業が男女平等な採用を行っている社会では，どの企業も平等な採用を行うほうが差別的採用を行うより利益が高いが，逆に，多数の企業が女性差別的採用を行っている社会では，どの企業も女性差別的採用を行うことでより高い利潤を得られる．なぜならば，多数の企業が平等な採用を行う社会ではWLB政策が充実するが，多数の企業が差別的採用を行う社会ではWLB政策が貧弱になるからだ．わが国は均衡②に近い状態にある．

インプリケーション

このモデルの帰結は重要な政策的インプリケーションを持っている．第3節では，企業による女性差別を解消するためには，WLB政策の充実が必要であることを議論したが，企業による女性差別は，そのような政策を支持する有権者を減らす効果をもっているということだ．わが国において，企業の女性差別が深刻な最大の原因は，女性の離職確率が高いことである．そして，その原因の一つがWLB政策の不備にあるが，女性差別自体が貧弱なWLB政策の原因となっていることをこのモデルは示している．

このような状態において，WLB政策の充実を訴えることには限界がある．では，それを補完するものとして，どのような政策が理論的に可能だろうか．

筆者は，採用戦略とビジネス慣行の議論でも述べたように，革新的企業の経営改革に期待している．現実の企業はより効率的な経営を求めて絶えず革新的経営戦略を生み出そうとする．そのような革新的経営戦略の一環として，女性労働力の有効な活用がある．たとえば，効率的にWLB施策を実施し女性の離職確率を下げることに成功した企業は他社より大きな利潤を得ることができる．このような，革新的企業が活動しやすい競争のルールを創ることによって，革新的企業が増え，女性の雇用が増え，そしてWLB政策への支持が大きくなる．

7. まとめ

　本章では，企業における女性差別的雇用制度，家庭における性別分業，WLB を妨げる社会経済制度の相互依存関係を，ゲーム理論を使って分析した．
　まず，「企業における女性差別的雇用制度」と「家庭における性別分業」の相互依存関係の分析では，企業が「女性は離職確率が高い」と予想して，採用において女性を差別し，男性を優遇することが，実際に家庭での性別分業を生み，女性の離職確率を高めるという関係を明らかにした．
　また，「企業における女性差別的雇用制度」と「WLB を無視したビジネス慣行」の相互依存関係の分析では，多くの企業が男性のみを採用し WLB を無視した取引交渉を行うと，WLB を重視した取引交渉を行う企業の利潤が低下し，どの企業も WLB を無視した取引交渉を行わざるをえないことを示した．こうして，女性差別・男性優遇雇用制度と WLB を無視したビジネス慣行が安定的な均衡となる．
　そして，「家庭における性別分業」と「WLB のためのインフラの不備」の相互依存関係の分析では，片稼ぎを選択する家庭が多いほど，WLB 政策への支持が少なくなり，WLB が貧弱になること，その結果，共稼ぎ家庭の効用水準が低下し，片稼ぎがますます増加することを示した．
　こうして，＜企業における女性差別的雇用制度＝家庭における性別分業＝WLB を妨げる社会経済制度＞が均衡を形成する．
　政策的なインプリケーションとして，企業の女性差別自体が，国民の負担による WLB 政策の充実に反対する勢力を生み出すことを指摘した．そのような状況では，WLB 政策の充実を訴えることには限界がある．そこで筆者は，女性が活躍する革新的企業が活動しやすい競争のルールを整備する必要性を指摘した．女性が活躍する革新的企業の利潤と成長率を高めることができれば，それによって社会が＜企業における男女平等雇用制度＝家庭における男女平等分業＝WLB と整合的な社会経済制度＞の均衡への移行する可能性が高くなる．このような政策については，終章で議論する．

補論　第3節のモデルの均衡の導出

第2段階のゲーム

まず，WLB政策を所与として，家庭がどのような分業形態を選択するかを考える．第1段階のゲームが終わった段階で，可能性としては，以下の4種類の家庭が存在している．

(1) 夫婦そろって採用されている
(2) 夫のみ採用されている
(3) 妻のみ採用されている
(4) どちらも採用されていない

これらの家庭のうち，(4)のタイプの家庭は第2段階のゲームでは選択の余地がない．というのは，仮定により，第2段階のゲームでは退職するか否かの選択しかないからである．また，(2)のタイプの家庭は，必ず夫が継続就業する．表5-1より，稼ぎ手がいない家庭より片稼ぎ家庭のほうが効用水準が高いからだ．(3)のタイプの家庭も同様の理由で，必ず妻が継続就業する．

したがって，事実上選択の余地があるのは，(1)のタイプの家庭だけだ．この家庭は，WLB政策が充実していれば夫婦とも就業を継続するが，WLB政策が貧弱であれば夫婦のいずれか一方が退職する．その場合は，仮定により，夫も妻も50％の確率で退職する．

第1段階のゲーム

以上の夫婦の行動を前提として，企業の採用行動を推論しよう．表5-2からわかるように，ある労働者が就業を継続するならば，企業はその労働者を採用したほうが利益が高く，その労働者が途中退職するならば採用しないほうが利益が高い．

WLB政策が充実している場合の企業の戦略は簡単だ．そのような社会では，誰も第2段階のゲームで退職しないので，企業は男女とも採用する．そして男女それぞれが1の利潤を企業にもたらす．

WLB政策が貧弱な場合の企業戦略は，多少複雑だ．もし，採用した労働者

の配偶者が他の企業に採用されていた場合，その労働者は，仮定により，2分の1の確率で退職する．したがって，この労働者が企業にもたらす期待利益は，次のようになる．

$$E(\pi) = \frac{1-2}{2} = -\frac{1}{2}$$

つまり，配偶者が他企業に採用されている労働者は離職確率が高いため，企業に損失をもたらすということだ．配偶者が他企業に採用されていない労働者は第2段階のゲームで退職しないので，1の利潤をもたらす．

したがって，企業がある女性労働者を採用したときその女性が企業にもたらす期待利潤は，以下のように表される．

$$E(\pi|f) = -\frac{1}{2}p_m + (1-p_m) = 1 - \frac{3}{2}p_m \tag{A1}$$

ただし，$E(\pi|f)$ は女性を採用したときの期待利潤，p_m は社会全体で企業に採用されている男性の割合だ．したがって p_m は，女性労働者の配偶者が他の企業に採用されている確率に等しい．また，女性労働者の配偶者が他の企業に採用されていない確率は $1-p_m$ である．配偶者が他の企業に採用されていない女性は離職しないので，彼女が企業にもたらす期待利潤は1となる．よって，女性が企業にもたらす期待利潤は式（A1）で表される．この式は，社会全体で企業に採用される男性が少ないほど，女性の離職確率は低下し，女性が企業にもたらす期待利潤が上昇することを意味している．男性についても同じことが言える．

これが正または0のとき，企業は女性を採用する．その条件は

$$p_m \leq \frac{2}{3}$$

である．つまり他の企業に採用される男性の割合が2/3以下であれば，企業は女性を採用する．

男性の採用についても同じことがいえる．他の企業に採用される女性の割合が2/3以下であれば，企業は男性を採用する．

したがって，他の企業に採用される男性の割合と女性の割合が (p_m, p_f) であるとき，企業の最適反応は，以下のようになる．

$$p_m < \frac{2}{3} \text{ ならば } p_f^* = 1$$

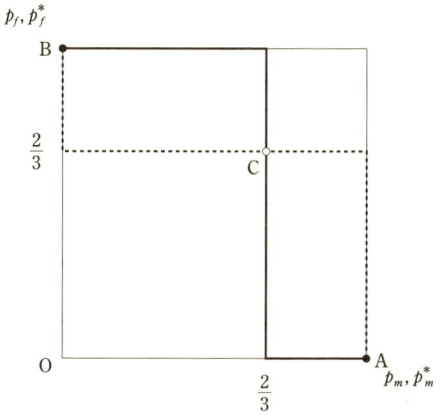

補論　第3節のモデルの均衡の導出

図5-補-1　企業の最適反応曲線

$$p_m = \frac{2}{3} \text{ ならば } 0 \leq p_f^* \leq 1$$

$$p_m > \frac{2}{3} \text{ ならば } p_f^* = 0$$

$$p_f < \frac{2}{3} \text{ ならば } p_m^* = 1$$

$$p_f = \frac{2}{3} \text{ ならば } 0 \leq p_m^* \leq 1$$

$$p_f > \frac{2}{3} \text{ ならば } p_m^* = 0$$

ただし，p_m^* と p_f^* は，それぞれ企業が男性を採用する確率と女性を採用する確率を意味する．

図5-補-1は，他の企業に採用される男性の割合と女性の割合が (p_m, p_f) であるとき，企業の最適反応 (p_m^*, p_f^*) を表わしている．太い実線が最適な女性の採用確率，破線が最適な男性の採用確率だ．$p_m = 2/3$ $(p_f = 2/3)$ ならば，どのような確率で女性（男性）を採用しても，企業の期待利潤は0である．

均衡

図5-補-1の二つの線が交わっているところがナッシュ均衡だ．したがって，均衡は以下の三つである．

A：すべての企業が男性のみを採用する．
B：すべての企業が女性のみを採用する．
C：2/3の企業が男性を採用し，2/3の企業が女性を採用する．

　ただし，Cの場合は，男女とも採用する企業が存在している．これらの均衡のうち，安定的な均衡はAとBである．

第6章 なぜ日本の雇用制度のもとでは女性が活躍しにくいのか

要約

　本章では，いわゆる日本的雇用制度が女性差別なしには成り立たないことを明らかにし，日本的雇用制度と性別分業の相互依存関係を分析する．

　日本的雇用制度は長期的人材育成を重視するために，長期勤続が期待できない女性が基幹的職種から排除される．また，家事や育児に対して責任があるために，残業や転勤など企業の要求に応じた柔軟な勤務ができないことも，女性が基幹的職種から排除される理由である．基幹的職種から排除された女性は，家事・育児のほとんどを担う．そのため，男性労働者は家事・育児から解放され，企業での労働に専念することができる．企業は，男性労働者に対し，長時間労働，突然の残業，休日出勤，転勤など，企業の都合に応じた柔軟な働き方を要求する見返りとして，安定した雇用と家族全員を養える賃金を提供する．こうして，〈企業における女性差別的雇用制度＝家庭における性別分業〉という均衡が形成される．

　このような均衡から脱却する可能性として，近年の社会経済環境の変化と，そのなかから生まれてきた革新的企業の経営改革に着目する．ステークホルダーの力関係の変化，少子化の進展，人口の高齢化，企業の社会的責任（CSR）重視の社会的風潮，これらの社会環境の変化を追い風に，女性が活躍する革新的企業が増えつつある．これら革新的企業の成長が〈企業における男女平等雇用制度＝家庭における男女平等分業〉という均衡への移行を実現する可能性を指摘する．

1. 課題と構成

　第5章では，抽象的なモデルを用いて，企業における女性差別的雇用制度，家庭における性別分業，ワーク・ライフ・バランス（以下，WLBと略す）を妨げる社会経済制度の三者の相互依存関係を分析した．本章では，このうち，とくに企業における女性差別的雇用制度と家庭における性別分業に着目し，日本的雇用制度の体系を形成する具体的な諸制度が，家庭における性別分業とどのように関係しているかを議論する．

　「終身雇用制度（長期雇用制度）」と「年功賃金制度」と「企業別労働組合」は日本的雇用制度の「三種の神器」と呼ばれてきた．海外の企業にもこのような制度がないわけではないが，日本の大企業において特徴的な制度であることは間違いない．しかし，これらは日本的雇用制度の現象面での特徴にすぎない．背後には，労働者の働くインセンティブや技能形成のインセンティブを高め，多様なステークホルダー間の利害調整メカニズムにおける日本的特徴がある．

　本書で用いる「日本的雇用制度」という言葉については，序章で簡単に定義したが，ここで正確に定義しなおそう．

> **日本的雇用制度：**
> 　日本的雇用制度とは，高度経済成長期にその基礎が形成され，二度の石油危機を経て1980年代に確立した，長期雇用に基づく人材育成を柱とした雇用制度である．それは，長期雇用制度，年功賃金制度，企業別労働組合，職能資格制度，企業内人材育成制度，内部昇進制度，等々の相互依存的な諸制度（慣行も含む）からなる体系である．現在，日本的雇用制度は，バブル経済崩壊以降に起きた社会経済環境の変化に対応した新しい雇用制度へと変容しつつある．

　このように，本書では「日本的雇用制度」を1980年代に典型的だった雇用制度と捉えている．しかし，日本的雇用制度の諸特徴は，現在も多くの日本企業が共有しており，決して過去の制度というわけではない．ただ，バブル経済崩壊後，多くの企業が制度の見直しを進めたため，企業の雇用制度は1980年代と比べて多様化している．

第6章 なぜ日本の雇用制度のもとでは女性が活躍しにくいのか

　本章の分析が従来の日本的雇用制度に関する分析と比べて異なるのは，以下の点である．長期雇用制度や年功賃金制度のもとで働いている労働者の大半は男性である．したがって，日本的雇用制度の分析は，男性労働者の雇用制度の分析に過ぎなかった．それに対し本章では，企業と男性と女性の経済的相互依存関係に着目する．つまり，日本的雇用制度は女性を基幹的職種から排除せざるをえないこと，排除された女性は男性（夫）に家事労働を提供して生活の糧を得ていること，日本的雇用制度は家事労働から解放された労働者を雇用する制度であることなどを示す．

　このような筆者の分析視角は，1990年台半ばに注目を集めた「企業社会論」あるいは「企業中心社会論」と呼ばれる研究アプローチに近い[1]．企業社会論は，企業による労働者の支配が家庭にまで及ぶ構造を，経済学的，社会学的に分析している．ただし，従来の企業社会論と比較して本章では，企業と男性と女性の経済的相互依存関係により重点を置いて分析している．また，効率的経営を追求する革新的企業の経営改革に女性差別克服の可能性があることを強調する点でも，本章の議論は企業社会論と異なる．このような分析視角は，第9章における日本的雇用制度と女性の活躍の関係についての計量分析や，終章における革新的企業によるWLB社会実現の展望につながる．

　本章の構成は，以下のとおりだ．第2節では，日本的雇用制度を理解するうえで重要な概念である内部労働市場について説明する．第3節で，日本的雇用制度と性別分業の相互依存関係を分析する．そして，第4節では，革新的企業による効率的経営の追求が，女性差別と性別分業の均衡状態から脱却するための原動力となる可能性を議論する．最後に，第5節で本章の議論をまとめる．

2．内部労働市場

　日本的雇用関係を理解するうえで最も重要な概念が内部労働市場（Internal Labor Market）だ．内部労働市場の概念はDoeringer and Piore（1985）によって提起された[2]．

---

[1] 企業社会論的アプローチによって日本企業の雇用制度を分析したものに，大沢（1993, 1995），木下（1995），木本（1995a, 1995b），熊沢（1995），本多（1995），森岡（1995）などがある．

[2] わが国では，小池和男が一連の研究で，内部労働市場論を展開している（小池 1977,

2. 内部労働市場

　新古典派経済学では，通常，労働力の分配は労働市場を通して行われると仮定される．企業は欠員があると求人広告を出し，労働者がそれに応募する．求人数が求職者数を上回れば，企業はより高い賃金を提示しなければ労働者を採用できない．逆の場合は，賃金を下げても労働者を採用できる．こうして，労働力の需要と供給が一致する水準に賃金が決まる．これが，労働市場の均衡である．

　しかし，実際に企業の労働力分配方法を見ると，労働市場を通して欠員を埋めるのはまれだ．たいていの場合，まず企業内部の人材で欠員を埋め，それができない場合に労働市場で人材を募集する．たとえば，部長が定年退職したとしよう．その場合，部長募集の求人広告を労働市場に出す企業は少ない．通常は，企業内の課長が昇進して部長になる．それによって新たに課長の欠員が生じるが，それは企業内の係長が昇進することによって埋められる．係長には主任が昇進する，等々というように，企業内で労働力の再分配を行い，最後に企業内では調整がつかないポストを労働市場に求める．通常，そのようなポストは，企業の最下層の仕事だ．

　このように，労働力の分配とそれにともなう報酬の決定という機能は，労働市場だけがもっているのではなく企業内部にも存在している．企業の内部にある労働力の分配と報酬決定の制度や慣習を Doeringer and Piore は内部労働市場と呼んだ．内部労働市場は歴史的にみても国際的にみてもきわめて一般的な現象であるが，内部労働市場を統制する規則や慣習は国によって大きく異なる，と彼らは指摘している．日本的雇用制度もそのような内部労働市場の一形態と捉えることができる．

　企業が労働市場によらず，企業内の人材を使って空きポストを埋めようとする理由の一つは，募集の費用を節約するためだ．多数の応募者から一人を選出することは非常に大きな時間的金銭的費用がかかる．企業内で昇進や異動のルールを決めておくとそのような費用を節約できる．また，さらに重要な理由は，企業内の人材であれば，それまでの人事考課の蓄積があるため，能力や適性を比較的正確に把握できることだ．企業外の人材の能力や適性の測定には限界がある．

　企業内での人材調達が制度として行われるようになると，雇用が長期化する．技能が上達し，知識が増えるにしたがって，より重要なポストに就くことがで

1997, 2005)．

きるからだ．内部労働市場が発達している企業では，新卒で採用され，転職を一度も行っていない生え抜き社員が管理職を占めることになる．

また，雇用が長期化すると，企業は企業内で人材を育成しようとする．企業が自ら人材育成をすることの利点の一つは，教育訓練にかかる費用以上の収益を得ることができることだ．教育訓練によって労働者の生産性が上昇すれば，訓練費用を企業が負担しても長期的には十分採算がとれる．もう一つの利点は，自分たちの企業に合った技能や知識（企業特殊人的資本）を身につけさせることができることだ．企業特殊人的資本を大学院や専門学校で身につけることは難しい．企業独自の教育訓練や仕事の実践を通した訓練が必要だ．

さらに，企業内での人材調達や人材育成は，労働者同士の競争を刺激する．上に行くほどポストは限られているため，そのポストをめざして労働者同士が競争し，能力や業績を高めようと努力する効果が生まれる．

日本的雇用制度は，このような内部労働市場が高度に発達した形態である．他の先進諸国と比べても，わが国の大企業に勤める男性労働者の勤続年数は長く，長期勤続を前提とした企業内人材育成制度や内部昇進制度が根付いている．

長期雇用を可能にしているのが，日本企業独特の雇用調整方法だ．長期雇用を可能にするには，不況や技術革新にともなう解雇をできるだけ避けなければならない．そのため，平時の人員をできるだけ抑え，限られた人員で多様な仕事をこなせるように労働者を訓練する．正社員として雇われている者は，突然の残業，休日出勤，出張など，企業の都合に応じて柔軟に働くことを要求される．平時には残業を行い，不況期には残業時間を削るという方法で雇用調整が行われる．それでも調整できない場合に，配置転換や出向による人員の再分配が行われる．解雇は最後の手段だ．

日本において内部労働市場が高度に発達した原因として，これまでは資本構造やステークホルダーの日本的特徴が注目されてきた．すなわち，戦後日本の経済発展の過程では，銀行からの借り入れによる資金調達が中心的な役割を占め，株式市場への依存度が小さかった．そのため，メインバンク制度が形成され，株主の発言力は弱かった．メインバンクは，企業経営が順調なときにはほとんど経営に介入せず，経営が危機に瀕したときに初めて派遣役員を通して経営に介入した．日本企業は，短期的な利益や効率性の追求を株主から迫られることなく，長期的な企業成長を経営目標としてきた．それが，労働者との間の長期安定的な関係を築く基盤となった．

そのような，資本構造の日本的特徴が日本的雇用制度を支えてきたことは疑いないが，それだけでは日本的雇用制度を十分に把握したとはいえない．日本的雇用制度の理解にはジェンダーの視点からの議論が不可欠だ．以下，この点について議論する．

3．日本的雇用制度と性別分業の相互依存関係

3.1　日本的雇用制度における企業・男性・女性の相互依存関係

図6-1は，日本的雇用制度における企業と男女の相互依存関係をマクロ的に見たものだ．図のなかの企業（C），男性（M），女性（F）はそれぞれ個々の企業や労働者を意味しているのでなく，わが国における企業全体，男性全体，女性全体を意味している．男女間の分業は個々の家庭内で行われるが，図はそれが社会に広く存在していることを意味している．実線の矢印はサービスや金銭の提供が行われていることを意味し，×印はそのような提供が行われていないことを意味する．

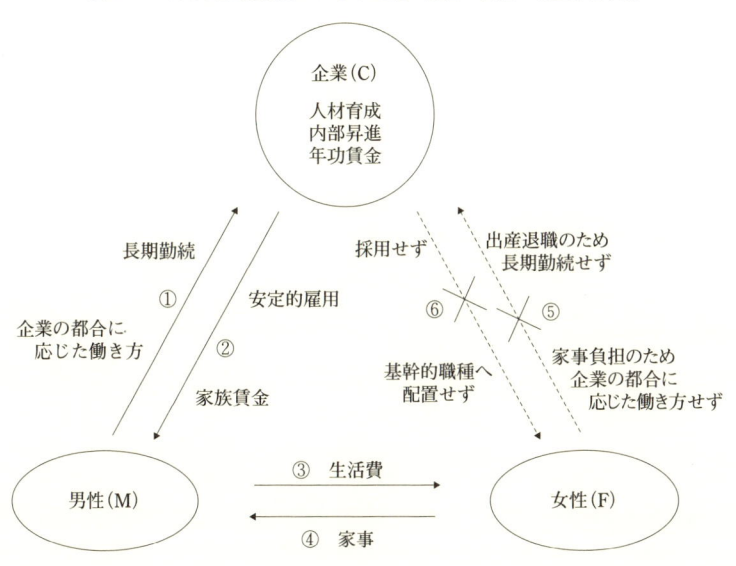

図6-1　日本的雇用制度における企業・男性・女性の相互依存関係

まず，企業と男性の関係に着目しよう．男性労働者は，企業に対し，長時間労働，突然の残業，休日出勤，出張，転勤といった企業の都合に応じた柔軟な働き方を提供する．それによって，企業は限られた数の社員を有効に活用し，採用と解雇を最小限に抑えることができる．また，ジャスト・イン・タイム制度のような，製品の柔軟な供給が可能になる．

さらに，男性労働者は自らの都合で辞めることなく，長期間同じ企業で働く．それによって，企業では長期雇用に基づく人材育成が可能になる．また，企業は内部昇進制度によって企業内での労働者間競争を活性化させる．労働者は勤続とともに技能が上がるため，賃金も勤続とともに上昇する．つまり，年功賃金制度ができる．年功賃金制度は同時に，労働者を企業に引き留める機能も果たす．もし，定年前に離職すると，将来の高い賃金を犠牲にすることになるからだ．このような雇用制度は労働者の生産性を高め，企業の競争力を高める．その結果，企業は労働者に安定的な雇用と，家族全員を養えるだけの高い賃金を支払うことができる．こうして，M⇒①⇒C⇒②⇒M という相互依存関係が成立する．

従来の日本的雇用制度の議論は，このような企業と男性労働者の関係を中心に見ていた．しかし，企業と男性労働者が安定的な関係を維持することができるのは，男性と女性の関係，および，企業と女性の関係がそれを支えているからだ．

そこで次に，男性と女性の関係，および，企業と男性の関係が相互に依存しあっている構造を考察しよう．男性労働者にとって，企業の都合に応じた柔軟な働き方ができるのは，彼らが家事や育児をする必要がないからだ．家事や育児に責任をもっている労働者は，突然の残業や休日出勤や出張などは簡単にはできない．女性から男性への家事の提供があるからこそ，それが可能なのだ．

逆に，女性から男性へ家事の提供を可能にするには，女性の生活費も男性が働く企業が支払わなければならない．それがいわゆる家族賃金だ[3]．企業は男

---

[3] 筆者は，家事労働がアンペイド・ワーク（unpaid work）であるという立場をとらない．アンペイドを「賃金が支払われていない」と定義するなら家事労働は確かにアンペイド・ワークだが，アンペイドを「不払いの」と定義するなら家事労働はアンペイド・ワークではない．フェミニストは，女性が家庭において不払い労働を強いられ，搾取されていることが，女性抑圧の根源だとする．しかし，妻は夫から生活費を得ている．だからこそ，夫の要求に応えなければならないのである．夫婦間の経済的不平等（搾取）を証明しようと

性労働者に対し，企業の都合に応じた柔軟な働き方を要求する代わりに，安定的な雇用と家族全員を養える賃金を支払っているのである．つまり，F⇒④⇒M⇒①⇒C⇒②⇒M⇒③⇒F という企業と男性と女性の依存関係が存在している．

　以上は，企業と男性と女性の関係を，男性を中心に見てきた．今度は，三者の関係を，女性を中心に見よう．女性は男性に対し家事の提供を行うため，男性のように企業の要求に応じて柔軟に働くことはできない．また，出産後はとくに家事・育児負担が増えるため，企業を退職せざるをえない．あるいは見方を変えれば，女性は男性から生活費を得ているので，企業の都合に応じた働き方をする必要がない．家事や育児が忙しい時期は企業に労働力を提供する必要がない．そのような働き方しかできない（しない）女性を，内部労働市場が発達している企業は採用しないか，採用しても男性同様に訓練をしたり基幹的な仕事には就けたりしない[4]．女性は企業から十分な生活費を得られないため，男性に家事を提供して生活費を受け取る．つまり，M＝③④＝F⇒⑤⇒C⇒⑥⇒F＝③④＝M という関係が存在している．

3.2　基幹的職種からの女性の排除

　ここで，重要な点は，企業と女性の関係が遮断されていることが，女性と男性の関係（性別分業）を強固なものにし，それが男性と企業の関係を安定的なものにしているということだ．これは，第5章の理論モデルでも確認された．もちろん，個々の企業は，男性労働者を家事・育児から解放するために女性を基幹的職種から排除しているわけではない．単に女性労働者が企業の要求する働き方をできないから排除しているにすぎない．しかし，マクロ的に見れば，企業が基幹的職種から女性を排除することで，男性は家事・育児をする必要がなくなり，企業への安定的で柔軟な労働供給が可能になる．

　つまり，ここには外部経済が存在している．企業は一人の女性労働者を職場

　するならば，消費の夫婦間格差が稼得労働と家事労働を合わせた総労働の夫婦間格差に比して不釣合いであることを示さなければならない．アンペイド・ワークという概念に対する論理的な批判として森田（1997）がある．

4　黒澤（2006）は，同じ企業に働く男女を比較すると，男性のほうが女性より Off-JT を受講する確率が高く，その差は大企業ほど大きいことを発見している．一方，自己啓発を行う確率については男女差が見られない．

第6章 なぜ日本の雇用制度のもとでは女性が活躍しにくいのか

から排除することで，その女性労働者の配偶者が働く企業に対し安定的で柔軟な男性労働力を提供している．日本的雇用制度は，労働市場からの女性の排除という企業の意図せぬ協力関係の上に成り立つ制度なのだ．

さらに，女性と企業の関係が遮断されていることによって，家庭は夫の勤務する企業を通じて生活費を獲得するしかないため，家庭の企業への従属性が高くなる．もし，妻が夫と同等の収入を得ていれば，たとえ夫が職を失ってもある程度は生活が可能であるが，妻の所得がなければ，夫の失職は家庭には耐えられない．ゲーム理論の用語を使うと，片稼ぎ家庭は，共稼ぎ家庭と比べて，賃金や労働条件に関する対企業交渉の「威嚇点」が低いといえる．日本社会は，企業活動を優先した「企業中心社会」であるといわれるが，それは家庭の対企業交渉力の弱さに起因しているのではないだろうか[5]．

図6-2は，図6-1をミクロ的に見たものだ．図6-1はすべての企業，すべての男性，すべての女性を集計してその相互依存関係を見ているが，図6-2は，個々の企業，一人一人の男性，一人一人の女性を図にしている．女性が基幹的職種から排除される日本的雇用制度のもとでは，従業員である夫（父）を通して家族全員が企業に依存する企業中心社会となることをこの図は示している．

図6-2 片稼ぎ社会（企業中心社会）

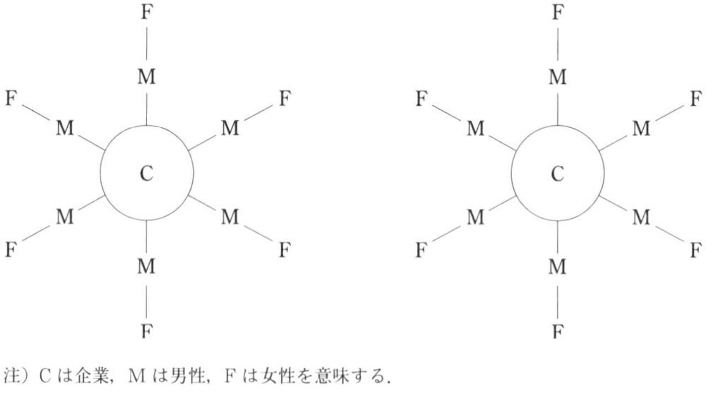

注）Cは企業，Mは男性，Fは女性を意味する．

---

[5] 家計の対企業交渉力を弱くしているもう一つの要因は，転職市場の未発展だ．転職市場が十分発展していないと，一旦離職すると失業期間が長くなり，家計にとって大きな負担となる．ただし，転職市場の未発展は企業にとっても中途採用が困難になり，現役社員への依存が高まる．

4. 〈企業における女性差別的雇用制度＝家庭における性別分業〉均衡からの脱却

図6-3 共稼ぎ社会

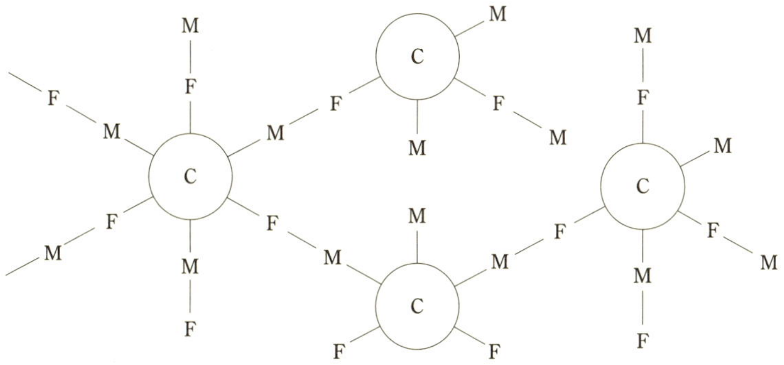

注) Cは企業, Mは男性, Fは女性を意味する.

このような状況では，家庭の収入源が一つしかないため，離職のリスクが大きい．人々は企業にしがみつく．日本企業独特の企業風土が形成され，企業のためなら法律違反も厭わないという働き方が賞賛されることすらある．

それに対し，図6-3は，共稼ぎ社会の企業と男女の相互依存関係を表している．家庭は二つの収入源があるために，企業への依存度が低い．組織に縛られることなく，自ら組織を選択することが可能となる．また，男女の関係もより自由なものとなる．女性に収入源があることで，男性への依存度が低くなる．

4. 〈企業における女性差別的雇用制度＝家庭における性別分業〉均衡からの脱却

4.1 革新的企業

わが国が，〈企業における女性差別的雇用制度＝家庭における性別分業＝WLBを妨げる社会経済制度〉の均衡から脱却し，〈企業における男女平等雇用制度＝家庭における男女平等分業＝WLBと整合的な社会経済制度〉の均衡へ移行する可能性はあるだろうか．WLB政策の充実によって，理論的には平等な均衡への移行が可能であることはすでに議論した．ただし，国民負担の増大によるWLB政策の実施は，共稼ぎ世帯が少ない現状では，なかなか支持が得られない．さらに，税や社会保障の負担を嫌い，小さな政府を志向する国民

性から考えても，国民負担の増大による WLB 政策の実施は，簡単には実現しそうにない．

では，それら以外に，理論的にはどのような方法が可能であろうか．第 5 章でも言及したように，筆者は，均衡戦略に飽き足りず絶えず新たな戦略を模索する革新的企業が，その可能性をもっていると考える．革新的企業の多くは，経営改革の一環として，女性の活用に力を入れているからである．ある革新的企業が低い費用で WLB 施策を実施するノウハウを獲得し，女性の活用に成功すれば，その企業には多くの女性が応募し，より優秀な女性を採用することが可能になる．それによってその企業の生産性が上昇する．すると他の企業もそのような施策を取り入れようとする．WLB 施策のノウハウが他の企業にも普及すると女性の雇用が増え，共稼ぎ夫婦が増える．それによって，国民負担による WLB 政策にも支持が集まり，女性の離職確率が低下する．

現在，わが国ではそのような革新的企業が次々と出現している．そして，革新的経営戦略がより高い確率で成功するような方向に，経済環境の変化が起きている．以下では，経済環境の変化が女性の活躍に及ぼしている影響を見ていく．

4.2 社会経済環境の変化

第 3 節の議論は，1980 年代の典型的日本的雇用制度を念頭に置いていた．日本企業をめぐる経済環境は，その後バブル経済の崩壊を経て大きく変わった．それによって，日本的雇用制度と性別分業の特徴が劇的に変わったわけではないが，いくつかの顕著な変化が見られる．以下では，ここ十数年の経済環境の変化が日本的雇用制度と性別分業にどのような影響を与えているかを議論しよう[6]．

第一の変化は，ステークホルダーの力関係の変化だ．長期の安定的な経営を保障していた間接金融と株式の持合が後退し，株主の発言力が上昇しつつある．後で詳しく紹介する「企業のコーポレート・ガバナンス・CSR と人事戦略に関する調査」（労働政策研究・研修機構，2005 年）は[7]，企業に対し「これまで発言力が強かった利害関係者」と「今後，発言力を持つと思われる利害関係者」

---

[6] バブル経済崩壊後の日本的雇用制度の変化を体系的に分析したものに八代（1997），稲上（2005）などがある．ただし，いずれもジェンダーに焦点を合わせたものではない．

[7] 同調査の詳細については，労働政策研究・研修機構（2007a）を参照されたい．

4．〈企業における女性差別的雇用制度＝家庭における性別分業〉均衡からの脱却

（いずれも七つの選択肢から三つを選択）を尋ねている．「取引先銀行」を「これまで発言力が強かった利害関係者」にあげていた企業は40％であったのに対し，「今後，発言力を持つと思われる利害関係者」にあげていた企業は28％にすぎない．逆に「個人投資家」は，「これまで」が19％であったのに対し，「今後」は33％へ，「機関投資家」は同じく36％から56％へそれぞれ上昇している．

　ステークホルダーの変化は，企業の経営目標の変化に反映されている．同調査では「これまで，重視度が最も高かった項目」と「今後，最も重視していきたい項目」を尋ねている（いずれも六つの項目から一つを選択）．それによると，「売上高や市場シェアなど，規模の成長性を示す指標」が「これまで，重視度が最も高かった項目」だったと回答した企業は40％であったのに対し，それを「今後，最も重視していきたい項目」にあげた企業は6％にすぎない．逆に「ROAなど，資産活用の効率性を示す指標」は，「これまで」4％から「今後」12％へ，「ROEなど，株主資本の効率性を示す指標」は同じく4％から20％へ，「EVAやキャッシュフローなど，残余利益を示す指標」は1％から15％へとそれぞれ上昇している．つまり，規模重視から効率重視への変化が見てとれる．同時に，中長期的な目標からより短期的な目標へと変わったともいえる．成長のためには一時的な利益の減少も許されるが，ROAやROEが目標になると一期ごとの成果が問われるからだ．

　さらに，このような短期的な目標へのシフトによって，長期的な人材育成が変容している可能性がある．「一人前になるまでの必要期間」が早くなっているか遅くなっているかを尋ねた質問への回答によると，「一人前になるまでの必要期間」が「早まっている」と回答した企業が5％，「やや早まっている」が32％であるのに対し，「やや遅くなっている」は10％，「遅くなっている」は0％にすぎない．長期的な人材育成から，より短期間で成果が上る人材育成方法へとシフトしている可能性を示している．また，近年パートタイムや派遣労働者など，非正規労働が増加している背景にも，長期的な人材育成の見直しがあると考えられる．

　経営目標の短期化とそれにともなう人材育成の短期化は，女性労働者の活躍の可能性を高める．企業は離職確率よりも能力を相対的に重視して採用するようになるため，男性労働者と比較して離職確率が高いという女性労働者の弱点がそれほど重要でなくなるからだ．この点については，第9章の実証研究でさ

らに分析する．

第二の変化は，女性の学歴上昇だ．1990年における女性の大学進学率は，15.2%だったが，2007年には40.6%に上昇した．この間，男性の大学進学率も33.4%から53.5%に上昇したが，女性の伸び率のほうがはるかに大きい[8]．先進諸国では，女性の大学進学率が男性を上回る国が多いので，わが国でもやがて逆転するかもしれない．

女性の進学率上昇は，女性の労働能力を高めるのみならず，就業意欲の向上をももたらす．優秀で意欲ある女性労働力を活用できるか否かが，企業の業績を大きく左右する時代になりつつある．

第三の変化は，少子化の進展だ．政府は少子化対策として，育児休業法（1991年），エンゼルプラン（1994年），新エンゼルプラン（1999年），次世代育成支援対策推進法（2003年），少子化社会対策基本法（2003年）などの政策を相次いで打ち出した（括弧内は法律や政策が制定または策定された年）．これらの政策の基本は，仕事と育児の両立支援政策であり，保育サービスの充実，育児休業制度，育児期の柔軟な勤務形態などの実現をめざすものだ．

少子化対策は，子どもをもつ女性の就業を容易にし，妊娠や出産にともなう女性の離職を減少させる可能性がある．そうなれば，長期雇用制度に基づく人材育成という日本的雇用制度の根幹を変えることなく，企業内での女性の活躍が実現し，家庭における性別分業が変容するかもしれない．ただ，今のところ，妊娠や出産にともなう女性の離職はほとんど減っていない[9]．

第四の変化は，人口高齢化の進展だ．それによって大きな影響を受けたのが年功賃金制度である．1990年代後半からいわゆる団塊の世代が50歳代になったことで，年功賃金制度のもとで総人件費が自動的に上昇することになった．それが不況と重なり，企業にとっては賃金制度の見直しが不可避となった．そこで企業が相次いで導入したのが成果主義的賃金制度だ．成果主義的賃金制度導入の目的には，労働者間競争の刺激や公平な評価による生産性の向上があるが，年功賃金制度の見直しが重要な目的だったことは疑いない[10]．

8　文部科学省「学校基本調査」各年．http://www.mext.go.jp/b_menu/toukei/001/07073002/007/ssh 26.xls，2007年11月16日取得．

9　第1子出産時の有配偶女性の就業率は，1985-1989年が25.0%，2000-2004年が25.3%と，過去20年間ほとんど変っていない．（社会保障・人口問題研究所「第13回出生動向基本調査」http://www.ipss.go.jp/，2007年11月16日取得）．

4. 〈企業における女性差別的雇用制度＝家庭における性別分業〉均衡からの脱却

　年功賃金制度の見直しにより，賃金のうち勤続年数や年齢にリンクした部分が小さくなり，労働者にとっては長期就業のメリットが減った．長期雇用制度を支えてきた賃金制度の変容により，長期雇用制度はより脆弱になりつつある．

　第五の変化は，企業の社会的責任（Corporate Social Responsibility: CSR）を重視する風潮が定着しつつあることだ．近年，企業の不祥事がたくさん報道されるが，なかには従来ならばあまり問題にされなかったような事件も少なくない．企業は雇用を提供し，利益を上げていればいいという時代ではなくなった．

　そのような風潮を反映して，法令遵守（コンプライアンス）をCSRの最も重要な取組課題とする企業が多い．コンプライアンスには顧客や取引先や地域住民に対するもののみならず，従業員に対するもの（労働コンプライアンス）も含まれる．そして，コンプライアンスは単に法律に違反しないというだけでなく，法の精神を汲んでそれに沿った経営を行うことを意味する．したがって，労働コンプライアンスの重視は，残業時間の適正化や不払い残業の防止，育児休業制度等の育児支援策の利用促進，男女雇用機会均等化の推進などを促す可能性がある．事実，第9章の実証分析によれば，CSRに取り組んでいる企業は，女性労働者の積極的な登用（ポジティブ・アクション）にも熱心である．

　以上は，女性が活躍する革新的企業にとっては追い風となる社会経済環境の変化であるが，逆風となりつつある経済環境の変化も一つ指摘しておこう．それは，先進諸国で共通に進展している労働時間の延長傾向だ．かつては，経済発展とともに労働時間は短縮されるものとされ，事実そうなっていた．しかし，近年，アメリカをはじめとする先進諸国では，労働時間短縮傾向に歯止めがかかり，延長傾向すら見られる[11]．十数年前には，日本人に対して「働きすぎ」と厳しく批判してきたアメリカ人やイギリス人が，（統計によっては）今や日本人以上に働いている．経済活動がグローバル化した現在，先進諸国の労働時間延長化傾向は，わが国の労働時間短縮を難しくする．

　このように，最後にあげた傾向を除けば，バブル経済崩壊後の社会経済環境の変化は，女性が活躍する革新的企業にとって追い風となっている．このことは，〈企業における女性差別的雇用制度＝家庭における性別分業＝WLBを妨

10　小池（2003）は，わが国の大企業の報酬制度は世界的に見ても短期化が進んでおり，その原因はアメリカの報酬制度に対する誤解にあるとしている．

11　世界的な労働時間延長傾向については，森岡（2005）が詳しく議論している．

げる社会経済制度〉の均衡が以前ほどは安定的でなくなりつつあることを意味する．このような環境変化の後押しを受けて，女性が活躍する革新的企業が増えれば，社会が〈企業における男女平等雇用制度＝家庭における男女平等分業＝WLBと整合的な社会経済制度〉の均衡へと移行する可能性がある．

5．まとめ

　本章では，日本的雇用制度は女性差別なしには成り立たないことを明らかにし，日本的雇用制度と性別分業の相互依存関係を分析した．

　日本的雇用制度は，長期的人材育成を重視するために，長期勤続が期待できない女性は基幹的職種から排除される．また，家事や育児に対する責任があるために，残業や転勤など企業の要求に応じた柔軟な勤務ができないことも，女性が基幹的職種から排除される理由だ．基幹的職種から排除された女性は，家事・育児のほとんどを担う．そのため，男性労働者は家事・育児から解放され，企業での労働に専念することができる．企業は，男性労働者に対し，長時間労働，突然の残業，休日出勤，転勤など，企業の都合に応じた柔軟な働き方を要求する見返りとして，安定した雇用と家族全員を養える賃金を提供する．こうして，〈企業における女性差別的雇用制度＝家庭における性別分業〉という均衡が形成される．

　このような安定的な均衡から脱却する可能性として，近年の社会経済環境の変化と，そのなかから生まれてきた革新的企業の経営改革に着目した．ステークホルダーの力関係の変化，少子化の進展，人口の高齢化，CSR重視の社会的風潮などの社会環境の変化を追い風に，女性が活躍する革新的企業が増えつつある．

　経営改革と女性の活躍の関係については，第9章で詳しく分析する．また，革新的企業が活躍しやすい競争環境を整備するための政策については終章で議論する．

第 7 章 結婚や出産によって賃金はどう変わるのか：結婚・出産プレミアムの男女比較

要約

　本章では，結婚と出産が男女の賃金に及ぼす影響，すなわち，男女の結婚プレミアム／ペナルティと出産プレミアム／ペナルティに関する先行研究をサーベイし，さらに，わが国のデータを用いてそれらの実証分析を行う．主な発見は以下のとおりだ．

　まず，男性の結婚プレミアムは，結婚11年目までは上昇し，その後，下降に転じることがわかる．その原因として，妻が専業主婦となることで男性の生産性が上昇していることが考えられる．それを確かめるために，結婚後の妻の就業形態を説明変数としたモデルを操作変数法により推定するが，この仮説は支持されない．

　次に，女性の結婚ペナルティと出産ペナルティを推定する．最も信頼できるモデルによると，結婚によるキャリアの中断なども含めた結婚ペナルティは約8%，出産ペナルティは約4%である．勤続年数と経験年数を調整すると結婚ペナルティは6%に低下し，出産ペナルティはなくなってしまう．出産ペナルティの大部分は出産による就業の中断がもたらしていることがわかる．勤続年数や就業形態をすべて調整しても，わが国ではおよそ5%の結婚ペナルティが存在する．これは，海外の研究では見られない日本の特徴である．

　以上から，結婚や出産にともない女性の賃金はかなり低下することが明らかである．ただし，正社員として働き続ける女性にとっては，結婚や出産による影響は有意ではない．結婚ペナルティも出産ペナルティも，その最大の要因は，結婚や出産による就業の中断である．とくに，出産によるキャリアの中断の影響が量的には大きい．この研究結果は，仕事と家庭生活の両立を可能にすることがジェンダー賃金格差縮小にとって重要であることを示している．

1. 課題と構成

　わが国におけるジェンダー経済格差の原因は，女性差別的雇用制度，家庭内性別分業，ワーク・ライフ・バランスを妨げる社会経済制度という相互依存的な制度に根ざしていることを，第5章と第6章で見てきた．ただし，第6章までの議論は，結婚や出産自体が労働者本人の経済的地位にどのような影響を及ぼすかについて，詳細に議論してこなかった[1]．

　結婚や出産は賃金にどのような影響を及ぼしているのだろうか，なぜそのような影響があるのだろうか，またその影響は男女でどのように異なるのだろうか．これらの疑問に答えるため，海外ではこれまで多くの実証研究がなされてきた．本章では，それらの研究結果を紹介するとともに，日本のデータを用いて結婚や出産が男女の賃金に及ぼす影響を推定し，それらの原因を議論する．

　結婚や出産が賃金に及ぼす影響を推定することの意義として，次のことがあげられる．第一に，ジェンダー賃金格差のうち，結婚や出産によって生じている部分の大きさがわかる．結婚や出産が男女の賃金に及ぼす影響の非対称性を明らかにすることで，雇用制度に内在するジェンダー・バイアスを分析するための事実を提供することができる．

　第二に，結婚や出産が男女の賃金に影響を及ぼす原因をさらに細かく分析することで，女性の賃金を低下させている要因をより正確に知ることができる．たとえば，結婚にともなう職業，勤続年数，就業形態などの変化が，結婚や出産による賃金の変化に対しどの程度寄与しているかを分析することで，どの要因が賃金を変化させているのかを明らかにできる．

　アメリカを中心としたこれまでの研究では，結婚と出産が賃金に及ぼす影響は男女で大きく異なっていることが報告されている．これまでの研究結果によれば，最小二乗法（Ordinary Least Squares，以下OLSと略す）で推定すると，年齢，学歴，経験年数，勤続年数などを調整した上で，結婚は男性賃金に正の

---

[1] 出産が女性の就業に大きな負の影響を及ぼすことはよく知られている．たとえば，「第1回21世紀出生児縦断調査」（厚生労働省，2001年）によると，第1子出産前の女性の就業率は73.5%だったが，第1子出産後には24.6%に低下した．（厚生労働省「第1回21世紀出生児縦断調査の概要」，http://www.mhlw.go.jp/toukei/saikin/hw/syusseiji/01/index.html，2007年12月16日取得）．

第7章 結婚や出産によって賃金はどう変わるのか

影響があることが多いが，女性の賃金にはほとんど影響がない．また出産は男性賃金に正の影響があることが多いが，女性賃金には負の影響があることが多い[2]．

本章では，結婚（出産）が賃金に正の影響を及ぼす場合に「結婚（出産）プレミアムが存在している」といい，結婚（出産）が賃金に負の影響を及ぼす場合に「結婚（出産）ペナルティが存在している」という．ただし，男性の出産プレミアム／ペナルティとは，もちろん男性のパートナーの出産が男性の賃金に及ぼす影響を意味する．

本章の構成は以下のとおりだ．第2節では，結婚プレミアム／ペナルティと出産プレミアム／ペナルティの定義を行う．従来の研究では，定義が必ずしも明確にされていなかったが，議論をより厳密にするためには，これらの言葉の定義が必要だからだ．第3節では，先行研究をサーベイし，結婚（出産）プレミアム／ペナルティが発生する原因を議論する．第4節では，研究に使用したデータベースを紹介し，第5節で推定結果について議論する．最後に，第6節で議論をまとめる．

2. 結婚プレミアム／ペナルティと出産プレミアム／ペナルティの定義

結婚プレミアム／ペナルティや出産プレミアム／ペナルティに関する実証研究は多いが，それらは厳密に定義されているわけではない．通常は，学歴や経験年数などを説明変数として含む一般的な賃金関数に，有配偶ダミーや子どもダミーを加えて推定し，それらの係数が正であれば結婚／出産プレミアム，負であれば結婚／出産ペナルティと呼ばれることが多い[3]．

しかし，これらのダミー変数の係数は，その他の説明変数に何を使用するかで大きく異なる．もし仮に，賃金に影響を及ぼす主要な要因すべてが観察可能で，説明変数として利用できるならば，結婚や出産の係数はほとんど0になるはずだ．というのは，結婚や出産は，夫婦間分業や，働く母親への企業による差別など，何かを介して賃金に影響を及ぼしているからだ．つまり，「結婚→要因X→賃金」または「出産→要因Y→賃金」という連鎖を通して，結婚や

---

[2] わが国の出産ペナルティの研究としては，武内（2006）が本章と同じデータベースを用いて分析している．武内は育児休業の利用が賃金に及ぼす影響に注目して分析している．

[3] 出産ペナルティは，family gap と呼ばれることもある．

2. 結婚プレミアム／ペナルティと出産プレミアム／ペナルティの定義

出産が賃金に影響を及ぼす．もし，結婚や出産の係数が有意になるとしたら，要因 X や Y が説明変数に入っていないためだ．つまり，結婚プレミアム／ペナルティと出産プレミアム／ペナルティは，あくまで賃金に影響を及ぼす真の要因が推定式に含まれておらず，それと結婚や出産が相関していることを意味しているにすぎない．純粋な結婚プレミアム／ペナルティや出産プレミアム／ペナルティというものは存在せず，説明変数を条件としたペナルティ／プレミアムのみが存在する．

その前提の上で，結婚プレミアム／ペナルティと出産プレミアム／ペナルティを最も広く定義すると，次のようになる．

> **広義の結婚（出産）プレミアム／ペナルティ：**
> 結婚（出産）が直接・間接に及ぼす賃金への影響の総計を広義の結婚（出産）プレミアム／ペナルティという．

たとえば，結婚や出産によって，ある労働者の就業形態がフルタイムからパートタイムに変わったとする．それによって賃金が低下したとき，賃金低下の直接的原因は就業形態の変化であり，結婚や出産は間接的に影響しているにすぎない．しかし，広い意味では，この就業形態の変化による賃金低下も，結婚や出産の影響といえる．

賃金関数において就業形態を説明変数に使用すると，「結婚→就業形態変化→賃金低下」の経路は，就業形態の係数として捉えられ，有配偶ダミーの係数には表れない．結婚や出産が賃金に及ぼす影響をすべて把握しようとすれば，就業形態を説明変数に加えてはならない．

これに対し，狭義の結婚プレミアム／ペナルティと出産プレミアム／ペナルティは，以下のように定義できる．

> **狭義の結婚（出産）プレミアム／ペナルティ：**
> 広義の結婚（出産）プレミアム／ペナルティから，結婚（出産）によって影響を受ける要因 X を経由した賃金への影響を除去したものを，要因 X 調整済の結婚（出産）プレミアム／ペナルティという．

上の例でいえば，賃金関数の説明変数にパートタイム・ダミー変数を加えれ

ば，結婚や出産を契機に就業形態をフルタイムからパートタイムに変更したために生じた賃金低下は，パートタイム・ダミーで捉えられる．そのため，有配偶ダミーや子どもダミーの係数には，就業形態の変更を通した影響は含まれない．したがって，それら有配偶ダミーや子どもダミーの係数は，「就業形態調整済の結婚（出産）ペナルティ」とみなすことができる．

3. 先行研究

まず，結婚と出産が男女の賃金に及ぼす影響について，過去15年ほどの研究をサーベイする．主な文献は，表7-1から表7-3にまとめている．表7-1は結婚と出産が男性の賃金に及ぼす影響を推定した研究，表7-2は結婚と出産が女性の賃金に及ぼす影響を推定した研究，表7-3はそれらの影響について男女を比較した研究である．

とくに記述がない限り，次の原則で記載している．被説明変数は「時間あたり賃金の対数値」である．結婚の効果は「有配偶ダミー」の係数で，出産の効果は「子どもダミー」や「子どもの数」の係数である．通常一つの文献には多数の推定結果が掲載されているが，表には代表的と思われる結果のみを掲載している．ほとんどは，狭義のプレミアム／ペナルティで，どの要因を調整したかは，説明変数の欄を見ればわかる．効果は係数が5％水準で有意なものについてのみ，その係数の値を記載している．5％水準で有意でないものは，係数の値にかかわらず，すべて0と記載している．

3.1 男性の結婚プレミアムと出産プレミアム

表7-1と表7-3からわかるように，さまざまな要因を調整したうえで男性には結婚プレミアムや出産プレミアムがあると報告している研究が多い．被説明変数は賃金の対数値なので，プレミアムが0に近いときは，それを100倍すると，パーセントに近似できる．

OLS推定では，結婚プレミアムが0.1前後のものが多い．また，OLS推定による出産プレミアムは，1人目は0，つまりプレミアムがないという研究が多く，2人目はばらつきが大きいが，0.1以下のものが多い．他方，固定効果モデルや階差モデルでは，結婚プレミアムが0.1を超えるものはなく，プレミアムがないという結果の研究もある．固定効果モデルや階差モデルによって男

3. 先行研究

表 7-1 結婚・出産の賃金への影響に関する実証分析（男性）

文献	国	データ[a]	説明変数	推定方法[b]	サンプル	結婚の効果[c]	子どもの効果[c]
Reed & Harford (1989)	アメリカ	NLS of Youth	有配偶, 教育, 経験, 失業率	OLS	1979年：18-22歳	0	-
		同上	同上	同上	1982年：18-25歳	0.105	-
Korenman & Neumark (1991)	アメリカ	NLS of Young Men	有配偶, 離婚・別居, 扶養家族, 経験, 地域, 組合, 教育, 年次, コーホート, 職業, 産業	GLS（クロス・セクション）	1976年：24-34歳 1978年：26-36歳 1980年：28-38歳	0.11	0.04（1人あたり）
			同上	GLS（階差）	同上	0.06	0（1人あたり）
		ある企業の男性管理職と男性専門職の人事データ	有配偶, 経験, 勤続, 教育, 地域, 職階	多項ロジット, 被説明変数は「昇進ダミー」と「離職ダミー」	1976年：平均28.8歳	0.105（昇進確率）[d]	-
			上記に加えて, 人事考課	同上	同上	0.01（昇進確率）[d]	-
Loh (1996)	アメリカ	NLS of Youth	有配偶, 離婚・別居, 結婚期間, 妻の就業期間, 妻の学歴	OLS	1990年：25-33歳 白人	-0.118	-
			同上	兄弟固定効果	同上	0	-
Cornwell & Rupert (1997)	アメリカ	NLS of Young Men	有配偶, 扶養家族, 離婚, 経験, 地域, 組合, 教育	ランダム効果	1971年：19-29歳 1976年：24-34歳 1978年：26-36歳 1980年：28-38歳	0.083	0.052（1人あたり）
			有配偶, 扶養家族, 離婚, 経験, 地域, 組合	固定効果	同上	0.056	0.052（1人あたり）
Gray (1997)	アメリカ	NLS of Young Men	有配偶, 離婚・別居, 経験, 教育, 年齢, 地域, 都市, 組合, 子ども, 年次, 産業, 職業	OLS	1976年：24-34歳 1978年：26-36歳 1980年：28-38歳	0.106	-
			同上	同上	1989年：24-31歳 1991年：26-33歳 1993年：28-35歳	0.058	-
		NLS of Youth	有配偶, 離婚・別居, 経験, 地域, 都市, 組合, 子ども, 年次, 産業, 職業	固定効果	1976年：24-34歳 1978年：26-36歳 1980年：28-38歳	0.086	-
			同上	同上	1989年：24-31歳 1991年：26-33歳 1993年：28-35歳	0	-
Hersch & Stratton (2000)	アメリカ	National Survey of Families and Households	有配偶, 離婚, 別居, 死別, 婚姻期間, 子ども	固定効果	1987-88年：18-59歳 1992-94年：23-65歳 白人	0.078	0.033（6歳未満） 0（6-18歳）
			上記に加えて, 自身の家事時間	固定効果	同上	0.074	0.034（6歳未満） 0（6-18歳）
Ginther & Zavodny (2001)	アメリカ	NLS of Young Men	有配偶, 結婚期間, 年齢, 教育	OLS	1970年：18-28歳 1976年：24-34歳 白人, 妊娠前結婚	0.106（結婚直後） 0.20（結婚6年）	-
			同上	OLS	1970年：18-28歳 1976年：24-34歳 白人, 妊娠後結婚	0（結婚直後） 0.16（結婚6年）	-
		1980 Census	同上	OLS	1980年：19-34歳 白人, 妊娠前結婚	0.075（結婚直後） 0.17（結婚6年）	-
			同上	OLS	1980年：19-34歳 白人, 妊娠後結婚	0.036（結婚直後） 0.16（結婚6年）	-
Antonovics & Town (2004)	アメリカ	Minnesota Twins Registry	有配偶, 教育, 年齢, 勤続, 地域	OLS	1994年：39-58歳	0.19	-
			同上	兄弟固定効果	同上	0.26	-

a．NLS は National Longitudinal Survey の略。
b．被説明変数は, 特に説明のない限り, 時間あたり賃金の対数値。
c．結婚と子どもの効果は, 特に説明のない限り, 5％水準で有意でないものは「0」と表記している。「-」は, 効果が推計されていないか, 推計されていても報告されていないものである。
d．この効果は 5％水準で有意でない。

第7章 結婚や出産によって賃金はどう変わるのか

表7-2 結婚・出産の賃金への影響に関する実証分析（女性）

文献	国	データ[a]	説明変数	推定方法[b]	サンプル	結婚の効果[c]	子どもの効果[c]
Korenman & Neumark (1992)	アメリカ	NLS of Young Women	有配偶，離婚・別居，子ども，教育，地域	OLS	1982年：28-38歳	0	0（子ども1人） −0.18（子ども2人以上）
			上記に加えて，経験，勤続	同上	同上	0	0（子ども1人） −0.07（子ども2人以上）
			同上	2SLS（結婚，子ども：内生変数）	同上	0	0（子ども1人） −0.19（子ども2人以上）
			同上	階差	同上	0	0（子ども1人） 0（子ども2人以上）
Neumark & Korenman (1994)	アメリカ	NLS of Young Women	有配偶，子ども，経験，教育，地域	OLS	1982年[d]：28-38歳，白人	0	−0.074（1人あたり）
			同上	姉妹固定効果	同上	0	−0.050（1人あたり）
			同上	2SLS（結婚：内生変数），姉妹固定効果	同上	0.463	−0.104（1人あたり）
			同上	OLS	1982年[d]：28-38歳，黒人	0	0（1人あたり）
			同上	姉妹固定効果	同上	0	0（1人あたり）
			同上	2SLS（結婚：内生変数），姉妹固定効果	同上	0	0（1人あたり）
Waldfogel (1995)	イギリス	NCDS	子ども，経験，教育，年齢	SS	1981年：23歳 1991年：33歳	−	−0.1033（子ども1人） −0.2042（子ども2人以上）
			子ども，経験，教育	階差	同上	−	−0.0991（子ども1人） −0.1674（子ども2人以上）
			同上	固定効果	同上	−	−0.0907（子ども1人） −0.1609（子ども2人以上）
Waldfogel (1998a)	アメリカ	NLS of Youth	子ども，経験，教育，人種，年齢，年次	OLS	1979-83年：18-25歳 1987-91年：26-34歳	−	−0.0542（子ども1人） −0.1032（子ども2人以上）
			子ども，経験，教育，年次	階差	同上	−	−0.0583（子ども1人） −0.0998（子ども2人以上）
			同上	固定効果	同上	−	−0.0457（子ども1人） −0.1260（子ども2人以上）
	イギリス	NCDS	子ども，経験，教育，年齢	OLS	1981年：23歳 1991年：33歳	−	−0.0962（子ども1人） −0.1949（子ども2人以上）
			同上	階差	同上	−	−0.0991（子ども1人） −0.1674（子ども2人以上）
			同上	固定効果	同上	−	−0.0907（子ども1人） −0.1609（子ども2人以上）
Joshi, Paci & Waldfogel (1999)	イギリス	NSHD	子ども，出産継続就業，教育，経験，父親の社会階級，地域	「子どもあり」と「子どもなし」を別々に推計	1978年：32歳 フルタイム	−	0（子どもあり）
		NCDS	同上	SS	1991年：33歳 パートタイム	−	0（子どもあり）
			同上	同上	1991年：33歳 フルタイム	−	−0.643（子どもあり）
Harkness & Waldfogel (1999)	オーストラリア	Luxembourg Income Study	結婚，子ども，年齢，教育，人種，地域，都市	SS	1994年：24-44歳	0	0（子ども1人） −0.120（子ども2人）
	カナダ	同上	同上	同上	同上	0	−0.035（子ども1人） −0.050（子ども2人）

164

3．先行研究

表 7-2　つづき

Harkness & Waldfogel (1999)	イギリス	同上	同上	同上	1995年：24-44歳	0	−0.093（子ども1人） −0.255（子ども2人）
	アメリカ	同上	同上	同上	1994年：24-44歳	0.059	−0.067（子ども1人） −0.105（子ども2人）
	ドイツ	同上	同上	同上	同上	0	0（子ども1人） −0.107（子ども2人）
	フィンランド	同上	同上	同上	1991年：24-44歳	0.034	−0.044（子ども1人） 0（子ども2人）
	スウェーデン	Swedish Level of Living Survey	同上	同上	同上	0.033	0（子ども1人） 0（子ども2人）
川口(2001)	日本	消費生活に関するパネル調査	結婚期間，子ども，都市，学歴，年齢	SS	1997年：24-38歳	−0.015（1年あたり）	0（子どもあり）
			有配偶，長子年齢，都市，学歴，年齢，経験，勤続，雇用形態，規模，産業，職種	同上	同上	0	−0.009（1年あたり）
Nielsen, Simonsen & Verner (2003)	デンマーク	デンマーク人口の5％サンプル	有配偶，子ども，経験，教育，地域，職業，育児休業期間	OLS	1997年：20-40歳 公的部門	0	−0.0242（子どもあり）
			同上	同上	1997年：20-40歳 民間部門	0	0（子どもあり）
			有配偶，子ども，経験，教育，資産，地域，職業，育児休業期間	Switching	1997年：20-40歳 公的部門	0	0.0304（子どもあり）
					1997年：20-40歳 民間部門	0	−0.0597（子どもあり）

a．NLS は National Longitudinal Survey の略，NCDS は National Child Development Study の略，NSHD は National Survey of Health and Development の略．
b．SS は Self Selection（自己選択）モデルの略．2SLS は Two Stage Least Squre（二段階最小2乗法）の略．被説明変数は時間あたり賃金の対数値．
c．結婚と子どもの効果は，特に説明のない限り，5％水準で有意でないものは「0」と表記している．「-」は，効果が推計されていないか，推計されていても報告されていないものである．
d．1982年のデータが欠けている場合は，1978年，1988年，1975年，1973年のものを使用している．

第7章 結婚や出産によって賃金はどう変わるのか

表7-3 結婚・出産の賃金への影響に関する実証分析（男女比較）

文献	国	データ[a]	説明変数	推定方法[b]	サンプル	結婚の効果[c]	子どもの効果[c]
Hersch (1991)	アメリカ	独自に収集、オレゴン州の18企業	有配偶、子ども、経験、勤続、教育、人種、障害者	OLS	1986年：年齢不詳 男性	0.168	0（1人あたり）
			同上	同上	1986年：年齢不詳 女性	0	0（1人あたり）
			上記に加えて、自身の家事時間と育児時間	同上	1986年：年齢不詳 男性	0.165	0（1人あたり）
			同上	同上	1986年：年齢不詳 女性	0	0.041（1人あたり）
Hersch & Stratton (1997)	アメリカ	Panel Study of Income Dynamics	子ども、教育、経験、勤続、組合、地域、都市、家事時間	IV（家事時間：内生変数）SS	1979-87年：20-64歳、白人、有配偶、男性	-	0.0387（1人あたり）
			同上	同上	1979-87年：20-64歳、白人、有配偶、女性	-	0（1人あたり）
Waldfogel (1998b)	アメリカ	NLS of Young Men	子ども、経験、教育	OLS	1980年：平均31歳、男性	0.1191	0（子ども1人） 0.1030（子ども2人以上）
		NLS of Young Women	同上	同上	1980年：平均30歳、女性	0.0418	−0.0447（子ども1人） −0.0923（子ども2人以上）
		NLS of Youth	同上	同上	1991年：平均30歳、男性	0.1133	0.0401（子ども1人） 0.0401（子ども2人以上）
			同上	同上	1991年：平均30歳、女性	0.0407	−0.0979（子ども1人） −0.1093（子ども2人以上）
Hundley (2000)	アメリカ	NLS of the High School Class of 1972	結婚、子ども、資格、教育、勤続、地域、都市、産業	OLS	1986年：平均32歳 自営業、男性	0	0（子ども1人） 0.29（子ども2人）
			同上	同上	1986年：平均32歳 自営業、女性	0	−0.23（子ども1人） −0.25（子ども2人）
			同上	同上	1986年：平均32歳 雇用者、男性	0.17	0（子ども1人） 0（子ども2人）
			同上	同上	1986年：平均32歳 雇用者、女性	0	−0.11（子ども1人） −0.29（子ども2人）
Datta Gupta & Smith (2002)	デンマーク	デンマーク人口の5％サンプル	法律婚、事実婚、子ども、経験、職位、教育、地域	SS	1980年：18-40歳 男性	0.065	0（子ども1人） 0.015（子ども2人以上）
			同上	固定効果 SS	同上	0	0（子ども1人） 0（子ども2人以上）
			同上	SS	1980年：18-40歳 女性	−0.011	0（子ども1人） −0.019（子ども2人以上）
			同上	固定効果 SS	同上	0	0（子ども1人） 0（子ども2人以上）
Hellerstein & Neumark (2004)	アメリカ	1990 Decennial Employer-Employee Dataset	有配偶、性別、人種、教育、年齢、職業	Cobb-Douglas 生産関数と賃金関数の同時推計	1990年：平均39歳、男女	0.118（賃金）	-
			上記に加えて、資本、原材料、労働力の質	同上	同上	0.122（生産量）	-
			有配偶、性別、人種、教育、年齢、職業	Translog 生産関数と賃金関数の同時推計	同上	0.119（賃金）	-
			上記に加えて、資本、原材料、労働力の質	同上	同上	0.103（生産量）	-

a．NLSは National Longitudinal Survey の略．
b．被説明変数は、特に説明のない限り、時間あたり賃金の対数値．
c．結婚と子どもの効果は、特に説明のない限り、5％水準で有意でないものは「0」と表記している．「-」は、効果が推計されていないか、推計されていても報告されていないものである．

3. 先行研究

性の出産プレミアムを推定した研究は多くない．そのうちおよそ半数がプレミアムはないという結果を報告している．プレミアムの存在を報告しているものでは，0.052 が最大だ．

結婚や出産が男性に結婚（出産）プレミアムをもたらすのはなぜだろうか．先行研究はその原因として，主に次の三つを議論している．1）生産性上昇仮説，2）補償賃金仮説，3）独身者差別仮説である．いいかえれば，賃金を推定する際にこれらの要因を調整していないために，結婚ダミーや子どもダミーの係数が正になるという仮説だ．これらの仮説は，互いに対立するわけではない．

また，これら以外に，結婚（出産）プレミアムは推定の方法上の問題から生ずるバイアスにすぎないという仮説がある．これは，厳密にいえば，結婚（出産）プレミアムの原因に関する仮説というよりも，結婚（出産）プレミアムが正しく推定されていない原因に関する仮説である．以下，これらの仮説について説明する．

生産性上昇仮説

結婚や出産によって男性労働者の生産性が上昇する理由として，一つには夫や父親となった幸福感や責任感によって，働く意欲が向上することが考えられる．確かに，短期的にはそのようなことがあるかもしれないが，長期的に影響があるかどうかは疑問だ．経済学的により興味深いのは，夫婦間の分業が夫の生産性を上昇させているという仮説だ．

結婚すると妻が家事労働の多くを分担するため，夫は仕事に専念できる．したがって，夫はより多くの人的資本を蓄積することができ，生産性が上昇するため賃金が上昇する．この仮説の要点は，①結婚が男性の生産性を上昇させること，②その原因が夫婦間分業によること，の二つである．したがって，これを検証するには，(1)結婚によって男性の生産性が上昇すること，(2)夫婦間で極端な分業を行っているほど夫の結婚プレミアムが大きいこと，を示せばよい．

有配偶者の生産性を計測した研究としては Hellerstein and Neumark (2004) がある．彼らは，企業データと個人データをマッチさせ，生産関数と賃金関数を同時推計した．それによれば，有配偶者は無配偶者より生産性も賃金もおよそ10%高い[4]．これは，生産性上昇仮説を支持している．

---

4 Hellerstein and Neumark (2004) が使用したデータには女性も含まれる．彼らは男女

ただし，これには別の解釈も可能だ．「生産性の高い男性が結婚しやすい」という解釈だ．つまり，真の因果関係は逆で，結婚が生産性に影響しているのは見せかけにすぎないという解釈である．見せかけの影響については，後で詳しく説明する．

また，生産性を直接推定したものではないが，結婚と人事考課の関係を分析したものに Korenman and Neumark（1991）がある．彼らは有配偶男性の昇進確率は無配偶男性よりおよそ10%高いが，人事考課を説明変数として使用すると，結婚の効果がほとんどなくなることを発見した．このことから，有配偶男性の昇進における結婚プレミアムは，有配偶男性が人事考課で高く評価されるためであるとした．しかしこれにも別の解釈が可能だ．一つは，人事考課の高い人が結婚しやすいという逆の因果関係があるという解釈，そしてもう一つは，人事考課で無配偶者が差別されているという解釈である．

家庭内分業と結婚プレミアムの関係を検証したものに Loh（1996），Gray（1997），Hersch and Stratton（1997）がある．Loh は，夫婦間分業が結婚プレミアムの原因であれば，結婚後の妻の就業期間が長いほど夫の賃金は低くなるという予想の下に賃金関数を推定した．しかし，推定の結果，妻の就業期間は夫の賃金には影響を与えないことが明らかになったため，夫婦間分業が結婚プレミアムの原因ではないとの結論を下している．

他方，Gray は1980年代に男性の結婚プレミアムがおよそ40%低下したことを発見し，その原因が妻の労働供給の増加によるのではないかという予想を立てた．操作変数を使ったクロスセクションの推計では，妻の労働時間が夫の賃金に負の効果を持つことが明らかになったが，操作変数を使った固定効果モデルでは，妻の労働時間は夫の賃金に効果がなかった．

また，Hersch and Stratton は夫の家事労働時間が夫自身の賃金に与える影響を計測した結果，有意な影響がないことを発見している．このように，労働時間や家事時間など家庭内分業に関連する変数を夫の賃金関数に含めて推計する方法では，家庭内分業が夫の賃金に有意な効果をもつという推計結果は多くない．

の結婚プレミアムを区別せずに推定しているが，女性の割合は31.3%なので，推計結果は男性の結婚プレミアムをより反映したものと考えてよい．

補償賃金仮説

　夫婦間分業で稼得労働に責任をもつ男性は，労働環境を犠牲にしても賃金の高い仕事に就く可能性がある．Reed and Harford (1989) は，有配偶男性と無配偶男性の労働環境を比較した結果，前者は「重いものを運ぶ」，「不自然な姿勢で作業をする」など，悪い労働環境で働く代わりに高い賃金を得ていることを発見している．これは，労働環境と賃金にはトレードオフの関係があるという補償賃金仮説に基づいて，次のように解釈できる．すなわち，男性は結婚によってより高い賃金を得る必要が生まれるため，悪い労働環境の仕事も甘んじて受け入れているというものだ．

　ただし，別の解釈も可能だ．職場における効用よりも賃金を重視する男性が，結婚確率が高くかつ高い賃金を得ているという解釈である．この解釈によると，結婚と賃金の相関関係は見せかけにすぎず，因果関係があるわけではない．Reed and Harford はこちらの解釈をとっている．このような見せかけの相関関係については，バイアス仮説のところで議論する．

独身者差別仮説

　雇用主による独身者差別の可能性は，多くの研究者が言及しているが，計量分析によってそれを本格的に分析した研究は，筆者の知る限りない．結婚プレミアムのうち，生産性上昇仮説や補償賃金仮説で説明できない部分が差別の存在を示唆しているという解釈が一般的だ．もちろん，理論的には，人種差別や女性差別同様，独身者差別があっても不思議ではない．

　日本では雇用主による独身者差別があるのは，制度の上から明らかだ．たとえば，扶養家族手当てが賃金の一部として支払われている企業が少なくない．子どものいない独身者は扶養家族手当てを受け取る権利がない．

バイアス仮説

　バイアス仮説は先の三つの仮説とは次元が異なる．というのは，バイアス仮説は，結婚（出産）プレミアムの推定が誤っている理由についての仮説であり，結婚（出産）プレミアムそのものの原因についての仮説ではないからだ．

　これまでの多くの研究は，結婚（出産）プレミアム／ペナルティが，少なくとも部分的には，OLS推定のバイアスから生じた見せかけの影響にすぎないという仮説を支持している．つまり，OLS推定で，男性の有配偶ダミーや子

第 7 章 結婚や出産によって賃金はどう変わるのか

どもダミーが正の係数をもっているとしても，それは効果が過大に推定されているためだという．

OLS による男性の結婚（出産）プレミアム／ペナルティの推定にバイアスがかかる主要な原因は二つある．一つは，結婚や出産が賃金に影響を及ぼすと同時に，賃金が結婚や出産に影響を及ぼす場合だ．たとえば，給料が上がったので結婚する場合や，給料が下がったので子どもをもつのを先延ばしにするという場合がこれに当たる．これらの場合，結婚（出産）が実際に上昇させる賃金額を過大に推定してしまう．このようなバイアスは，同時方程式バイアスと呼ばれる．

同時方程式バイアスを避けるには，結婚や出産には影響を及ぼすが賃金には直接影響を及ぼさない変数を操作変数として使用するのが一般的だ．結婚や出産を被説明変数とし，操作変数を含む外生変数で推定し，その予測値を賃金関数の推定に用いる．

また，同時方程式バイアスを避けるユニークな試みとしては，Ginther and Zavodny（2001）が，予期せぬ結婚と計画的な結婚を比較するという方法を用いている．予期せぬ結婚とはいわゆる「できちゃった結婚」（妊娠後結婚）だ．彼らによると，パートナーが妊娠した後に結婚した男性は，妊娠前に結婚した男性より，結婚直後の結婚プレミアムが小さい．

妊娠後結婚の結婚プレミアムと妊娠前結婚の結婚プレミアムに差があることは，賃金上昇が結婚確率を高めるという，検証したい仮説とは逆の因果関係によって同時方程式バイアスが生じていることを意味している．なぜならば，妊娠後結婚の場合は結婚に計画性がないため，賃金上昇が結婚確率を高めるという因果関係が弱いからだ．したがって，結婚による賃金上昇の測定としては，妊娠後に結婚した男性の結婚プレミアムがより正確である[5]．

OLS による結婚（出産）プレミアム／ペナルティの推定におけるもう一つのバイアスは，モデルには含まれていない変数が結婚や出産と賃金の両方に影響を及ぼしている場合に生ずる．たとえば，コミュニケーション能力がそれに当たる．コミュニケーション能力が高ければ賃金が高いだろうし，結婚相手を見

---

[5] もちろん，妊娠後結婚でも「賃金上昇→結婚」という因果関係がある可能性を完全には否定できない．妊娠したからといって必ず結婚しなければならないわけではないし，結婚の意志があったから避妊しなかったのかもしれない．したがって，妊娠後結婚のサンプルが，同時方程式バイアスを完全に回避しているわけではない．

つけやすいだろう．しかし，そのような能力を捉える変数は，通常のデータベースには含まれていない．コミュニケーション能力を捉える変数なしに賃金をOLSで推定して，有配偶ダミーが正の係数を持ったとしよう．しかし，それは賃金と結婚がいずれもコミュニケーション能力と正の相関関係を持っているからであり，結婚自体が賃金を高めるためではない可能性がある．

このようなバイアスを避ける一般的な方法は，パネルデータを使用することだ．パネルデータとは，同一人物について複数年に渡って調査したデータのことである．たとえば，コミュニケーション能力が先天的なもので変化しないのであれば，パネルデータを用いた固定効果モデルや階差モデルで，その影響を完全に除去できる．固定効果モデルや階差モデルは，時間的に変動する要因の相関関係のみを捉えるからだ[6]．コミュニケーション能力は一つの例に過ぎない．容姿，生活環境，嗜好など，賃金と結婚に影響を及ぼすが容易に観測できない要因はたくさんある．

固定効果モデルや階差モデルを用いた分析には，Korenman and Neumark (1991)，Cornwell and Rupert (1997)，Gray (1997)，Hersch and Stratton (2000)，Datta Gupta & Smith (2002) などがある．表7-1と表7-3から明らかなように，複数の推定方法を比較している研究では，個人属性を排除した階差モデルや固定効果モデルの方が，個人属性を排除しないOLSやランダム効果モデルより小さな結婚プレミアムを推定している．このことから，観察できない個人属性が結婚プレミアムを過大推定しているようだ．

固定効果モデルを使用する代わりに，兄弟のデータを使って個人属性を除去しようという試みもある．Loh (1996) と Antonovics and Town (2004) がそうである．たとえば，兄弟の一方が既婚，他方が未婚であったとする．兄弟であれば，子どもの頃の家庭環境が等しいため，家庭環境に起因する個人属性は両者で等しい．したがって，両者の賃金を比較すると，家庭環境に起因する個人属性の影響を排除したより純粋な結婚の効果を計ることができる．さらに，Antonovics and Town のように一卵性双生児のデータを使用すると，遺伝子の差まで除去できる．

OLSの結果と兄弟固定効果モデルを比較することにより，観察できない個人属性が結婚プレミアムの原因か否かが推測できる．兄弟固定効果モデルを用

---

6 ただし，コミュニケーション能力が経験や努力によって変化するのであれば，固定効果モデルを用いても，その影響を完全に除去することはできない．

いると，OLS より結婚プレミアムが大きくなるようだ．Loh の分析では，OLS を用いると結婚ペナルティが観察されたが，兄弟固定効果モデルでは有意な結婚ペナルティが計測されなかった．また，Antonovics and Town は兄弟固定効果モデルの方がやや大きな結婚プレミアムを計測しており，観察できない家庭環境によって結婚プレミアムが過大に推定されることはないと結論づけている．

3.2 女性の結婚プレミアム／ペナルティと出産ペナルティ

女性の結婚プレミアム／ペナルティの計測を試みた研究も多い．表 7-2 と表 7-3 に見られるように，OLS 推定では，経験年数を調整すると女性には結婚プレミアム／ペナルティがないという結論が大半を占める．固定効果モデルで結婚プレミアム／ペナルティを検出している研究はない．

他方，女性の出産ペナルティの存在は，多くの研究が報告している．0.1 を超える場合も珍しくない．子どもが 2 人いる女性のほうが，子どもが 1 人しかいない女性より出産ペナルティが大きい．固定効果モデルでも，ペナルティの存在を報告している研究が多いが，OLS 推定よりは，ややペナルティが小さく推定されている．

女性について結婚ペナルティの存在を報告した研究が少ないのはなぜだろう．その理由として考えられるのは，結婚と賃金の間に介在する主要な要因が通常の賃金関数の説明変数に含まれることだ．たとえば，結婚は女性の経験年数や勤続年数を短くし，パートタイム就業の確率を高くする．そして，それらが女性の賃金を低下させる．ところが，通常の賃金関数には，経験年数や勤続年数が説明変数として含まれる．したがって，結婚が原因の退職やパートタイムへの変更によってその後の賃金が低下したとしても，それは有配偶ダミーではなく，経験年数や勤続年数などの係数として捉えられる．これが，狭義の結婚ペナルティを小さくしており，時には結婚プレミアムが観察される理由ではないだろうか．したがって，結婚が賃金に及ぼす影響を総合的に捉えようとすれば（広義の結婚プレミアム／ペナルティを推定しようとすれば），賃金関数から経験年数や勤続年数の説明変数を除かなければならない．

他方，女性の出産ペナルティは，経験年数や勤続年数を調整しても多くの実証研究で観測されている．経験年数や勤続年数を説明変数として含めても子どもは賃金に負の効果を持っていることから，出産や育児によるキャリア中断の

3. 先行研究

影響以外の要因が母親の賃金を下げていることになる．

結婚（出産）ペナルティの原因として，1）生産性低下仮説，2）補償賃金仮説，3）既婚女性（母親）差別仮説の三つが考えられる．また，これら以外にバイアス仮説がある．以下，これらを順に見ていく．

生産性低下仮説

出産や育児による家事労働の負担が女性の生産性を妨げるとする説が生産性低下仮説だ．家事・育児の負担は，そのときの女性の生産性を低下させるだけでなく，キャリアの中断により将来の生産性も低下させる可能性がある．

Waldfogel（1995, 1998a）および Josi, Paci and Waldfogel（1999）は，出産後も継続就業している女性には出産ペナルティがほとんどないことから，出産や育児によって人的資本の蓄積が妨げられることが出産ペナルティの原因であるとしている．このことから，彼女らは，育児休業制度による仕事と育児の両立支援制度が充実すれば，女性の出産ペナルティは解消されると主張している．

補償賃金仮説

母親は，賃金を多少犠牲にしても仕事と子育てが両立しやすい労働条件の仕事を選択するかもしれない．これが補償賃金仮説だ．子どものいる女性がパートタイム就業を選択するのがよい例だ．パートタイム就業はフルタイム就業より時間の自由度が大きい代わりに時間あたり賃金は低い傾向がある．この場合，パートタイムのダミー変数があるモデルとないモデルの子どもダミーの大きさを比較すると，広義の出産ペナルティのうち，フルタイムからパートタイムに変わったことによって生じたペナルティの大きさを計測できる．

ところが，出産ペナルティの推計では，パートタイム・ダミーを使用している研究は少ない．例外的に Harkness and Waldfogel（1999）は，パートタイムの選択に着目し，イギリスの出産ペナルティが大きい理由として，パートタイムの賃金が低いことをあげている．

既婚女性／母親差別仮説

既婚女性や子どものいる女性に対する差別仮説を，計量分析によって直接検証した研究は，筆者が知る限り存在しない．他の要因で説明し尽せない場合に，

雇用主による差別の可能性が議論される．

　既婚女性や子どものいる女性に対する雇用主の差別自体は不思議なことではない．少なくともわが国では，結婚や出産を契機に会社から退職を促されたり，半ば強制的に辞めさせられたりしたという話はよく耳にする．また，出産退職した女性が，正社員として再就職するのは非常に難しい．したがって，出産ペナルティの一部が母親差別によるものである可能性は非常に高い．

バイアス仮説

　男性の場合と同様，バイアス仮説は，上記の三つの仮説とは次元が異なる．バイアス仮説は，結婚（出産）プレミアム／ペナルティ自体の原因に関する仮説ではなく，結婚（出産）プレミアム／ペナルティが正しく推定できない理由に関する仮説だからだ．

　OLS 推定による結婚（出産）プレミアム／ペナルティにはさまざまなバイアスが発生する可能性がある．女性の結婚（出産）プレミアム／ペナルティの場合には，男性のところで議論した同時方程式バイアスと観測できない要因によるバイアスのほかに，自己選択バイアスも重要なバイアスの原因だ．

　同時方程式バイアスは，結婚や出産が賃金に影響を及ぼすだけでなく，賃金が結婚や出産の決定に影響を及ぼすときに発生する．たとえば，賃金が高いために，結婚をせず未婚のまま仕事を続けるような女性がいる場合に同時方程式バイアスが生じる．この場合，OLS 推定では，結婚が賃金に及ぼす影響が負の方向にバイアスをもって推定される．Neumark and Korenman（1994）は，OLS 推定では結婚プレミアムが計測されなかったが，結婚を内生変数として操作変数を用いると，結婚は女性の賃金に正の影響を及ぼすことを発見している．つまり，賃金の低い女性のほうが結婚する確率が高いので，OLS 推定では結婚プレミアムが過小に推定されるというのが彼らの結果の解釈だ．

　観察できない要因が，結婚と賃金の両方に影響を及ぼしているため，結婚プレミアムの推定にバイアスがかかることを示した研究は多い．たとえば，観測できない要因として考えられるのは，稼得労働と育児に対する好みの個人差だ．稼得労働より育児が好きな女性は，おそらく賃金が相対的に低く，子どもの数が多いだろう．そのような好みの差を OLS 推定の説明変数として使用しないために，見せかけの出産ペナルティを生んでいる可能性がある．観測できない個人属性が時間とともに変化しないのであれば，パネルデータを用いて，階差

モデルや固定効果モデルを推定することによって，そのバイアスを取り除くことができる．

Korenman and Neumark（1992）および Datta Gupta and Smith（2002）は，OLS モデルを階差モデルや固定効果モデルにすると，出産ペナルティが有意でなくなることを発見している．つまり，出産ペナルティの主な原因は観察できない個人属性であることになる．

しかし，Waldfogel（1995, 1998a, 1998b）は，それと相容れない結果を報告している．OLS モデルも階差モデルや固定効果モデルも出産ペナルティの大きさはほとんど変わらない．彼女は，観察できない個人属性は重要な要因ではないと結論づけている．

自己選択バイアスとは，たとえば就業するか否かを労働者自身が選択するために，一部の人（通常は，もし働いていれば賃金の低い人）がサンプルから抜け落ちるために生じる．その結果，結婚の賃金への影響の推定において，正の方向にバイアスがかかる可能性がある．たとえば，結婚後，賃金の低い人は専業主婦になり，賃金の高い女性が労働市場で働く傾向があるとする．このとき，結婚が賃金に及ぼす影響がまったくなくても，結婚している人の平均賃金が未婚者の平均賃金より高くなる可能性がある．というのは結婚後，労働市場に残るのは賃金の高い人だけだからだ．

このようなバイアスを修正するには，通常，Heckman（1979）によって提唱された方法を使う．すなわち，就業には影響を及ぼすが，賃金には直接影響を及ぼさない変数を用いて就業確率を推定し，その結果を利用してバイアスを修正する．女性の賃金を推定する場合には，一般にそのような修正がなされる．表 7-2 と表 7-3 の推定方法の欄に SS（Self Selection の略）と表記しているのがそれである．

また，就業／非就業の選択ではなく，就業する産業や職業の選択を問題とする場合は，スイッチング回帰モデル（Switching Regression Model）を用いる．手法は Heckman の方法の応用である．女性が公的部門で働くか，民間部門で働くかを自己選択することによる出産プレミアムのバイアスを推定した研究に Nielsen, Simonsen and Verner（2003）がある．彼女らは，OLS とスイッチング回帰でそれぞれ公的部門と民間部門の出産プレミアム／ペナルティを推定し，比較している．その結果，公的部門では OLS 推定で出産ペナルティが観察されたが，スイッチング回帰では出産プレミアムが観察された．また民間部

門では，いずれも出産ペナルティが観察されたが，OLS よりスイッチング回帰のほうがペナルティが大きかった．

自己選択を調整することで，公的部門では出産ペナルティが小さくなり，民間部門では出産ペナルティが大きくなることから，出産後の賃金がより低い（それゆえ出産後の生産性がより低い）労働者が公的部門を選択する傾向があることがわかる．Nielsen et al. は，公的部門にはファミリー・フレンドリー施策があることによって，賃金上昇率の低い質の悪い労働者が公的部門に就職する傾向があると結論づけている．ただし，彼女らは賃金上昇率の低い労働者が公的部門で働く傾向があることの原因が，ファミリー・フレンドリー施策にあることの証明はしていない．

4．データ

次に，日本のデータを使い，結婚と出産が男女の賃金に及ぼす影響を推定する．使用するデータは，家計経済研究所の「消費生活に関するパネル調査」である．この調査は，1993 年に 24 歳から 34 歳の女性 1500 人を対象に始まった．1997 年には，24 歳から 27 歳までの 2 次サンプル 500 人が，2003 年には，24 歳から 29 歳までの 3 次サンプル 836 人が追加された．本章では，1993 年から 2003 年までのすべてのサンプルを用いる．一番若い女性は 24 歳，最も年齢が高い女性は 44 歳である．

記述統計量は補論の表 7-補-1 にある．女性については，未婚女性も既婚女性もサンプルに含めているが，離婚した女性はサンプルから除いている．結婚プレミアムや結婚ペナルティの解釈が複雑になるからだ．また，男性は，調査対象である女性と結婚している人のデータしかない．したがって，有配偶男性と無配偶男性を比較することはできない．また，男性の年齢は散らばりが大きいため，22 歳から 50 歳までの男性のみを選択した．

5. 推定結果

5.1 結婚・出産が男性の賃金に及ぼす影響

基本モデル

　男性は，有配偶者のサンプルしかないため，有配偶ダミーによる結婚プレミアムは測れない．しかし，もし結婚プレミアムが，結婚期間にかかわらず一定である部分と結婚期間とともに変化する部分からなっているならば，後者は推定することができる．その部分は，結婚期間が男性の賃金に及ぼす影響を推定すればよい．表7-4に推定結果をまとめている．表には結果を掲載していないが，すべてのモデルで，産業ダミー，企業規模ダミー，職種ダミー，年次ダミーを説明変数として用いている．また，モデル(1)と(2)は，学歴ダミーを説明変数として用いている．

　モデル(1)と(2)は OLS 推定を，モデル(3)と(4)は固定効果推定を行っている．結婚プレミアムと出産プレミアムについて議論する前に，モデル(1)の推定結果から年齢と勤続期間と経験年数が賃金に及ぼす影響を見ておこう．被説明変数は時間あたり賃金の対数値なので，係数を100倍すると，その説明変数が賃金をおよそ何％上昇させているかが計算できる．年齢の係数は正で有意であるのに対し，年齢2乗の係数は負であるが有意ではない．これらの係数から計算すると，年齢の影響は次第に小さくなり，やがて負となる．年齢の限界効果が0となるのは，計算上は80歳を過ぎてからだ[7]．サンプルは50歳以下の男性なので，サンプルの年代では年齢と賃金が正の相関関係にある．また，サンプルの平均年齢である36歳では，年齢の限界効果はおよそ1.5％である．

　勤続年数の係数は0.006だ．これは勤続とともに，賃金が毎年およそ0.6％上昇することを意味する．この上昇率は，少し低いように思えるが，勤続とともに結婚期間，結婚期間2乗，年齢，年齢2乗，経験年数の項も増加するので，実際の賃金上昇率は，これらの影響を合計しなければならない．

　経験年数は，現在働いている企業を含めたこれまでの全経験年数だ．現在の企業での経験年数の効果は，勤続年数の係数でも捉えられるので，経験年数の係数は，他企業での経験が賃金に及ぼす効果と解釈できる．経験年数の係数は

---

[7] 年齢の限界効果は，$0.025 - 2 \times 0.149 \times 年齢 / 1000$ によって求められる．

第7章 結婚や出産によって賃金はどう変わるのか

表 7-4 結婚期間・出産が男性の賃金に与える効果（被説明変数は時間あたり賃金の対数値）

説明変数	OLS		固定効果	
	(1)	(2)	(3)	(4)
結婚期間	0.015***	0.015***	-	-
	(0.003)	(0.003)		
結婚期間2乗/1000	−0.678***	−0.681***	−0.579***	−0.564***
	(0.152)	(0.154)	(0.175)	(0.183)
子どもダミー	−0.014	-	−0.009	-
	(0.013)		(0.018)	
子ども1人ダミー	-	−0.014	-	−0.009
		(0.014)		(0.018)
子ども2人以上ダミー	-	−0.015	-	−0.005
		(0.014)		(0.023)
年齢	0.025***	0.025***	-	-
	(0.009)	(0.009)		
年齢2乗/1000	−0.149	−0.149	0.215	0.216
	(0.117)	(0.117)	(0.132)	(0.132)
勤続年数	0.006***	0.006***	0.008***	0.008***
	(0.001)	(0.001)	(0.001)	(0.001)
経験年数	0.000	0.000	-	-
	(0.002)	(0.002)		
その他の説明変数				
学歴（5分類）	あり	あり	なし	なし
産業（12分類）	あり	あり	あり	あり
規模（7分類）	あり	あり	あり	あり
職種（7分類）	あり	あり	あり	あり
年次	あり	あり	あり	あり
観測数	7872	7872	7946	7946
Adj. R^2	0.234	0.234	-	-
R^2:within	-	-	0.060	0.060
R^2:between	-	-	0.148	0.153
R^2:overall	-	-	0.125	0.127
F test (p値)	-	-	0.000	0.000

注1）　括弧の中の数字は標準誤差を示す．
注2）　***は1％水準で，**は5％水準で，*は10％水準でそれぞれ有意であることを意味する．
注3）　経験年数は現在の企業と他社での経験年数の合計である．

ほとんど 0 で，他企業での経験はほとんど賃金に寄与しないことを意味している．ただし，サンプルの大半は失業経験がない人たちなので，年齢と経験年数と学歴ダミーの間で多重共線性が生じている可能性がある[8]．もし，多重共線性が生じていると，係数が不安定になる．

モデル(1)と(3)は子どものいるときに 1 を，いないときに 0 をとる「子どもダミー」を使用している．他方，モデル(2)と(4)は，子どもが 1 人だけいるときに 1 をとる「子ども 1 人ダミー」と，子どもが 2 人以上のときに 1 をとる「子ども 2 人以上ダミー」を使用している．

まず，OLS 推定の結果を見よう．いずれのモデルも結婚期間は賃金と有意に正の相関関係をもっているが，結婚期間 2 乗の項の係数は有意に負だ．このことは，結婚プレミアムは，結婚期間とともに上昇するが，やがてピークに達し，下降することを意味している．係数から計算すると，結婚プレミアムがピークとなるのは，およそ結婚 11 年後だ[9]．他方，子どもに関する変数の係数は有意でない[10]．つまり，出産プレミアムは観察できない．

観察できない共通要因の除去

海外の先行研究では，男性の出産プレミアムは固定効果推定では OLS 推定より小さくなる傾向がある．いいかえると，OLS 推定は正の方向にバイアスがかかっているという研究が多い．そのことは，賃金と出産に対し，同じ方向に影響を及ぼす第三の要因があることを意味している．たとえば，有能な男性は賃金が高く，また，期待生涯所得が高いゆえに子どもをもつ確率が高い．

表 7-4 の OLS 推定では，出産プレミアムは観測できないが，これにも海外の研究同様，正の方向にバイアスがかかっている可能性がある．そうであれば，

---

8 失業経験がなく，浪人や留年をしていない人は，
   年齢＝Σ卒業時標準年齢×学歴ダミー＋経験年数
となる．ただし，Σは，すべての学歴について合計するという意味である．サンプル内のすべての人についてこの式が成り立つときは，多重共線性が生じるため，推定式から年齢か経験年数のいずれかを除かなければ推定できない．

9 結婚年数の限界効果は，$0.015 - 2 \times 0.678 \times$結婚期間$/1000$ によって求められる．

10 本研究と同じ「消費生活に関するパネル調査」を使った川口 (2005a) では，OLS 推定で男性の出産プレミアムが観察されている．それは，年齢を説明変数に加えていないためだ．本研究で使ったサンプルでも，年齢を説明変数から除くと，有意な出産プレミアムが推定される．

第7章 結婚や出産によって賃金はどう変わるのか

観測できない共通の要因を取り除けば,出産ペナルティが存在するかも知れない.それを確かめるために,固定効果モデルを用いる.

固定効果モデルでは,年次ダミーと結婚期間と年齢の間に完全な多重共線性が生ずる.また,失業経験者が少ないために,経験年数と年齢の間にも多重共線性が生ずる可能性が高い.そこで,結婚期間と年齢と経験年数は説明変数から除く[11].

固定効果モデルの推定結果は,OLS推定とほとんど変わらない.子どもに関する変数の係数は有意でない.出産プレミアムも出産ペナルティも存在しないことが明らかになった.

家庭内分業による生産性上昇仮説

なぜ,結婚プレミアムは結婚後10年ほどの間上昇するのだろうか.それには以下のような理由が考えられる.この期間は一般に子どもの年齢が低いため,妻が専業主婦をする可能性が高い期間である.妻が専業主婦をすることにより,夫は仕事に集中できるようになり,生産性が高まるのではないだろうか.この家庭内分業による生産性上昇仮説を検証するために,結婚して現時点までの間で,妻が「常勤の職員・従業者」(以下,「常勤」と呼ぶ)として働いていた期間と専業主婦であった期間をそれぞれ計算し,それらを説明変数に使用する[12].仮説が正しければ,妻が常勤として働いていた期間は,そうでない結婚期間より夫の賃金に及ぼす効果は小さく,妻が専業主婦であった期間はそうでない結婚期間より夫の賃金に及ぼす影響が大きいはずだ.

それを確かめたのが表7-5である.モデル(1)から(3)までがOLS推定の結果,モデル(4)から(6)までが操作変数を用いた推定の結果だ.モデル(1)と(4)では妻が常勤をしていた期間を,モデル(2)と(5)では妻が専業主婦をしていた期間を,モデル(3)と(6)はそれら両方を説明変数に加えている.

---

11 結婚期間も年齢も毎年1ずつ増加する変数である.このようなトレンド変数は,固定効果モデルでは,年次ダミーとの間に完全な多重共線性が生ずる.また,調査期間中に失業経験のない人は,経験年数も毎年1ずつ増加するので,これも年次ダミーとの間に完全な多重共線性が生ずる.

12 妻の就業形態は,自営・家族従業・自由業,常勤の職員・従業員,パート・アルバイト,嘱託・その他,自宅で賃仕事(内職),学生,無職の七つに分けられている.このうち,常勤の職員・従業員(=常勤職員)と無職(=専業主婦)をそれぞれダミー変数として使用する.

5．推定結果

表7-5 妻の就業状態が男性の賃金に与える効果（被説明変数は時間あたり賃金の対数値）

説明変数	OLS (1)	OLS (2)	OLS (3)	IV (4)	IV (5)	IV (6)
結婚期間	0.014***	0.007**	0.0062*	0.013***	0.015***	0.025***
	(0.003)	(0.003)	(0.0033)	(0.003)	(0.005)	(0.011)
結婚期間2乗/1000	−0.613***	−0.454***	−0.440***	−0.654***	−0.669***	−0.740***
	(0.145)	(0.147)	(0.147)	(0.157)	(0.173)	(0.195)
妻が常勤の期間	−0.004***	-	0.0019	0.006	-	−0.027
	(0.001)		(0.0014)	(0.014)		(0.025)
妻が専業主婦の期間	-	0.008***	0.009***	-	−0.002	−0.010
		(0.001)	(0.001)		(0.004)	(0.010)
年齢	0.026***	0.026***	0.026***	0.024***	0.025***	0.031***
	(0.009)	(0.009)	(0.009)	(0.009)	(0.009)	(0.010)
年齢2乗/1000	−0.159	−0.164	−0.160	−0.133	−0.145	−0.201
	(0.117)	(0.116)	(0.116)	(0.122)	(0.117)	(0.129)
勤続年数	0.006***	0.006***	0.006***	0.006***	0.006***	0.007***
	(0.001)	(0.001)	(0.653)	(0.001)	(0.001)	(0.001)
経験年数	0.000	0.000	0.000	0.000	0.000	−0.002
	(0.002)	(0.002)	(0.002)	(0.002)	(0.002)	(0.003)
その他の説明変数						
学歴（5分類）	あり	あり	あり	あり	あり	あり
産業（12分類）	あり	あり	あり	あり	あり	あり
規模（7分類）	あり	あり	あり	あり	あり	あり
職種（7分類）	あり	あり	あり	あり	あり	あり
年次	あり	あり	あり	あり	あり	あり
観測数	7872	7872	7872	7872	7872	7872
Adj. R^2	0.235	0.240	0.240	-	-	-
過少識別検定（p値）	-	-	-	0.000	0.000	0.000
脆弱性検定（F値）	-	-	-	53.1	477.2	12.1

注1）　括弧の中の数字は標準誤差を示す．
注2）　***は1％水準で，**は5％水準で，*は10％水準でそれぞれ有意であることを意味する．
注3）　経験年数は現在の企業と他社での経験年数の合計である．
注4）　過少識別検定はLM検定である．「推定が過少識別されている」という帰無仮説を検定している．
注5）　脆弱性識別検定（Stock-Yogo Weak Identification Test）におけるStock-Yogo棄却限界値は，16.38（10％），8.96（15％），6.66（20％），5.53（25％）である．

モデル(1)では，妻が常勤の期間は，負で有意な係数をもっている．妻が常勤の場合は，妻がその他の就業形態をとっている場合と比べて，夫の結婚プレミアムの年間上昇率が0.004低い．たとえば，妻が常勤以外の就業形態の場合は，結婚1年目で0.014（およそ1.4%）プレミアムが上昇するのに対し，妻が常勤だと，結婚1年目のプレミアム上昇は0.010にすぎない．

逆に，モデル(2)では，妻が専業主婦の期間は，正で有意な係数をもっている．妻が専業主婦の場合は，妻が働いている場合と比べて，夫の結婚プレミアムの年間上昇率が0.008高い．たとえば，妻が専業主婦でないと，夫の結婚プレミアムは結婚1年目で0.007上昇するが，専業主婦だと0.015上昇する．

モデル(3)は，妻が常勤の期間と妻が専業主婦の期間の両方を説明変数としている．妻が常勤の期間の係数は，予想に反して正であるが有意でない．妻が専業主婦の期間の係数は正で有意である．

これらOLS推定の結果は，夫婦間の性別分業が夫の生産性を上昇させるという仮説をほぼ支持している．しかし，この推定結果は，夫の賃金上昇が性別分業を決定するという，仮説とは逆の因果関係を反映している可能性がある．夫の賃金上昇率が高いと，妻が常勤になる確率が低く，専業主婦になる確率が高い可能性がある．そうであれば，推定結果には同時方程式バイアスが生じている恐れがある．

そこで，同時法程式バイアスを修正するために操作変数を使って推定したのが，モデル(4)から(6)だ．操作変数として，モデル(4)と(5)は子どもの数を，モデル(6)は子どもの数と妻の年齢を用いている[13]．これらのモデルの推定結果を見ると，妻が常勤の期間の係数も，妻が専業主婦の期間の係数も有意でなくなっている．これらは，妻が常勤の期間も，妻が専業主婦の期間も，夫の賃金には影響を及ぼさないことを示している．すなわち，OLS推定の結果は，仮説とは逆の因果関係を捉えていたことになる．これらの結果は，アメリカにおけるLoh (1996), Gray (1997), Hersch and Stratton (1997)とも一致する．わが国でもアメリカでも，性別分業が極端であるほど夫の賃金が上昇するとは

---

13 子どもの数と妻の年齢を操作変数に用いるということは，これらの変数が，妻の就業状態には影響を及ぼすが，夫の賃金には直接影響を及ぼさないことを前提としている．子どもの数や妻の年齢が妻の就業状態に影響を及ぼすのは，広く知られた事実である．ただし，子どもの数は男性の賃金に直接影響を及ぼさないという仮定は，少し強い仮定であることは否めない．

5．推定結果

表 7-6　結婚・出産が女性の賃金に与える効果（OLS：被説明変数は時間あたり賃金の対数値）

説明変数	OLS (1)	(2)	(3)	(4)	(5)
有配偶ダミー	−0.198***	−0.175***	−0.140***	−0.124***	−0.077***
	(0.021)	(0.020)	(0.019)	(0.019)	(0.019)
有配偶ダミー×パート・ダミー	-	-	-	-	−0.140***
					(0.016)
子どもダミー	−0.238***	−0.218***	−0.158***	−0.152***	−0.159***
	(0.018)	(0.017)	(0.017)	(0.017)	(0.017)
年齢	0.060***	0.056***	0.038***	0.036***	0.037***
	(0.011)	(0.011)	(0.010)	(0.010)	(0.010)
年齢2乗/1000	−0.622***	−0.567***	−0.480***	−0.429***	−0.415***
	(0.176)	(0.165)	(0.000)	(0.156)	(0.156)
勤続年数	-	-	0.015***	0.016***	0.015***
			(0.001)	(0.001)	(0.001)
経験年数	-	-	0.008***	0.008***	0.005***
			(0.001)	(0.001)	(0.001)
パート・ダミー	-	-	-	−0.001	0.075***
				(0.011)	(0.015)
パート・ダミー×勤続年数	-	-	-	−0.021***	−0.020***
				(0.002)	(0.002)
ミル比の逆数	0.283***	0.264***	0.202***	0.207***	0.216***
	(0.029)	(0.027)	(0.026)	(0.026)	(0.026)
その他の説明変数					
学歴（5分類）	あり	あり	あり	あり	あり
産業（12分類）	なし	あり	あり	あり	あり
規模（7分類）	なし	あり	あり	あり	あり
職種（7分類）	なし	あり	あり	あり	あり
年次	あり	あり	あり	あり	あり
観測数	7552	7495	7495	7494	7494
Adj. R^2	0.157	0.261	0.307	0.320	0.327

注1）括弧の中の数字は標準誤差を示す．
注2）***は1％水準で，**は5％水準で，*は10％水準でそれぞれ有意であることを意味する．
注3）経験年数は現在の企業と他社での経験年数の合計である．

いえないようだ.

5.2 結婚・出産が女性の賃金に及ぼす影響

基本モデル

　表7-6 は女性賃金の推定結果である．女性のサンプルには専業主婦が多い．賃金は労働市場で働いている者しか計測できないため，自己選択バイアスの恐れがある．よって，ミル比の逆数を用いて，それを調整した．すべてのモデルは，学歴と年次ダミーを説明変数に加えているが，結果は省略している.

　モデル(1)から(5)まで，妻の就業にかかわる説明変数を順次加えていき，それが有配偶ダミーと子どもダミーにどのような変化をもたらすかを見ている．モデル(1)は，妻の就業に関する変数を用いない最も単純なモデルだ．広義の結婚ペナルティと出産ペナルティを推定している.

　推定結果は，結婚ペナルティが 0.198（およそ22％），出産ペナルティが 0.238（およそ27％）とかなり大きい．年齢の係数は正，年齢2乗の係数は負なので，年齢とともに賃金は上昇するが，上昇率は逓減する．サンプルの平均年齢32歳のときには，賃金は年齢とともにおよそ 2.1％上昇する[14].

　モデル(2)は，勤務先の産業ダミー，企業規模ダミー，職種ダミーを説明変数に加えている．それによって，結婚ペナルティと出産ペナルティがそれぞれ 0.023 と 0.020 低下した．つまり，結婚ペナルティも出産ペナルティもそのうちおよそ2ポイントは，結婚や出産を契機に産業や企業規模や職種を変更することによって生じていることがわかる.

　モデル(3)は，さらに勤続年数と経験年数を説明変数に加えている．モデル(2)と比べると，結婚ペナルティは 0.035，出産ペナルティは 0.060 低下している．これらのペナルティの低下は，結婚や出産による就業の中断を調整したために生じたものなので，結婚や出産を契機とした就業の中断による賃金低下を捉えていると解釈できる.

　モデル(4)は，さらにパート・ダミー，および，パート・ダミーと勤続年数の交差項を説明変数に加えている．ここで，パート・ダミーとは，「パート・アルバイト」または「嘱託・その他」（以下，これらをまとめて「パート」と呼ぶ）である場合に1を，常勤である場合に0をとるダミーである．パート・ダミー

---

[14] 年齢の限界効果は，0.060−2×0.622×年齢によって求められる．

5. 推定結果

と勤続年数の交差項は，勤続にともなう賃金上昇率が，常勤とパートではどの程度異なるかを捉えるために用いている．

推定結果は，パート・ダミーの係数は有意でないが，パート・ダミーと勤続年数の交差項の係数は負で有意だ．このモデルでは，勤続年数の係数は，勤続にともなう常勤の賃金の上昇率を捉えている．パート・ダミーと勤続年数の交差項の係数は−0.021であり，パートの賃金上昇率は，常勤の賃金上昇率より2ポイントほど小さいことがわかる．

モデル(4)の結婚ペナルティは，モデル(3)と比べて0.016低下している．また，モデル(4)の出産ペナルティは，モデル(3)と比べて0.006低下している．これらは，モデル(2)とモデル(3)の結婚ペナルティの差（0.035）や出産ペナルティの差（0.060）と比べてかなり小さい．つまり，結婚や出産を契機とした勤続年数や経験年数の変化が賃金に及ぼす影響と比べると，結婚や出産を契機とした就業形態の変化から生ずる賃金の低下はそれほど大きくない．

モデル(5)は，結婚ペナルティが，就業形態によって異なるかどうかを確かめるために，有配偶ダミーとパート・ダミーの交差項を説明変数に加えたものだ．有配偶ダミーの係数は常勤の結婚ペナルティを，有配偶ダミーとパート・ダミーの交差項は，常勤の結婚ペナルティとパートの結婚ペナルティの差を示している．推定結果，パートの結婚ペナルティは常勤の結婚ペナルティより0.140大きく，常勤の結婚ペナルティの3倍近いことがわかる．つまり，結婚前からパートをしていた女性のほうが，結婚による時間あたり賃金の低下が大きいことを意味している．

海外の研究で女性の結婚ペナルティを報告している研究は少ない．デンマークのデータを使ったDatta Gupta and Smith (2002)がOLS推定で，女性の結婚ペナルティを報告しているのが唯一の研究だ．ペナルティの大きさも0.011と小さい．これと比べて，本研究の結果は，勤続年数や就業形態を調整した上でもおよそ0.124と非常に大きい．わが国の女性の賃金が結婚によって大きく低下していることを示している．

観察できない共通要因の除去

OLS推定では，非常に大きな結婚・出産ペナルティが観察されたが，その推定にバイアスがかかっていないか確かめる必要がある．賃金と結婚（出産）に影響を及ぼす共通の要因が観察できないために推定式に含まれていない場合，

第7章 結婚や出産によって賃金はどう変わるのか

推定にバイアスが生ずる．たとえば，会社での仕事よりも家事や育児が好きな女性は，賃金が低いと同時に，結婚（出産）確率が高い可能性がある．しかし，そのような個人の嗜好を捉える変数の観察は難しい．この場合，個人の嗜好を調整せずに OLS 推定すると，結婚（出産）の影響を過大に推定してしまう．嗜好の影響までが，結婚（出産）の影響と捉えられてしまうからだ．そのような観察できない要因のうち，時間的に変化しないものは，固定効果モデルを用いることにより除去することができる．

表 7-7 が固定効果モデルの推定結果だ．男性賃金の推定でも述べたように，年齢と年次ダミーの間には完全な多重共線性があるので，年齢は説明変数から除いている．モデル(1)から(5)まで，女性の就業に関する説明変数を順次加えている．

モデル(1)は，広義の結婚ペナルティと広義の出産ペナルティを推定したものだ．結婚ペナルティは，0.076 で統計的に有意だ．出産ペナルティは 0.042 で，10％水準で統計的に有意だ．OLS 推定と比べると，結婚ペナルティが 0.122，出産ペナルティが 0.196 低下している．つまり，OLS 推定で得られた結婚ペナルティや出産ペナルティの大半は，推定式には含まれない要因がもたらしたバイアスである．しかし，それにもかかわらず，結婚ペナルティは強く有意であるし，出産ペナルティもやや曖昧（10％水準）ではあるが検出されている．

モデル(2)は，勤務先企業の産業と企業規模と職種を調整したものだ．結婚ペナルティも出産ペナルティもモデル(1)とほとんど変わらない．つまり，結婚や出産による勤務先や職業の変化は，賃金低下にはつながっていないことを意味する．

ところが，勤続年数や経験年数の影響を考慮すると，結婚・出産ペナルティがかなり低下する．モデル(3)をモデル(2)と比較すると，結婚ペナルティが 0.017，出産ペナルティが 0.042 低下している．その結果，出産ペナルティはなくなっている．このことから，出産ペナルティのほとんどは，出産による就業の中断がもたらしたものだといえる．

就業形態を調整したのがモデル(4)だ．パート就業を調整すると，結婚ペナルティはさらに 0.009 低下する．結婚による常勤からパートへの変更が賃金をおよそ 1％低下させていることを意味している．

このように，就業に関する主要な要因をすべて調整した上でも，およそ 5％

5. 推定結果

表 7-7　結婚・出産が女性の賃金に与える効果（固定効果：被説明変数は時間あたり賃金の対数値）

説明変数	固定効果				
	(1)	(2)	(3)	(4)	(5)
有配偶ダミー	−0.076***	−0.075***	−0.058***	−0.049**	−0.033
	(0.022)	(0.022)	(0.022)	(0.022)	(0.022)
有配偶ダミー×パート・ダミー	-	-	-	-	−0.067***
					(0.021)
子どもダミー	−0.042*	−0.045*	0.003	0.007	0.009
	(0.025)	(0.025)	(0.026)	(0.026)	(0.026)
年齢2乗/1000	−0.445***	−0.457***	−0.552***	−0.509***	−0.503***
	(0.141)	(0.141)	(0.140)	(0.140)	(0.140)
勤続年数	-	-	0.010***	0.012***	0.012***
			(0.001)	(0.001)	(0.001)
経験年数	-	-	0.027***	0.027***	0.025***
			(0.006)	(0.006)	(0.006)
パート・ダミー	-	-	-	0.004	0.040**
				(0.013)	(0.017)
パート・ダミー×勤続年数	-	-	-	−0.014***	−0.013***
				(0.002)	(0.002)
ミル比の逆数	0.087***	0.098***	0.075***	0.059**	0.059**
	0.028	(0.028)	(0.028)	(0.028)	(0.028)
その他の説明変数					
学歴（5分類）	なし	なし	なし	なし	なし
産業（12分類）	なし	あり	あり	あり	あり
規模（7分類）	なし	あり	あり	あり	あり
職種（7分類）	なし	あり	あり	あり	あり
年次	あり	あり	あり	あり	あり
観測数	7552	7495	7495	7494	7494
R^2:within	0.063	0.072	0.091	0.098	0.099
R^2:between	0.002	0.008	0.037	0.050	0.052
R^2:overall	0.003	0.015	0.082	0.113	0.116
F test (p値)	0.000	0.000	0.000	0.000	0.000

注1）　括弧の中の数字は標準誤差を示す。
注2）　***は1％水準で，**は5％水準で，*は10％水準でそれぞれ有意であることを意味する。
注3）　経験年数は現在の企業と他社での経験年数の合計である。

第 7 章　結婚や出産によって賃金はどう変わるのか

の結婚ペナルティがある．表 7-2 と表 7-3 から明らかなように，海外の研究では固定効果推定で女性の結婚ペナルティを検出したものはない．わが国は，結婚ペナルティがあるというだけでも例外的だが，しかも 5％という非常に大きなペナルティが存在している[15]．これは，どのような原因によるのだろうか．

結婚ペナルティをさらに分析するために，有配偶ダミーとパート・ダミーの交差項を説明変数に加えたのがモデル(5)だ．有配偶ダミーの係数は常勤職員の結婚ペナルティ，交差項の係数は常勤職員とパートの結婚ペナルティの差を示している．これによると，結婚ペナルティは常勤よりパートで大きいことがわかる．その差は 0.067（およそ 7 ポイント）で，パートの結婚ペナルティは常勤職員のペナルティのおよそ 3 倍だ．また，常勤には結婚ペナルティはあるが，統計的に有意ではない．

パートの結婚ペナルティが常勤職員より大きいことは驚くべきことではない．結婚後も常勤職員を続けている女性たちは，同じ企業で働いている可能性が高い．その場合，結婚による賃金の低下はないのが普通だ．一方，結婚後もパートを続けている女性の場合は，結婚にともなう転居や，家事との両立を優先するために，結婚を契機に職場を変わっている可能性がある．その場合，賃金が低下する可能性が高い．

やや意外なことではあるが，女性の出産ペナルティは，勤続年数や経験年数を調整すると有意でなくなる．海外の研究では，それらを調整しても有意のペナルティを推定しているものが少なくない．この違いが生ずる理由については，今後の検討課題としたい[16]．

15　本研究と同じデータベースを使った川口（2005a）では，固定効果推定による女性の結婚プレミアムは，勤続年数や就業形態を調整すると有意ではない．ただし，係数は本章の結果とあまり変わらない（説明変数が異なるので厳密には比較できない）．この違いは，サンプルの大きさの違いから生じていると考えられる．川口（2005a）では 1993 年から 2000 年までのサンプルを使用しているのに対し，本研究は 1993 年から 2003 年までのサンプルを使用している．サンプルが大きくなったことによって，標準誤差が低下した．

16　この違いが生ずる理由として次のようなことが考えられる．サンプルのなかには出産退職して，再就職していない女性が多い（ただし，若い女性が多いので，今後再就職する可能性は高い）．自己選択バイアスが正しく修正されていないと，潜在的に賃金の低い女性がサンプルから抜け落ちるため，出産後の賃金が過大に推定される可能性がある．

6．まとめ

　本章では，男女の結婚プレミアム／ペナルティと出産プレミアム／ペナルティに関する先行研究をサーベイした後，わが国のデータを用いて，それらの実証分析を行った．主な発見は以下のとおりだ．

　まず，男性の結婚プレミアムは，結婚11年目までは上昇し，その後，低下に転じることがわかった．その原因として，妻が専業主婦となることで男性の生産性が上昇していることが考えられる．しかし，結婚後の妻の就業形態を説明変数としたモデルを操作変数法により推定した結果，この仮説は支持されなかった．

　次に，女性の結婚ペナルティと出産ペナルティを推定した．固定効果モデルによると，結婚によるキャリアの中断なども含めた広義の結婚ペナルティは約8％で，広義の出産ペナルティは約4％だ．勤続年数と経験年数を調整すると結婚ペナルティは6％に低下し，出産ペナルティはなくなってしまう．出産ペナルティの大部分は出産による就業の中断がもたらしていることがわかる．勤続年数や就業形態をすべて調整しても，わが国ではおよそ5％の結婚ペナルティが存在する．これは，海外の研究では見られない日本の特徴である．

　以上から，結婚や出産にともない女性の賃金はかなり低下することが明らかになった．ただし，常勤職員として働き続ける女性にとっては，結婚や出産による影響は有意ではない．広義の結婚ペナルティも出産ペナルティも，その最大の要因は，結婚や出産による就業の中断である．とくに，出産によるキャリアの中断の影響が量的には大きい．この研究結果は，仕事と家庭生活の両立を可能にすることがジェンダー賃金格差縮小にとって重要であることを示している．

第 7 章 結婚や出産によって賃金はどう変わるのか

補論　記述統計量

表 7-補-1　記述統計量

変数	観測数	平均値	標準偏差	最小値	最大値
男性					
時間あたり賃金	7907	1573	748	504	9522
時間あたり賃金（対数値）	7907	7.282	0.379	6.223	9.161
有配偶ダミー	7907	1	0	1	1
結婚期間（年）	7907	9.670	5.105	1	26
結婚期間 2 乗	7907	119.6	108.6	1	676
妻が正社員の期間	7907	2.156	3.5	0	22
妻が専業主婦の期間（年）	7907	4.789	4.310	0	21
子どもダミー	7907	0.866	0.341	0	1
子ども 1 人ダミー	7907	0.239	0.426	0	1
子ども 2 人以上ダミー	7907	0.627	0.484	0	1
年齢	7907	36.08	5.546	22	50
年齢 2 乗	7907	1333	406.1	484	2500
勤続年数	7907	10.274	7.477	0	32.5
経験年数	7907	16.181	5.749	1	34.0
就業女性					
時間あたり賃金	7639	1078	469.6	500	4897
時間あたり賃金（対数値）	7639	6.913	0.356	6.215	8.496
有配偶ダミー	7974	0.547	0.498	0	1
有配偶ダミー×パート・ダミー	7940	0.329	0.470	0	1
子どもダミー	7974	0.465	0.499	0	1
年齢	7974	31.86	5.002	24	44
年齢 2 乗	7974	1040	328.9	576	1936
勤続年数	7974	4.787	4.867	0	26.5
経験年数	7974	10.386	4.546	0.167	26.5
パート・ダミー	7940	0.435	0.496	0	1
パート・ダミー×勤続年数	7940	0.934	2.057	0	18

注 1）経験年数は現在の企業と他社での経験年数の合計である。

第 8 章 男女が働きやすい職場とは:均等化施策とワーク・ライフ・バランス施策が賃金と就業継続意欲に及ぼす影響

要約

本章では,均等化やワーク・ライフ・バランス(以下,WLBと略す)に関する施策を熱心に推進している企業では賃金が高いのか,また,社員の就業意欲は高いのかを,わが国のデータを使って分析する.主な発見は以下のとおりである.

均等化やWLBを推進している企業ほど:
①女性の初任給が高く,男女の初任給格差が小さい.
②勤続にともなう賃金上昇率のジェンダー格差が小さい.
③女性の退職時期が遅い.
④40歳以上の女性の就業継続意欲が高い.
⑤男女とも賃金水準が高い.

①は,均等化を進めている企業やWLB施策を実施している企業では,優秀な女性を採用するために,初任給が高いためと推測できる.②は,均等化施策やWLB施策を実施している企業では,女性が配置・訓練・昇進などで均等に扱われるため,男性同様に賃金が上昇するためだろう.

③と④の結果は,WLB施策が女性の就業継続意欲を高める可能性を示している.⑤については,男女で少し傾向が異なる.均等度やWLBの指標が高い企業では,女性と若い男性の賃金水準は高いが,30歳代半ば以上の男性については,均等度やWLBの指標によっては逆の結果が出ることもある.

このように,均等化を進めている企業やWLB施策を実施している企業は,女性の賃金が高く,就業継続意欲が高く,女性が働きやすい企業であることがわかる.男性が働きやすいか否かは明確ではないが,少なくとも均等化施策やWLB施策を実施している企業では,そうでない企業と比べて,男性の賃金もやや高い.

1. 課題と構成

　わが国は，他の先進諸国と比べてジェンダー経済格差が非常に大きい．そしてそれは，「企業における女性差別的雇用制度」，「家庭における性別分業」，「WLB を妨げる社会経済制度」などの相互依存関係にある諸制度によって生み出されている．しかし，近年，企業を取り巻く社会経済環境は，女性を積極的に活用する企業が活躍しやすいものへと変わりつつある．このような社会経済環境の変化のなかで，さらに多くの女性活用企業が出現し，成長することで，〈企業における女性差別的雇用制度＝家庭における性別分業＝WLB を妨げる社会経済制度〉の均衡から〈企業における男女平等雇用制度＝家庭における男女平等分業＝WLB と整合的な社会経済制度〉の均衡へと移行する可能性がある．これが，これまでの章（とくに第 5 章と第 6 章）で議論してきた内容である．

　第 8 章と第 9 章では，そのような女性が活躍する企業の実態について，個票データを用いてより詳細に分析する．第 8 章では，均等化施策や WLB 施策が，男女社員の賃金と就業継続／退職行動に及ぼす影響を分析する．そして，第 9 章では，企業のコーポレート・ガバナンスと経営改革の関係，および，それらが女性の活躍にとってどのような影響をもっているのかを分析する．

　さて，本章の目的は，企業の均等化施策や WLB 施策が社員の賃金や就業継続／退職行動に及ぼす影響を分析することであるが[1]，このテーマに関する先行研究を簡単にサーベイしておく．

　均等化施策がジェンダー賃金格差に及ぼす影響を分析したものには，冨田(1988)，三谷(1997)，阿部(2005)がある．冨田は「女子労働者の雇用管理に関する調査」（労働省，1984 年），「賃金構造基本統計調査」（労働省，1984 年）などの産業別集計データを結合して，女性雇用管理が勤続にともなう賃金上昇率がジェンダー格差に及ぼす影響を分析している．そして，採用や事業所間配置転換における女性差別は，勤続にともなう賃金上昇率のジェンダー格差を拡

---

[1] WLB 施策には，趣味，自己啓発，ボランティア活動などと仕事の調和も含まれるが，本章では育児支援に焦点を合わせる．一つには，育児が女性の就業継続を難しくしている最大の理由であるためであり，もう一つには育児支援以外の WLB 施策のデータがほとんどないためである．

大させるが，配置における女性差別は逆にその格差を縮小させることを発見している．男女雇用機会均等法が施行される前の企業の均等度と賃金格差の分析をしている点で貴重な研究である．

三谷は「賃金事情調査」（大阪府，1988年）の企業調査と従業員調査の個票を結合して，企業の均等度が賃金格差に与える影響を分析している．その結果，均等度が低い企業ほど勤続とともにジェンダー賃金格差が拡大する傾向にあることを発見している．

阿部は「賃金構造基本統計調査」（労働省，2001年）と「女性雇用管理調査」（労働省，2001年）の個票を結合して，企業の属性が賃金に及ぼす影響を分析している．そして，女性を基幹的職務に配置している企業では，勤続にともなう賃金上昇率のジェンダー格差が小さいことを発見している．

このように，先行研究は企業の均等化と勤続による賃金上昇率のジェンダー格差に注目し，均等化が進んでいる企業ほどこのジェンダー格差が小さい傾向にあることを指摘している．これは，女性が活躍すれば，昇進・昇格の機会が増え，勤続にともなう賃金上昇率が男性に近づくことを意味している．理解しやすい結果であるし，経済理論とも整合的である．

一方，育児休業制度が女性の就業継続に及ぼす影響を分析した研究には以下のものがある．樋口（1994）は，「就業構造基本調査」（総務省，1987年）の個票と産業別の育児休業実施事業所割合を使用して，育児休業制度が女性の就業継続に及ぼす影響を分析している．その結果，育児休業制度は女性の就業継続に正の効果をもっていることを指摘している．

冨田（1994）は，「女性の雇用・労働の実態と課題に関するアンケート調査」（大阪府，1993年）を使用して，出産後も働く女性の割合と育児支援施策の関係を分析している．その結果，育児休業制度，事業所内託児所，年間労働時間が短いこと，短時間勤務制度，半日単位の有給休暇が就業継続女性の割合と有意に正の相関関係にあることを発見している．

森田・金子（1998）は，「女性の職業意識と就業行動に関する調査」（日本労働研究機構，1996年）を使って，女性労働者の初職の勤続年数と育児休業制度の関係を分析している．そして，育児休業制度が初職の勤続期間を長くしていると指摘している．

Waldfogel, Higuchi and Abe（1999）は，「消費生活に関するパネル調査」（家計経済研究所，1994-95年）を用いて，出産前に就業していた既婚女性が出

産後に就業を継続したか否かを分析している．その結果，育児休業制度がある企業に勤めている女性の就業継続率が有意に高いことを発見している．

駿河・張（2003）は，「消費生活に関するパネル調査」（家計経済研究所，1993-97年）を用い，育児休業制度が既婚女性の就業継続に及ぼす影響を分析している．そして，育児休業制度は既婚女性の就業継続に正の影響を及ぼしていると指摘している．

このように，先行研究は企業の育児休業制度を中心とした育児支援制度に着目し，それらが女性の就業継続／退職に及ぼす影響を分析している．そして，育児支援制度が女性の就業継続確率を高める傾向があると結論づけている．

さて，これらの先行研究と比較したとき，本章の研究には次の特徴がある．

第一に，本研究では，均等度やWLBを捉えるために多様な変数を用いる．企業の実態を捉える客観的指標のみならず，経営トップの方針や企業の実態に対する社員の評価などの主観的指標も用いる．均等度やWLBは，職場の雰囲気や上司の人柄・能力など客観的な指標だけではとらえられない要因によって左右される．それらを総合的に捉えるためには，社員による均等度評価やWLB評価が有用である．

第二に，従来の研究は（冨田（1994）を除けば）WLBの指標として育児休業制度の有無に着目してきたが，本研究では13種類の育児支援制度の有無を指標とする．さらに，制度の有無だけではなく，制度が利用されているか，制度の存在を社員が知っているかどうかもWLBの指標とする．分析の結果明らかになるように，制度の有無よりも，制度の利用度や，制度の周知度のほうが，賃金や離職行動と大きな相関関係をもっている．

第三に，均等度とWLBが男性の賃金や離職行動に及ぼす影響など，従来の研究があまり注目してこなかった側面にも光を当てる．均等化施策や育児休業制度は女性の賃金を上げ，離職確率を低下させることは従来の研究で明らかになっているが，男性への影響は明らかになっていない．女性が活躍する企業は男性にとっても望ましい企業なのかどうかを分析する．

本章の構成は以下のとおりだ．第2節では，予想される結果と推定にともなうバイアスの可能性を議論する．第3節で主要な変数の説明を行う．第4節で分析結果を議論し，第5節で議論をまとめる．

2．予想される結果

2.1　理論的予想

　均等化施策と WLB 施策が賃金と離職行動に及ぼす影響として，以下のようなことが予想される．

均等化施策の賃金への影響

　均等化施策は，配置，教育訓練，昇進などで男女を平等に扱おうとする施策である．企業の均等度や均等化施策を捉える変数を説明変数として用いると，これらの変数は女性の賃金に正の影響を及ぼすことが予想される．配置や教育訓練の機会が平等になれば，勤続年数や学歴などの属性を所与として，女性の技能や知識が高まり賃金が上昇するからだ．しかも，その影響は勤続年数とともにより大きくなることが予想される．技能や知識の蓄積が賃金に反映されるからだ．いいかえると，勤続にともなう女性の賃金上昇率が高くなることが予想される．

　他方，男性賃金への影響は，予想が難しい．女性の活躍が男性をも含めた社員全員の競争を刺激するなら，それによって企業全体の生産性が上昇し，男性の賃金をも上昇させるかもしれない．逆に，女性の活躍によって，男性の昇格や昇進が遅れるならば，男性の賃金が低下する可能性もある．

WLB 施策の離職行動への影響

　WLB 施策は，そもそも女性の離職確率を低下させることが最大の目標だ．本章の分析に用いる労働政策研究・研修機構の「仕事と家庭の両立支援にかかわる調査」でも，両立支援に取り組む理由として「女性従業員の定着率を高める」は，「法で定められているから」に次いで多く，63.3%の企業が理由にあげている．したがって，企業の目論見どおりの効果が上がっているならば，女性の離職確率は低下するはずだ．

　男性の離職行動に対する影響はわからないが，仕事と家庭の両立が可能な職場は男性にとっても働きやすい職場ではないだろうか．ただし，企業は両立支援が男性の離職確率を低下させる効果はあまり期待していない．同調査では，

2. 予想される結果

9.5%の企業がそれを理由にあげているにすぎない．

均等化施策の離職行動への影響

　均等化施策が女性の離職行動に及ぼす影響は予想しにくい．女性がやりがいのある仕事に就くことによって，離職確率が低下する可能性がある．他方，企業の都合に応じた柔軟な働き方を要求されることによって，仕事と家庭の両立が困難になり，離職確率が上昇する可能性もある．

　男性の離職行動への影響についても予想は難しい．均等度の高い職場は，社員間の公平な競争が行われており，男性にとっても働きやすい職場である可能性がある．逆に，男性が優遇されないため，就業継続意欲が低下する可能性もある．

WLB 施策の賃金への影響

　WLB 施策が女性の賃金に及ぼす影響には，可能性として正と負の両方があり，いずれが強いかは断定できない．WLB 施策が労働者のモラールや仕事へのコミットメントを高めると，女性社員の生産性が上昇し，女性の賃金が上昇する可能性がある．逆に，WLB 施策が女性の賃金を下げる可能性もある．WLB 施策の利用は報酬の一部と解釈すれば，WLB が充実している企業では賃金を低くしても労働者を確保できるからだ．男性の場合は，女性ほど WLB 施策を利用しないため，ほとんど影響がないのではないだろうか．

2.2　推定にともなうバイアスの可能性

　本章では，均等化と WLB が男女の賃金と離職行動に及ぼす影響を，クロスセクションデータを使って分析する．分析には二種類のバイアスが生じる可能性があるので注意が必要だ．

　第 1 のバイアスは，説明変数が非説明変数に影響を及ぼすのみならず，被説明変数が説明変数に影響を及ぼしている場合に生じる．たとえば，女性の初任給を被説明変数に，均等度を説明変数にして OLS 推定を行った結果，正の係数が得られたとする．これは，均等化施策によって優秀な女性の採用が可能になり（あるいは，必要になり），初任給が高まったと解釈できる．しかし，何らかの理由（たとえば，その地域における女性の学歴上昇）で女性の初任給が高くなったために，それに応じた働きを期待して均等化を進めるという逆の因果関

係があるかもしれない．この場合，均等化が初任給に及ぼす影響が過大に推定されてしまう．これは，同時方程式バイアスと呼ばれている．

同時方程式バイアスを回避する方法としてよく用いられるのが，操作変数の利用だ．先の例でいえば，操作変数は均等化施策の実施には影響を及ぼすが，初任給には直接的影響を及ぼさないような変数でなければならない．第4章と第7章の分析では，操作変数を用いて，同時方程式バイアスを回避したが，本章の分析では，適当な操作変数が見つからなかったため，同時方程式バイアスを回避できていない．

第2のバイアスは，観測できない変数が被説明変数と説明変数の両方と相関しているときに生ずる．たとえば，均等化を進めている企業は，同時に社外取締役制度の導入や経営情報の公開などの経営改革を推進していることが多い．そのとき仮に，企業の生産性を上げ，その結果として賃金を上げるのは，均等化でなく社外取締役の導入であったとしても，後者を捉える変数がなければ，あたかも均等化が企業の生産性と賃金を上昇させているような推定結果が得られる．

バイアスをもたらす観察できない要因が企業固有のもので，時間とともに変化しないのであれば，パネルデータを用いることでバイアスを回避することができる．パネルデータを利用すれば，固定効果モデルや階差モデルによる推定が可能になり，観測できない企業固有の属性の影響を除去することができるからだ．一方，観察できない要因が時間とともに変化するのであれば，固定効果モデルや階差を用いてもその影響を完全に除去することはできない．

本章で用いるデータは，パネルデータではないので企業固有の効果を除去することはできない．したがって，本章の推定結果は上で説明した二つのバイアスがいずれも含まれていることに注意しなければならない．いいかえると，推定結果は被説明変数と説明変数の相関関係を示しているのであって，因果関係を示しているわけではない．被説明変数が説明変数に影響を及ぼしている可能性や，第三の要因が被説明変数と説明変数に同時に影響を及ぼしている可能性がある．

3．分析方法

データベース

　研究に使用したデータベースは，第4章で用いたものと同じ「仕事と家庭の両立支援にかかわる調査」（労働政策研究・研修機構，2006年）だ．データベースの詳細については，第4章の第3節および労働政策研究・研修機構（2007b）を参照されたい．要点だけ繰り返すと，この調査は，企業調査，管理職調査，一般社員調査の三種類の調査からなっている．これらを結合することで，企業の属性と社員の属性の関係を詳細に分析することができる．

被説明変数

　分析に用いた変数とその記述統計量については，表8-1と表8-2にまとめている．賃金と離職確率を捉える変数が被説明変数となる．3種類の調査のうち，管理職調査と一般社員調査には賃金や労働時間など共通の項目が多いため，両者を合わせて使用する．表8-1は，企業ごとの賃金や離職確率を捉える変数を被説明変数とするモデルの記述統計量であるのに対し，表8-2は，個人ごとの賃金や就業継続意欲を捉える変数を被説明変数とするモデルの記述統計量だ．企業データにある賃金や就業継続関連変数は，企業の全体像を捉えているという利点があるが，これらを被説明変数とした場合，社員の学歴構成や年齢構成を調整できないという限界がある．他方，個人データを被説明変数とした場合は，個人属性を調整することはできるが，サンプルが一部の社員に偏っており，企業の平均像を捉えていないという問題がある．いずれも一長一短なので，両方の推定結果を比較しながら議論するのが望ましい．
　以下では，被説明変数をどのようにして導出するかを説明する．賃金については，企業調査のなかの男女別「初任時の平均年収」と男女別「35歳時の平均年収」を用いて，以下の変数を導く．

○男女別初任時の平均年収（対数値）〈企業別〉
　　男性（女性）「初任時の平均年収」の対数値

○男女別初任時から35歳時までの賃金上昇率（対数値）〈企業別〉

第8章　男女が働きやすい職場とは

表 8-1　記述統計量（表 8-3，表 8-4，表 8-6 で使用する変数）

変数名	観測数	平均値	標準偏差	最小値	最大値
男性初任時の平均年収の対数値（X1）	552	5.680	0.216	5.043	6.659
女性初任時の平均年収の対数値（X2）	533	5.624	0.224	4.942	6.620
男性 35 歳時の平均年収の対数値（X3）	562	6.218	0.243	5.509	7.170
女性 35 歳時の平均年収の対数値（X4）	505	6.052	0.252	5.298	7.090
女性の初任時の相対的年収（X2−X1）	524	−0.052	0.107	−0.801	0.256
男性の初任時から 35 歳時までの賃金上昇率（X3−X1）	523	0.543	0.215	0	1.188
女性の初任時から 35 歳時までの賃金上昇率（X4−X2）	463	0.434	0.200	0	1.043
女性の相対的賃金上昇率（X4−X2−X3+X1）	446	−0.100	0.139	−0.602	0.296
女性の就業継続／退職パターン					
結婚前に自己都合で退職する（0）	699	0.206	0.405	0	1
結婚を契機に退職する（1）	699	0.144	0.352	0	1
結婚後，妊娠や出産より前に退職する（2）	699	0.052	0.221	0	1
妊娠や出産を契機に退職する（3）	699	0.107	0.310	0	1
出産後，育児休業を利用するが，その後 1〜2 年のうちに退職する（4）	699	0.033	0.179	0	1
出産後，継続就業する（5）	699	0.458	0.499	0	1
女性就業継続指標（上記得点）	699	2.990	2.087	0	5
経営トップの均等志向	707	0.771	0.185	0	1
経営トップの WLB 志向	708	0.667	0.185	0	1
社員による均等度評価（個人属性調整済）	614	−0.007	0.141	−0.538	0.322
社員による WLB 評価（個人属性調整済）	612	0.003	0.117	−0.343	0.448
女性正社員比率	710	0.292	0.231	0.005	0.983
女性管理職比率	604	0.095	0.176	0	0.929
コース人事別管理制度なしダミー	655	0.605	0.489	0	1
存在する育児支援制度数	620	5.798	2.081	0	12
過去 3 年間に利用者のあった育児支援制度数	620	3.765	2.354	0	11
社員が知っている育児支援制度数（個人属性調整済）	535	3.198	1.537	0	10.43
男性新卒採用者に占める大卒比率	592	0.654	0.361	0	1
女性新卒採用者に占める大卒比率	551	0.589	0.382	0	1
企業規模ダミー					
100−299 人	710	0.132	0.339	0	1
300−499 人	710	0.375	0.484	0	1
500−699 人	710	0.193	0.395	0	1
700−999 人	710	0.104	0.306	0	1
1000−1999 人	710	0.100	0.300	0	1
2000 人以上	710	0.096	0.294	0	1
産業ダミー					
建設業	710	0.045	0.208	0	1
製造業	710	0.300	0.459	0	1
電気・ガス・熱供給・水道業	710	0.004	0.065	0	1
卸売業	710	0.045	0.208	0	1
小売業	710	0.089	0.285	0	1
飲食店	710	0.006	0.075	0	1
運輸業	710	0.061	0.239	0	1
通信業	710	0.010	0.099	0	1
金融・保険業	710	0.073	0.261	0	1
不動産業	710	0.003	0.053	0	1
サービス業	710	0.365	0.482	0	1
労働組合ダミー	709	0.553	0.498	0	1

注1）「出産後，継続就業する」は「出産後，育児休業を利用して，その後も継続就業する」と「出産後，育児休業を利用しないで，継続就業する」の合計である．

3．分析方法

表 8-2 記述統計量（表 8-5 と表 8-7 で使用する変数）

変数名	観測数	平均値	標準偏差	最小値	最大値
賃金の対数値	5778	7.646	0.415	6.309	9.305
「今の会社で働き続けたい」と思うか					
そう思わない (0)	6659	0.042	0.202	0	1
あまりそう思わない (0.25)	6659	0.084	0.277	0	1
どちらともいえない (0.5)	6659	0.279	0.448	0	1
ややそう思う (0.75)	6659	0.318	0.466	0	1
そう思う (1)	6659	0.251	0.434	0	1
就業継続意欲指標（上記得点）	6485	0.667	0.271	0	1
経営トップの方針の均等度	6576	0.776	0.181	0	1
経営トップの方針の WLB 度	6586	0.671	0.179	0	1
本人以外の社員による均等度評価（個人属性調整済）	6190	−0.001	0.135	−0.570	0.491
本人以外の社員による WLB 度評価（個人属性調整済）	6160	0.002	0.111	−0.349	0.559
女性正社員比率	6659	0.298	0.231	0.005	0.983
女性管理職比率	5704	0.096	0.176	0	0.929
コース人事別管理制度なしダミー	6167	0.627	0.484	0	1
存在する育児支援制度数	5768	5.826	2.043	0	12
過去 3 年間に利用者のあった育児支援制度数	5768	3.809	2.324	0	11
本人以外の社員が知っている育児支援制度数（個人属性調整済）	5422	3.219	1.447	0	10.43
結婚ダミー	6659	0.737	0.440	0	1
子どもダミー	6659	0.387	0.487	0	1
6 歳未満の子どもダミー	6659	0.242	0.428	0	1
勤続年数	6296	14.25	9.69	0	41
勤続年数の 2 乗	6296	297.0	347.1	0	1681
他社での経験年数	6659	2.140	5.628	0	42
学歴ダミー					
大学・大学院卒	6444	0.525	0.499	0	1
短大・高専卒	6444	0.125	0.331	0	1
専門学校卒	6444	0.117	0.321	0	1
高校卒	6444	0.233	0.423	0	1
職種ダミー					
専門・技術的な仕事	6659	0.140	0.347	0	1
事務の仕事	6659	0.421	0.494	0	1
販売の仕事	6659	0.015	0.120	0	1
営業（外回り）の仕事	6659	0.028	0.166	0	1
保安の仕事	6659	0.003	0.050	0	1
サービスの仕事	6659	0.019	0.136	0	1
運輸・通信の仕事	6659	0.006	0.079	0	1
製造の技能工	6659	0.014	0.119	0	1
その他	6659	0.018	0.134	0	1
職位ダミー					
係長・主任相当職	6659	0.186	0.389	0	1
課長相当職	6659	0.216	0.412	0	1
部長相当職以上	6659	0.085	0.280	0	1
企業規模ダミー					
100−299 人	6659	0.136	0.343	0	1
300−499 人	6659	0.379	0.485	0	1
500−699 人	6659	0.189	0.391	0	1
700−999 人	6659	0.103	0.304	0	1
1000−1999 人	6659	0.098	0.297	0	1
2000 人以上	6659	0.095	0.294	0	1
産業ダミー					
建設業	6659	0.044	0.206	0	1
製造業	6659	0.303	0.460	0	1
電気・ガス・熱供給・水道業	6659	0.004	0.064	0	1
卸売業	6659	0.041	0.199	0	1
小売業	6659	0.083	0.276	0	1
飲食店	6659	0.005	0.067	0	1
運輸業	6659	0.045	0.206	0	1
通信業	6659	0.009	0.095	0	1
金融・保険業	6659	0.079	0.270	0	1
不動産業	6659	0.004	0.064	0	1
サービス業	6659	0.382	0.486	0	1
労働組合ダミー	6648	0.561	0.496	0	1

第 8 章 男女が働きやすい職場とは

　　男性（女性）「35 歳時の平均年収」の対数値
　　　　　－男性（女性）「初任時の平均年収」の対数値

○初任時から 35 歳時までの女性の相対的賃金上昇率（対数値）〈企業別〉
　　（女性「35 歳時の平均年収」の対数値－女性「初任時の平均年収」の対数値）
　　　－（男性「35 歳時の平均年収」の対数値－男性「初任時の平均年収」の対数値）

　表 8-1 によると，女性の初任時の年収は，男性より 5％ほど低い．また，初任時から 35 歳までの十数年間でさらに 10 ポイントほど差が拡大している．
　また，管理職調査と一般社員調査から，個人の「年収」と「週平均労働時間」を用いて時間当たり賃金を導く．

○時間当たり賃金〈個人別〉
　　「年収」／（「週平均労働時間」×52）

　他方，離職確率を捉える変数として，企業調査から女性の就業継続／退職パターンに関する質問を用いる．これは，女性の就業継続／退職パターンについて「結婚前」，「結婚を契機」など七つのうちから一つを選択するものだ．これから，女性就業継続指数を導出する．調査票の質問文については，第 4 章の第 5 節を参照されたい．

○女性就業継続指数〈企業別〉
　　女性の就業継続／退職パターンを数値化

　さらに，管理職調査と一般社員調査より，就業継続意欲指数を導出する．これは，以下の質問から，「そう思う」，「ややそう思う」，「どちらともいえない」，「あまりそう思わない」，「そうは思わない」に対し，それぞれ，4，3，2，1，0 を付与したものである．

＜管理職調査・一般社員調査＞
あなたは現在の会社の仕事に対してどのような感想をお持ちですか．次の a〜h の

3．分析方法

各項目について，当てはまる番号に一つ○をつけてください．

（略）

　h．私は，これからも，今の会社で働き続けたいと思う　　　（1，2，3，4，5）

引用者注：括弧のなかの番号は（1そう思う，2ややそう思う，3どちらともいえない，4あまりそう思わない，5そうは思わない）を意味する．

○就業継続意欲指数〈個人別〉
　今の会社で働き続けたいか否かを数値化

説明変数

　企業の均等度とWLBを捉える変数が，本章の分析の鍵となる．いずれについても，主観的評価に基づく変数と，客観的指標に基づく変数の2種類の変数を用いる．主観的評価に基づく変数とは，正社員の人事管理についての経営トップの方針と社員の評価を数値化したものである．この質問の一部は，第4章でも紹介したが，本章の分析では用いる項目が増えているので，もう一度紹介する．

＜企業調査＞
貴社の経営トップが示している正社員の人事管理上の経営方針として，次にあげるa～jの各項目について，当てはまる番号に○をつけてください（○印は一つ）．
　a．女性を積極的に活用・登用する　　　　　　　　（1，2，3，4，5）
　b．男女にかかわりなく人材を育成する　　　　　　（1，2，3，4，5）
　c．女性にも定型的な仕事ではなく，創造性の高い仕事をさせる
　　　　　　　　　　　　　　　　　　　　　　　　（1，2，3，4，5）
　d．セクハラやいじめなど，従業員が被害を受けた場合の対応策を周知させている　　　　　　　　　　　　　　　　　　　　　　　　（1，2，3，4，5）
　e．自社の育児支援制度などの仕事と家庭の両立支援を従業員に周知させている　　　　　　　　　　　　　　　　　　　　　　　　（1，2，3，4，5）
　f．結婚・出産後も職場を辞めることなく働くように求めている

第8章 男女が働きやすい職場とは

```
                                          (1, 2, 3, 4, 5)
  g．男性にも育児休業を積極的に取得するように勧めている (1, 2, 3, 4, 5)
  h．職場（上司や同僚）に従業員の家庭責任について理解するよう求めている
                                          (1, 2, 3, 4, 5)
  i．職場（上司や同僚）に育児に係る休業や短時間勤務について協力するよう
     求めている                             (1, 2, 3, 4, 5)
引用者注：括弧のなかの番号は（1 当てはまる，2 やや当てはまる，3 どちらとも
いえない，4 あまり当てはまらない，5 当てはまらない）を意味する．
```

これらの質問への回答から，「当てはまる」,「やや当てはまる」,「どちらともいえない」,「あまり当てはまらない」,「当てはまらない」にそれぞれ，1, 0.75, 0.5, 0.25, 0 を付与する．そして，a から d までの項目の平均値を「経営トップの均等志向」, e から i までの項目の平均値を「経営トップの WLB 志向」とした．

○経営トップの均等志向〈企業別〉
　　経営トップの人事管理上の経営方針 a から d までを数値化

○経営トップの WLB 志向〈企業別〉
　　経営トップの人事管理上の経営方針 e から i までを数値化

　また，管理職調査と一般社員調査には，以下の質問がある．

```
＜管理職調査・一般社員調査＞
あなたは現在の会社や職場についてどのように思われますか．次の a～n の各項目
について，当てはまる番号に一つ○をつけてください．
  a．女性を積極的に活用・登用している        (1, 2, 3, 4, 5)
  b．男女にかかわりなく人材を育成している    (1, 2, 3, 4, 5)
  c．女性にも定型的な仕事ではなく，創造性の高い仕事をさせている
                                          (1, 2, 3, 4, 5)
  d．セクハラやいじめなど，従業員が被害を受けた場合の対応策を周知してい
```

3．分析方法

>   る (1, 2, 3, 4, 5)
>   e．自社の育児支援制度などの仕事と家庭の両立支援を従業員に周知している
>   (1, 2, 3, 4, 5)
>   f．結婚・出産後も職場を辞めることなく働くように求めている
>   (1, 2, 3, 4, 5)
>   g．男性にも育児休業を積極的に取得するように勧めている (1, 2, 3, 4, 5)
>   h．職場（上司や同僚）に従業員の家庭責任について理解するよう求めている
>   (1, 2, 3, 4, 5)
>   i．職場（上司や同僚）に育児に係る休業や短時間勤務について協力するよう
>   求めている (1, 2, 3, 4, 5)
> （以下略）
> 引用者注：括弧のなかの番号は（1そう思う，2ややそう思う，3どちらともいえない，4あまりそう思わない，5そうは思わない）を意味する．

　これらの質問への回答から，「そう思う」，「ややそう思う」，「どちらともいえない」，「あまりそう思わない」，「そうは思わない」にそれぞれ，1，0.75，0.5，0.25，0 を付与する．経営トップの方針同様，これらから企業の均等度とWLBの評価を計算する．ただし，企業調査と異なり，管理職調査は1企業あたり5人，一般社員調査は1企業あたり10人に調査票を配布しているので，1企業あたり最大15人が回答している．また，回答者の属性によって，回答内容に偏りがある．たとえば，管理職より一般社員の評価のほうが厳しい．そこで，これら項目ごとの回答を，回答者の属性で調整したものを，回答者の調整済評価とする．そして，それぞれの回答者の項目aからdまでの調整済評価の平均値を個人別「企業の均等度評価（個人属性調整済）」，eからiまでの項目の平均値を個人別「企業のWLB評価（個人属性調整済）」とする．さらに，個人別「企業の均等度評価（個人属性調整済）」と個人別「企業のWLB評価（個人属性調整済）」の企業ごとの平均値を，それぞれ，企業別「社員による企業の均等度評価（個人属性調整済）」と企業別「社員による企業のWLB評価（個人属性調整済）」とする．

　回答者の属性による調整は，それぞれの項目の得点を被説明変数，回答者の属性を説明変数とし，最小二乗法（Ordinary Least Squares，以下OLSと略す）で回帰分析して行う．OLS推定の残差がそれぞれの回答者の個人属性調整済評価だ．説明変数には，結婚ダミー，子どもダミー，6歳未満子どもダミー，

勤続年数，他社での経験年数，学歴ダミー，職種ダミー，職位ダミーを用いる．

○社員による企業の均等度評価（個人属性調整済）〈企業別〉
　　企業の均等度についての社員の評価 a から d までを数値化し，回答者の属性で調整した上，企業ごとに平均値を計算

○社員による企業の WLB 評価（個人属性調整済）〈企業別〉
　　企業の WLB についての社員の評価 e から i までを数値化し，回答者の属性で調整した上，企業ごとに平均値を計算

　企業の均等度評価や WLB 評価が個人の時間あたり賃金や就業継続意欲に及ぼす影響を分析する際には，上で求めた均等度評価や WLB 評価よりも，本人以外の同じ企業の社員の回答を用いるほうが望ましい．なぜならば，本人による均等度評価や WLB 評価は，本人の賃金や就業継続意欲の影響を受けている可能性があるからだ．また，賃金や就業継続意欲と均等度評価や WLB 評価の双方に影響を及ぼす観測できない個人属性が存在している可能性もある．たとえば，昇進の早い人は，企業で成功していることによって企業の均等度や WLB を甘く評価するかもしれない．そうであれば，賃金を推定した際，均等度や WLB の係数に正の方向のバイアスがかかる．そのようなバイアスを避けるため，企業の均等度評価や WLB 評価が個人の時間あたり賃金や就業継続意欲に及ぼす影響を分析する際には，本人以外の同一企業内回答者の調整済平均値を説明変数として用いる．

○本人以外の社員による企業の均等度評価（個人属性調整済）〈個人別〉
　　企業の均等度についての社員の評価 a から d までを数値化し，回答者の属性で調整した上，本人を除いて企業ごとに平均値を計算

○本人以外の社員による企業の WLB 評価（個人属性調整済）〈個人別〉
　　企業の WLB についての社員の評価 e から i までを数値化し，回答者の属性で調整した上，本人を除いて企業ごとに平均値を計算

　主観的指標と並んで，企業の均等度の実態を客観的に捉える指標として，

「正社員に占める女性の割合」,「課長以上の管理職に占める女性の割合」, コース別雇用管理制度がない場合に1をとる「コース別管理制度なしダミー」の三つを用いる. コース別雇用管理制度については,「総合職・一般職など」,「勤務地限定正社員」,「職種限定正社員」の3種類について尋ねているが,「総合職・一般職など」のコース別雇用管理制度の有無をダミー変数とする. 制度がない場合を1とするのは, 制度がないほうが, 均等化が進んでいると解釈できるからだ.

また, WLBを捉える指標として育児支援制度を用いる. 育児支援制度については,「存在する制度の数」,「過去3年間に利用実績のある制度の数」,「社員が知っている制度の数（個人属性調整済）」の三つを用いる. 育児支援制度については, 下記の13の制度について, 企業調査で制度の有無と過去3年間の利用者の有無を尋ねている. また, 管理職調査と一般社員調査で, 制度の有無と今の会社での利用経験を尋ねている. 管理職調査と一般社員調査の質問を引用する.

＜管理職調査・一般社員調査＞
現在, あなたの会社には以下の出産・育児に係る支援制度（慣行も含みます）がありますか. また, それらの制度をあなた自身は利用した経験がありますか. 次のa～mの各項目について, あなたの知っている範囲で,(1)制度の有無と, 制度がある場合には(2)今の会社でのご自身の利用経験について, それぞれ当てはまる番号に○をつけてください.

(1)制度の有無（慣行も含む）

a．育児休業制度　　　　　　　　　　　　　　　　(1, 2, 3)
b．短時間勤務制度　　　　　　　　　　　　　　　(1, 2, 3)
c．フレックスタイム制度　　　　　　　　　　　　(1, 2, 3)
d．始業・終業時間の繰上げ・繰り下げ　　　　　　(1, 2, 3)
e．所定外労働をさせない制度　　　　　　　　　　(1, 2, 3)
f．事業所内託児施設の運営　　　　　　　　　　　(1, 2, 3)
g．子育てサービス費用の援助措置等（ベビーシッター費用など）(1, 2, 3)
h．職場への復帰支援　　　　　　　　　　　　　　(1, 2, 3)
i．配偶者が出産のときの男性の休暇制度　　　　　(1, 2, 3)
j．子どもの看護休暇　　　　　　　　　　　　　　(1, 2, 3)

> k．転勤免除（地域限定社員制度など）　　　　　　　　(1, 2, 3)
> l．育児等で退職した者に対する優先的な再雇用制度　　(1, 2, 3)
> m．子育て中の在宅勤務　　　　　　　　　　　　　　(1, 2, 3)
>
> 引用者注1：「(2)今の会社での利用経験」についての選択肢は省略している．
> 引用者注2：下線は，質問表のまま表記している．
> 引用者注3：括弧のなかの番号は（1．わからない，2．ない，3．ある）を意味する．

　社員が知っている制度の数を個人属性で調整するのは，育児支援制度についての認知度は，社員の性別，子どもの有無，子どもの年齢などで大きく異なるからだ．「社員が知っている制度の数（個人属性調整済）」は，わかりやすくいえば，全サンプルの平均的な個人属性をもっている人が回答したと仮定した場合に，いくつの制度の存在を知っているかを意味している．求め方の詳細については，補論1に説明している．

○社員が知っている制度の数（個人属性調整済）〈企業別〉
　　それぞれの制度の認知度を回答者の属性で調整の上，企業ごと制度ごとに個人属性調整済認知度の平均値を計算し，すべての制度についてそれを合計

　さらに，個人の賃金や就業継続意欲を被説明変数とするモデルの場合は，上記の変数を使うより，本人を除く同一企業内の社員が知っている制度数（個人属性調整済）を説明変数としたほうがいい．あえて本人を除いて残りの社員の平均値を求めるのは，被説明変数である本人の賃金や就業継続意欲と，説明変数である制度認知度の双方に影響を及ぼす観測できない要因が存在する可能性があるからだ．たとえば，能力がある社員は，賃金が高いと同時に，企業の制度もよく知っていると思われる．このとき，本人を含めた社員の制度認知度を説明変数に使うと，企業の制度周知の程度を捉えるのみならず，観測できない個人の能力も捉えてしまう．このようなバイアスを避けるため，本人を除く社員が知っている制度の数を説明変数とする．求め方の詳細は補論2に説明している．

○本人以外の社員が知っている制度の数（個人属性調整済）〈個人別〉

それぞれの制度の認知度を回答者の属性で調整の上，本人を除いて企業ごと制度ごとに制度認知度の平均値を計算し，すべての制度についてそれを合計

表8-1によると，企業は平均5.8の育児支援制度を導入しており，そのうち，過去3年間に利用実績があったものが3.8である．また，平均的な社員は3.2の制度の存在を知っている．表には掲載していないが，過去3年間の利用実績が高い制度ほど，社員もよく知っている．

4．推定結果

4.1 均等度・WLBと初任給の関係

表8-3は，企業の均等度・WLBと初任給の関係を推定した結果をまとめている．横1行が一つのモデルの推定結果を示している．すべてのモデルは，新卒採用者に占める大卒者の割合（男女別），企業規模ダミー，産業ダミー，労働組合ダミーを説明変数として含んでいるが，表には掲載していない．被説明変数は「初任時の平均年収の対数値」で，モデル(1)が男性の初任給，モデル(2)が女性の初任給を推定しているのに対し，モデル(3)は初任給のジェンダー格差（女性初任給の対数値－男性初任給の対数値）を推定している．モデル(4)以降も，これら3種類の被説明変数を順次用いている．

経営トップの方針の係数を見ると，男性の初任給に対しては均等志向もWLB志向も有意な相関がないが，女性の初任給に対しては有意に正の相関が見られる．その結果，モデル(3)と(6)が示すように，女性の初任給の相対的高さは，経営トップの均等志向やWLB志向が強い企業ほど大きい．いいかえると，経営トップの均等志向やWLB志向が強い企業ほど男女の初任給の格差が小さい．

社員による評価を説明変数とした場合は，均等度やWLBに対する評価が高いほど男女とも初任給が高い．ただし，その効果は女性のほうが大きいため，女性の初任給の相対的高さは，均等度やWLBに対する社員の評価が高い企業ほど高い．

第 8 章　男女が働きやすい職場とは

表 8-3　均等度・WLB 評価と企業別平均初任給の関係（企業調査，OLS）

モデル番号	均等・WLB 指標（X）	性別	X の係数	標準誤差		Adj. R²	観測数
説明変数＝経営トップの方針							
(1)	均等志向	男性	0.031	0.055		0.144	477
(2)	均等志向	女性	0.132	0.062	**	0.179	432
(3)	均等志向	女性／男性	0.108	0.030	***	0.135	415
(4)	WLB 志向	男性	0.034	0.053		0.146	478
(5)	WLB 志向	女性	0.131	0.057	**	0.178	433
(6)	WLB 志向	女性／男性	0.092	0.028	***	0.132	416
説明変数＝社員による評価							
(7)	均等度評価（個人属性調整済）	男性	0.156	0.079	**	0.140	415
(8)	均等度評価（個人属性調整済）	女性	0.350	0.085	***	0.219	383
(9)	均等度評価（個人属性調整済）	女性／男性	0.166	0.042	***	0.139	368
(10)	WLB 評価（個人属性調整済）	男性	0.200	0.087	**	0.145	416
(11)	WLB 評価（個人属性調整済）	女性	0.380	0.092	***	0.223	379
(12)	WLB 評価（個人属性調整済）	女性／男性	0.139	0.046	***	0.125	366
説明変数＝客観的均等度指標							
(13)	女性正社員比率	男性	0.125	0.053	**	0.154	480
(14)	女性正社員比率	女性	0.161	0.054	***	0.185	435
(15)	女性正社員比率	女性／男性	0.022	0.028		0.110	418
(16)	女性管理職比率	男性	0.150	0.071	**	0.157	419
(17)	女性管理職比率	女性	0.167	0.070	**	0.154	385
(18)	女性管理職比率	女性／男性	0.061	0.036	*	0.130	370
(19)	コース別雇用管理制度なし	男性	0.004	0.021		0.141	447
(20)	コース別雇用管理制度なし	女性	0.044	0.022	**	0.195	404
(21)	コース別雇用管理制度なし	女性／男性	0.024	0.011	**	0.134	388
説明変数＝育児支援制度数							
(22)	存在する制度数	男性	0.001	0.005		0.144	426
(23)	存在する制度数	女性	0.007	0.006		0.182	384
(24)	存在する制度数	女性／男性	0.005	0.003	*	0.122	373
(25)	利用実績のある制度数	男性	0.005	0.005		0.146	426
(26)	利用実績のある制度数	女性	0.015	0.005	***	0.198	384
(27)	利用実績のある制度数	女性／男性	0.006	0.003	**	0.127	373
(28)	社員が知っている制度数（個人属性調整済）	男性	0.015	0.008	*	0.154	381
(29)	社員が知っている制度数（個人属性調整済）	女性	0.028	0.008	***	0.217	342
(30)	社員が知っている制度数（個人属性調整済）	女性／男性	0.011	0.004	***	0.135	333

注1）被説明変数は，男性初任給の対数値，女性初任給の対数値，および女性の相対的初任給（＝女性初任給の対数値－男性初任給の対数値）である．
注2）すべてのモデルは，新卒採用者に占める大卒者の割合，企業規模ダミー，産業ダミー，労働組合ダミーを説明変数として含んでいる．
注3）*は 10％水準で，**は 5％水準で，***は 1％水準で有意であることを示す．
注4）「社員による評価」および「社員が知っている制度数」は，結婚ダミー，子どもダミー，6歳未満子どもダミー，勤続年数，勤続年数 2 乗，他社での経験年数，学歴ダミー，職種ダミー，職位ダミーで調整している．

これは，どのように解釈すればいいだろうか．女性の初任給が高いのは，均等度やWLBが入社直後の社員の生産性をも高めているというより，均等度やWLBが高い企業では，優秀な女性を集めるために女性の初任給を高くしていると考えられる．均等度やWLBが高い企業では女性が基幹的な仕事を担うので，それだけ能力のある人材を採用しているようだ．また，社員による均等度評価やWLB評価と男性の初任給が正の相関関係をもっているのは，優秀な男性社員を採用している生産性の高い企業で均等化やWLBが達成されているためではないだろうか．

次に，客観的均等度指標を説明変数に用いたモデル(13)からモデル(21)を見よう．女性正社員比率は，男女とも初任給と正の相関関係をもっている．また，女性の初任給の相対的高さには影響がない．女性管理職比率についても同じことがいえる．それに対し，コース別管理制度がない企業では，制度のある企業と比べて，女性の初任給が有意に高い．男性の初任給には有意な相関関係がないため，コース別管理制度がない企業では，女性の相対的初任給が高い．

育児支援制度数も，男女の初任給と正の相関関係があるが，男性の初任給との相関関係は有意でない．そして，存在する制度数よりも利用実績のある制度数のほうが，また，利用実績のある制度数よりも社員が知っている制度数のほうが，女性の初任給との相関関係が強い．その結果，利用実績のある制度が多いほど，そして社員の知っている制度が多いほど，女性の相対的初任給が高い（ジェンダー格差が小さい）．ここでも，育児支援制度が充実している企業は優秀な社員，とくに優秀な女性社員を多く採用するために，女性の初任給を高くしていると考えられる．

4.2 均等度・WLBと勤続にともなう賃金上昇率の関係

次に，均等度やWLBが勤続にともなう賃金上昇率とどのような関係があるかを分析する．表8-1の記述統計量によると，初任時から35歳時までの賃金上昇率は女性のほうが10ポイントほど低い．つまり，入社後十数年で男女の賃金格差が10ポイントほど拡大している．均等施策やWLB施策はこの差を縮めるだろうか．

推定結果は表8-4にまとめている．被説明変数は，初任時から35歳時までの賃金上昇率の対数値，およびその値の男女差（女性の賃金上昇率の対数値－男性の賃金上昇率の対数値）である．

第8章 男女が働きやすい職場とは

表8-4 均等度・WLBと企業別平均賃金上昇率の関係（企業調査, OLS）

モデル番号	均等・WLB指標（X）	性別	Xの係数	標準誤差	Adj. R^2	観測数
説明変数＝経営トップの方針						
(1)	均等志向	男性	0.072	0.053	0.108	519
(2)	均等志向	女性	0.195	0.054 ***	0.091	459
(3)	均等志向	女性／男性	0.122	0.037 ***	0.133	442
(4)	WLB志向	男性	−0.015	0.053	0.105	520
(5)	WLB志向	女性	0.072	0.054	0.067	460
(6)	WLB志向	女性／男性	0.073	0.037 **	0.119	443
説明変数＝社員による評価						
(7)	均等度評価（個人属性調整済）	男性	0.132	0.074 *	0.095	454
(8)	均等度評価（個人属性調整済）	女性	0.383	0.074 ***	0.109	402
(9)	均等度評価（個人属性調整済）	女性／男性	0.219	0.051 ***	0.123	387
(10)	WLB評価（個人属性調整済）	男性	−0.103	0.088	0.092	455
(11)	WLB評価（個人属性調整済）	女性	0.115	0.091	0.052	403
(12)	WLB評価（個人属性調整済）	女性／男性	0.250	0.061 ***	0.119	388
説明変数＝客観的均等度指標						
(13)	女性正社員比率	男性	−0.215	0.048 ***	0.140	522
(14)	女性正社員比率	女性	−0.068	0.046	0.068	462
(15)	女性正社員比率	女性／男性	0.134	0.032 ***	0.144	445
(16)	女性管理職比率	男性	−0.245	0.065 ***	0.138	453
(17)	女性管理職比率	女性	−0.059	0.064	0.063	404
(18)	女性管理職比率	女性／男性	0.201	0.043 ***	0.142	390
(19)	コース別雇用管理制度なし	男性	−0.018	0.020	0.114	486
(20)	コース別雇用管理制度なし	女性	0.015	0.021	0.072	431
(21)	コース別雇用管理制度なし	女性／男性	0.049	0.014 ***	0.137	415
説明変数＝育児支援制度数						
(22)	存在する制度数	男性	0.002	0.005	0.096	459
(23)	存在する制度数	女性	0.003	0.005	0.052	406
(24)	存在する制度数	女性／男性	0.000	0.003	0.104	393
(25)	利用実績のある制度数	男性	0.005	0.005	0.098	459
(26)	利用実績のある制度数	女性	0.008	0.005	0.057	406
(27)	利用実績のある制度数	女性／男性	−0.001	0.003	0.104	393
(28)	社員が知っている制度数（個人属性調整済）	男性	0.010	0.007	0.089	406
(29)	社員が知っている制度数（個人属性調整済）	女性	0.011	0.007	0.047	359
(30)	社員が知っている制度数（個人属性調整済）	女性／男性	0.001	0.005	0.088	347

注1) 被説明変数は，男性賃金上昇率，女性賃金上昇率，女性の相対的賃金上昇率である。それぞれ，以下のように定義される．
男性賃金上昇率＝男性35歳平均賃金の対数値−男性初任給の対数値
女性賃金上昇率＝女性35歳平均賃金の対数値−女性初任給の対数値
女性の相対的賃金上昇率＝女性賃金上昇率−男性賃金上昇率
注2) すべてのモデルは，企業規模ダミー，産業ダミー，労働組合ダミーを説明変数として含んでいる．
注3) *は10%水準で，**は5%水準で，***は1%水準で有意であることを示す．
注4) 「社員による評価」および「社員が知っている制度数」は，結婚ダミー，子どもダミー，6歳未満子どもダミー，勤続年数，勤続年数2乗，他社での経験年数，学歴ダミー，職種ダミー，職位ダミーで調整している．

モデル(1)から(6)を見ると，経営トップの均等志向は男性の賃金上昇率とは有意な相関関係がなく，女性の賃金上昇率とは有意に正の相関関係がある．したがって，経営トップの均等志向と女性の相対的賃金上昇率とは正の相関関係が見られる．つまり，経営トップの均等志向が強いほど，女性の賃金上昇率が男性に近い．

経営トップのWLB志向は男女の賃金上昇率と有意な相関関係がないが，女性の相対的賃金上昇率とは有意に正の相関関係がある．つまり，経営トップのWLB志向が強いほど，勤続にともなう女性の賃金上昇率が男性に近い．

社員による評価を説明変数として用いた場合も，経営トップの方針を用いた場合とほぼ同じ結果が得られる．すなわち，社員による均等度評価が高い企業では女性の賃金上昇率が高いが，男性の賃金上昇率とは有意な相関関係がない．結果として，社員による均等度評価が高い企業では，勤続にともなう賃金上昇率のジェンダー格差が小さい．また，社員によるWLB評価は，勤続にともなう賃金上昇率と有意に相関していない．しかし，WLB評価が高い企業では，勤続にともなう賃金上昇率のジェンダー格差が小さい．

以上から，均等度やWLBが高い企業は，女性の教育訓練機会が多く，また重要な仕事に就く機会も多いため，勤続にともなう女性の賃金上昇率が高いといえる．これは，三谷（1997）や阿部（2005）の結果と整合的だ．

これに対し，客観的な均等度指標を用いた場合の結果は，やや異なる．「女性正社員比率」，「女性管理職比率」，「コース別雇用管理制度なしダミー」いずれも男性の賃金上昇率と負の相関関係をもっている．逆に，女性の賃金上昇率に対しては有意な効果がない．その結果，女性の相対的賃金上昇率とは，いずれも有意に正の相関関係をもっている．均等化が進んでいる企業では，女性の賃金上昇率が高いというより，男性の賃金上昇率が低いために，賃金上昇率の男女間格差が小さいことがわかる．

均等化が進んでいる企業ほど，女性の相対的賃金上昇率が高いという点では，主観的均等化指標を用いた推定結果と一致するが，均等化と男性の賃金上昇率の間に有意に負の相関関係があるのは，主観的指標を用いた結果と異なる．この結果は非常に興味深い．これは，男性賃金の年功的性格が弱い企業ほど，客観的な均等度指標が大きいことを意味している．この結果は，日本的雇用制度の特徴が弱い企業で女性の活躍が進んでいるという第9章の結論と整合的な結果となっている．そしてこれは，すぐ後で見る個人賃金の推定結果とも整合的

だ[2].

他方，育児支援制度数を説明変数にした場合は，有意な係数がまったくない．主観的な WLB 指標を用いた場合は，WLB 指標と女性の相対的賃金上昇率が有意に正の相関関係をもっていたのと対照的だ．

4.3 均等度・WLB と個人賃金の関係

表 8-3 と表 8-4 の分析結果は，企業ごとの平均賃金を被説明変数にしており，企業の労働者の属性をほとんど調整していなかった．それを補う意味で，個人の時間あたり賃金を被説明変数として，均等度と WLB がそれに及ぼす影響を見たのが表 8-5 である．

均等度と WLB を捉える変数はこれまでと同じだ．ただし，ここでは初任給への効果と賃金上昇率への効果を区別するため，均等度または WLB を捉える変数に加えて，それらの変数と勤続年数との交差項を説明変数としている．表 8-5 の「X の係数」の列は，均等度または WLB を捉える指標 X の係数とその標準誤差を，「X と勤続年数の交差項の係数」の列は，指標 X と勤続年数の交差項の係数とその標準誤差を表わしている．

指標 X の係数は，指標 X と初任給（勤続年数が 0 年のときの賃金）との相関関係を捉えていると解釈できる．なぜならば，勤続年数が 0 年のとき，X と勤続年数の交差項は 0 となるからだ．それに対し，X と勤続年数の交差項の係数は，X と勤続にともなう賃金上昇率との相関関係を捉えていると解釈できる．

まず，主観的な均等度と WLB を説明変数としたモデル(1)から(8)を見る．X の係数はすべて正の値をとっており，モデル(3)以外は有意だ．また，モデル(3)以外では男性の係数のほうが大きい．ところが，男性の X と勤続年数の交差項の係数はいずれも負の値をとっており，モデル(3)を除いて有意だ．つまり，均等化や WLB が進んでいる企業では，男性の初任給が高く，その後の賃金上昇率が低いということを意味している．これは，表 8-3 と表 8-4 の客観的均等度指標を用いた結果と一致している．つまり，均等化が進んでいる企業では，年功賃金制度の見直しが進んでいるか，そもそも賃金制度がそれほど年

---

2 賃金上昇率ではなく，35歳賃金を被説明変数とすると，主観的均等指標は男女の賃金と正の相関関係が見られるが，客観的均等指標は男性の賃金とは負の，女性の賃金とは正の相関関係が見られる．この結果は掲載していない．

4．推定結果

表 8-5 均等度・WLB と個人賃金の関係（管理職調査・一般社員調査，OLS）

モデル番号	均等・WLB 指標 (X)	性別	X の係数 係数	標準誤差		X と勤続年数の交差項の係数 係数	標準誤差		R^2	観測数
説明変数＝経営トップの方針										
(1)	均等志向	男性	0.294	0.060	***	−0.007	0.003	**	0.498	2936
(2)	均等志向	女性	0.219	0.058	***	0.002	0.005		0.359	2030
(3)	WLB 志向	男性	0.094	0.063		−0.002	0.003		0.491	2941
(4)	WLB 志向	女性	0.127	0.058	**	−0.003	0.004		0.345	2033
説明変数＝本人以外の社員による評価										
(5)	均等度評価（個人属性調整済）	男性	0.604	0.077	***	−0.015	0.004	***	0.513	2948
(6)	均等度評価（個人属性調整済）	女性	0.469	0.083	***	0.004	0.007		0.379	2039
(7)	WLB 評価（個人属性調整済）	男性	0.436	0.090	***	−0.009	0.005	**	0.502	2933
(8)	WLB 評価（個人属性調整済）	女性	0.416	0.095	***	−0.004	0.007		0.359	2029
説明変数＝客観的均等度指標										
(9)	女性正社員比率	男性	−0.040	0.053		−0.004	0.003		0.494	2975
(10)	女性正社員比率	女性	0.067	0.048		−0.006	0.003	*	0.345	2059
(11)	女性管理職比率	男性	0.054	0.077		0.002	0.005		0.489	2542
(12)	女性管理職比率	女性	0.172	0.067	**	−0.011	0.005	**	0.358	1785
(13)	コース別雇用管理制度なし	男性	0.071	0.023	***	−0.002	0.001	*	0.494	2776
(14)	コース別雇用管理制度なし	女性	0.080	0.023	***	−0.002	0.002		0.346	1903
説明変数＝育児支援制度数										
(15)	存在する制度数	男性	0.005	0.006		0.0002	0.0003		0.496	2607
(16)	存在する制度数	女性	0.001	0.006		0.0001	0.0005		0.347	1765
(17)	利用実績のある制度数	男性	0.014	0.005	**	0.0000	0.0003		0.500	2607
(18)	利用実績のある制度数	女性	0.015	0.005	***	−0.0003	0.0004		0.352	1765
(19)	本人以外の社員が知っている制度数（個人属性調整済）	男性	0.036	0.008	***	0.0004	0.0004		0.515	2599
(20)	本人以外の社員が知っている制度数（個人属性調整済）	女性	0.029	0.008	***	0.0008	0.0006		0.372	1763

注1）被説明変数は個人の時間あたり賃金の対数値である．
注2）すべてのモデルは，勤続年数，勤続年数2乗，他社での経験年数，学歴ダミー，企業規模ダミー，産業ダミー，労働組合ダミーを説明変数として含んでいる．
注3）すべてのモデルは，サンプルの職位ごと人数比が，全企業の実際の職位ごとの人数比と一致するようにウェイトをつけ，分散不均一のときの一致性のある標準誤差（White 1980）を用いている．
注4）*は10％水準で，**は5％水準で，***は1％水準で有意であることを示す．
注5）「本人以外の社員による評価」および「本人以外の社員が知っている制度数」は，結婚ダミー，子どもダミー，6歳未満子どもダミー，勤続年数，他社での経験年数，学歴ダミー，職種ダミー，職位ダミーで調整している．

功的でなかったことを示している．

　均等化や WLB が充実している企業では，勤続にともなう男性の賃金上昇率が低いとはいえ，賃金水準自体は高い．モデル(1)，(5)，(7)の推定結果から計算すると，少なくとも勤続 40 年までは，均等化や WLB が充実している企業の賃金水準がそうでない企業より高い[3]．

　均等化や WLB と女性の初任給とは正の相関関係がある．これも，企業別平均賃金を用いた結果と整合的だ．しかし，均等度や WLB と女性の賃金上昇率との関係は曖昧だ．これは，一方で賃金が年功的でない企業で男女の均等化や WLB が充実するが，他方で，均等化や WLB が女性の教育訓練機会を増やし，女性の賃金上昇率を上げる方向に作用するためではないだろうか．相反する方向への影響があるために，結果として曖昧な相関関係になっていると解釈できる．

　客観的均等度指標を用いたモデル(9)から(14)の場合も，X の係数は正で X と勤続年数の交差項の係数は負の傾向がある．ただし，有意な係数は少ない．「コース別雇用管理制度なし」を用いたモデル(13)と(14)では，主観的な指標を用いた結果と整合的だ．コース別雇用管理制度がない企業では男女とも初任給が高い．しかし，モデル(12)では，女性管理職比率が高いほど，勤続にともなう女性の賃金上昇率が低い．この理由はうまく説明できない．

　育児支援制度数は初任給とは正の相関関係があるが，賃金上昇率とは有意な相関関係がない．企業別平均賃金を用いた表 8-3 と表 8-4 でも，女性に関しては同じ結果が得られていた．存在する制度の数とは相関関係がなく，利用実績のある制度の数や社員が知っている制度の数とは相関関係がある点も企業別平均賃金を用いた分析結果と一致している．

4.4　均等度・WLB と女性の就業継続／退職パターンの関係

　ここまでは，均等度と WLB が初任給および賃金上昇率とどのように相関しているかを議論してきた．ここからは，均等化と WLB が社員の就業継続／退職行動とどのように関連しているかを議論する．離職確率を捉える変数として，女性の就業継続／退職パターンと男女の就業継続意欲指数の 2 種類を用いる．まず，前者の結果から考察する．

---

[3] 「X の係数」を「X と勤続年数の交差項の係数」の絶対値で割れば，X の賃金への影響が勤続何年で消滅するかを求められる．

4．推定結果

表8-6 均等度・WLB評価と女性の企業別典型的就業継続／退職パターンの関係
（企業調査，順序プロビット）

モデル番号	説明変数（X）	Xの係数	標準誤差	Pseudo R^2	観測数
説明変数＝社員による評価					
（1）	均等度評価(個人属性調整済)	1.380	0.370 ***	0.047	599
（2）	WLB評価(個人属性調整済)	2.905	0.450 ***	0.064	599
（3）	均等度評価(個人属性調整済)	−0.722	0.489	0.065	596
	WLB評価(個人属性調整済)	3.452	0.586 ***		
説明変数＝客観的均等度指標					
（4）	女性正社員比率	1.026	0.227 ***	0.043	698
（5）	女性管理職比率	1.337	0.318 ***	0.044	594
（6）	コース別雇用管理制度なし	0.199	0.096 **	0.034	644
説明変数＝育児支援制度数					
（7）	存在する制度数	0.011	0.023	0.035	611
（8）	利用実績のある制度数	0.099	0.023 ***	0.046	611
（9）	社員が知っている制度数 (個人属性調整済)	0.101	0.037 ***	0.045	527

注1）被説明変数は，就業継続指標である．
注2）すべてのモデルは，企業規模ダミー，産業ダミー，労働組合ダミーを説明変数として含んでいる．
注3）*は10%水準で，**は5%水準で，***は1%水準で有意であることを示す．
注4）「社員による評価」および「社員が知っている制度数」は，結婚ダミー，子どもダミー，6歳未満子どもダミー，勤続年数，勤続年数2乗，他社での経験年数，学歴ダミー，職種ダミー，職位ダミーで調整している．

表8-6は，企業ごとの女性正社員の就業継続／退職パターンを被説明変数として，順序プロビットで推定したものだ．被説明変数は，典型的女性社員の退職時期が遅いほど大きな値をとる指数なので，正の係数は説明変数が女性の勤続期間と正の相関関係があることを意味している．モデル(3)以外は横1列が一つのモデルである．説明変数として，企業規模ダミー，産業ダミー，労働組合ダミーを用いているが，結果は省略している．モデル(3)は均等度評価とWLB評価を同時に説明変数としている．

これまでと異なり，経営トップの均等志向とWLB志向を説明変数にしたモデルは推定していない．それは，被説明変数が企業調査から得られた主観的変

数なので，説明変数も同じ調査の主観的変数を用いると，回答者の企業への思い入れや回答の癖（常に否定的な選択肢を選ぶなど）が推定結果にバイアスをもたらす可能性が大きいからだ．

表8-6によると，社員による均等度評価，WLB評価ともに社員の就業継続と正の相関関係がある．しかし，両方の変数を同時に説明変数としたモデル(3)では，WLB評価のみが有意となっている．つまり，WLB評価が高い企業では，女性正社員の勤続期間が長いが，均等度評価が高い企業は，WLB評価を調整すれば，女性正社員の勤続期間とは相関関係がない．

客観的な指標を用いたモデル(4)から(6)では，いずれの係数も有意に正となっている．均等化が進んでいる企業ほど女性の勤続期間が長いことを意味している．ただし，均等化が進んでいる企業ではWLBも充実しているので，均等化ではなくWLBの影響がここに現れている可能性がある．そこで，社員によるWLB評価や育児支援制度数を説明変数に加えて推定してみたが，客観的均等度指標の係数は相変わらず有意に正だった（推定結果は掲載していない）．このことから，客観的均等度の指標が高い企業では，WLBを調整しても女性の勤続期間が長いことがわかる．

育児支援制度に関する指標を説明変数としたモデルでは，存在する育児支援制度は女性正社員の勤続期間とほとんど相関関係がないが，利用実績のある制度と社員が知っている制度は勤続期間と有意に正の相関関係がある．制度そのものより，実際の利用しやすさが女性の勤続期間を長くしていると解釈できる．

4.5　均等度・WLBと就業継続意欲の関係

最後に，均等度とWLBが個人の就業継続意欲とどのような相関関係にあるかを分析した結果を表8-7にまとめている．就業継続意欲は5段階で表わされるので，順序プロビットを用いて推定している．表に掲載した変数以外に，説明変数として，賃金の対数値，結婚ダミー，子どもダミー，6歳未満子どもダミー，勤続年数，勤続年数2乗，他社での経験年数，学歴ダミー，職種ダミー，職位ダミー，企業規模ダミー，産業ダミー，労働組合ダミーを用いているが，結果は掲載していない．均等度やWLBと就業継続意欲との相関関係は，年齢によって違う可能性があるので，20歳以上40歳未満と40歳以上60歳未満の二つのサンプルに分けて推定している．

まず，20歳以上40歳未満のサンプルの推定結果を見る．意外なことに，就

4. 推定結果

表 8-7 均等度・WLB 評価と個人別就業継続意欲の関係
（管理職調査・一般社員調査，順序プロビット）

モデル番号	説明変数（X）	性別	X の係数	標準誤差	Pseudo R^2	観測数
			20 歳以上，40 歳未満			
説明変数＝経営トップの方針						
(1)	均等志向	男性	0.456	0.186**	0.030	1400
(2)	均等志向	女性	0.066	0.169	0.027	1613
(3)	WLB 志向	男性	0.286	0.179	0.029	1406
(4)	WLB 志向	女性	0.055	0.157	0.027	1616
説明変数＝社員による評価						
(5)	均等度評価（個人属性調整済）	男性	0.326	0.256	0.028	1409
(6)	均等度評価（個人属性調整済）	女性	0.237	0.238	0.027	1619
(7)	WLB 評価（個人属性調整済）	男性	0.990	0.287***	0.031	1404
(8)	WLB 評価（個人属性調整済）	女性	0.426	0.275	0.027	1612
説明変数＝客観的均等度指標						
(9)	女性正社員比率	男性	−0.001	0.170	0.028	1417
(10)	女性正社員比率	女性	−0.066	0.141	0.027	1633
(11)	女性管理職比率	男性	−0.114	0.224	0.028	1201
(12)	女性管理職比率	女性	−0.265	0.190	0.031	1397
(13)	コース別雇用管理制度なし	男性	−0.099	0.066	0.029	1328
(14)	コース別雇用管理制度なし	女性	−0.071	0.060	0.026	1523
説明変数＝育児支援制度数						
(15)	存在する制度数	男性	−0.022	0.016	0.032	1245
(16)	存在する制度数	女性	0.012	0.015	0.029	1404
(17)	利用実績のある制度数	男性	−0.010	0.015	0.032	1245
(18)	利用実績のある制度数	女性	0.009	0.014	0.029	1404
(19)	本人以外の社員が知っている制度数（個人属性調整済）	男性	0.040	0.026	0.032	1245
(20)	本人以外の社員が知っている制度数（個人属性調整済）	女性	0.064	0.023***	0.031	1404

注1) 被説明変数は就業継続意欲指標である．
注2) すべてのモデルは，賃金の対数値，結婚ダミー，子どもダミー，6歳未満子どもダミー，勤続年数，勤続年数2乗，他社での経験年数，学歴ダミー，職種ダミー，職位ダミー，企業規模ダミー，産業ダミー，労働組合ダミーを説明変数として含んでいる．
注3) すべてのモデルは，サンプルの職位ごと人数比が，全企業の実際の職位ごとの人数比と一致するようにウェイトをつけ，分散不均一のときの一致性のある標準誤差（White 1980）を用いている．
注4) *は10%水準で，**は5%水準で，***は1%水準で有意であることを示す．
注5) 「本人以外の社員による評価」，および，「本人以外の社員が知っている制度数」は，結婚ダミー，子どもダミー，6歳未満子どもダミー，勤続年数，他社での経験年数，学歴ダミー，職種ダミー，職位ダミーで調整している．

表 8-7 つづき

モデル番号	説明変数（X）	性別	Xの係数	標準誤差	Pseudo R^2	観測数
			40歳以上，60歳未満			
説明変数＝経営トップの方針						
(21)	均等志向	男性	−0.025	0.174	0.028	1787
(22)	均等志向	女性	0.276	0.346	0.034	603
(23)	WLB 志向	男性	−0.184	0.193	0.028	1784
(24)	WLB 志向	女性	0.048	0.329	0.033	601
説明変数＝社員による評価						
(25)	均等度評価（個人属性調整済）	男性	0.077	0.272	0.028	1787
(26)	均等度評価（個人属性調整済）	女性	0.390	0.443	0.033	606
(27)	WLB 評価（個人属性調整済）	男性	−0.259	0.322	0.028	1775
(28)	WLB 評価（個人属性調整済）	女性	0.973	0.465**	0.035	605
説明変数＝客観的均等度指標						
(29)	女性正社員比率	男性	−0.140	0.193	0.028	1807
(30)	女性正社員比率	女性	0.679	0.245***	0.037	613
(31)	女性管理職比率	男性	−0.415	0.293	0.033	1545
(32)	女性管理職比率	女性	0.955	0.321***	0.043	554
(33)	コース別雇用管理制度なし	男性	−0.162	0.067**	0.029	1670
(34)	コース別雇用管理制度なし	女性	−0.117	0.121	0.031	553
説明変数＝育児支援制度数						
(35)	存在する制度数	男性	−0.021	0.017	0.030	1585
(36)	存在する制度数	女性	0.063	0.027**	0.048	521
(37)	利用実績のある制度数	男性	−0.021	0.017	0.030	1585
(38)	利用実績のある制度数	女性	0.026	0.027	0.044	521
(39)	本人以外の社員が知っている制度数（個人属性調整済）	男性	−0.054	0.029*	0.030	1585
(40)	本人以外の社員が知っている制度数（個人属性調整済）	女性	0.125	0.043***	0.050	521

業継続意欲と有意な相関関係のある均等度やWLBの指標は少ない．男性では，経営トップの均等志向と社員によるWLB評価が有意に正の係数をもっている．女性では，本人以外の社員が知っている育児支援制度数が有意に正の係数をもっているのみだ．

女性の就業継続／退職パターンを被説明変数として推定した表8-6では，均等度やWLBの指標は女性の勤続期間と強い正の相関関係があったにもかかわらず，表8-7の20歳代と30歳代の女性では，モデル(20)を除いて明白な相関関係がみられない．これはなぜだろうか．

一つの理由は，表8-7のモデルは賃金を調整していることだ．均等度やWLBが充実している企業では女性の賃金も高いため，それが就業継続意欲を高めている可能性がある．確認のため，賃金を説明変数から除いたモデルも推定してみた（結果は掲載していない）．すると，モデル(2)と(8)の係数が10％水準で有意に正，モデル(6)が5％水準で有意に正となった（ただし，モデル(12)では，10％水準で有意に負となった）．このように，主観的な均等度やWLBの指標に関するかぎり，均等度やWLBの指標が高い企業では賃金も高く，均等度やWLB自体よりも賃金が勤続期間を伸ばしている可能性がある．

次に，40歳以上60歳未満のサンプルの推定結果を見る．男性は社員によるWLB評価を除いて，均等度指標もWLB指標も負の係数をもっている．ただし，有意であるのはコース別雇用管理制度なしダミーのみだ．均等化やWLBの充実は40歳以上の男性の勤続意欲にはほとんど影響がないかやや負の影響があることがわかる．

それに対し，女性の場合は，一つのモデルを除いてすべて正の係数をもっており，うち四つが有意に正となっている．つまり，均等化やWLBの推進は，40歳代以降の女性の就業継続意欲を高めている．なかでも，本人以外の社員が知っている育児支援制度数は，40歳未満の女性の就業継続意欲とも強い正の相関関係をもっていたことから，年齢にかかわらず，育児支援制度の周知が女性社員の働く意欲を増大させることがわかる．

ではなぜ，均等度やWLBと就業継続意欲との相関関係は20歳代や30歳代の女性より40歳代や50歳代の女性において強いのだろうか．女性管理職比率の係数が40歳以上の女性で有意なのは，社員自身が管理職になる年代になってはじめて，同性の管理職比率の高さが働きやすさや昇進意欲を高めるのかもしれない．育児支援制度の影響が40歳以上の女性で大きいことについては，

20歳代では未婚が多いため，WLBの恩恵を受けていないことが考えられる．20歳代や30歳代の女性の就業継続意欲の決定要因については，今後の研究課題としたい．

5．まとめ

本章では，均等化やWLBに関する多様な指標が，賃金や就業継続意欲とどのような相関関係にあるかを分析した．主な発見は以下のとおりである．

均等度やWLBの指標が高い企業ほど：
①女性の初任給が高く，男女の初任給格差が小さい．
②勤続にともなう賃金上昇率のジェンダー格差が小さい．
③女性の退職時期が遅い．
④40歳以上の女性の就業継続意欲が高い．
⑤男女とも賃金水準が高い．

①は，均等化を進めている企業やWLB施策を実施している企業では，優秀な女性を採用するために，初任給が高いためと推測できる．②は，均等化施策やWLB施策を実施している企業では，女性が配置・訓練・昇進などで均等に扱われるため，男性同様に賃金が上昇するためだろう．
③と④の結果は，WLB施策が女性の就業継続意欲を高める可能性を示している．均等化施策やWLB施策と男性の就業継続意欲との関係は明確ではなかった．⑤については，男女で少し傾向が異なる．均等度やWLBの指標が高い企業では，女性と若い男性の賃金水準は高いが，30歳代半ば以上の男性については均等度やWLBの指標によっては，逆の結果が出ることもある．
このように，均等化を進めている企業やWLB施策を実施している企業は，女性の賃金が高く，就業継続意欲が高く，女性が働きやすい企業であることがわかった．男性が働きやすいか否かは明確ではないが，少なくとも均等化施策やWLB施策が男性を働きにくくしているという証拠はない．これどころか，均等化施策やWLB施策を実施している企業では，そうではない企業と比べて，男性の賃金もやや高いことがわかった．

補論1 「社員が知っている育児支援制度数（個人属性調整済）」の導出方法

「社員が知っている育児支援制度数（個人属性調整済）」の導出方法は以下のとおりだ．ただし，文中の制度aからmは，管理職調査と一般社員調査の質問票の中の制度aからmを指している．

①育児支援制度aが存在している企業を抽出する．
②会社に制度aが存在し，かつ社員iが「制度aがある」と回答した場合に1，「わからない」または「ない」と回答した場合に0をとるダミー変数を作成する．
③そのダミー変数を被説明変数とし，個人属性を説明変数としてOLSで回帰分析する．個人属性として，結婚ダミー，子どもダミー，6歳未満子どもダミー，勤続年数，他社での経験年数，学歴ダミー，職種ダミー，職位ダミーを用いる．
④OLS推定の残差を求める．
⑤制度aが存在している企業全体で，何パーセントの労働者がその制度を知っているかを求める．これを制度aの「平均的認知度」と呼ぶ．
⑥制度aの「平均認知度」にOLS推定の残差を加える．残差を加えた結果，その値が負の場合は0，1以上の場合は1に置きかえる．また，制度aのない企業については，0とする．これを，制度aに対する社員iの「制度認知度（個人属性調整済）」と呼ぶ．
⑦同じ企業の回答者の制度aに対する個人別「制度認知度（個人属性調整済）」の平均値を求める．これを，その企業の制度aに対する「制度認知度（個人属性調整済）」と呼ぶ．
⑧制度bからmについても，同様にして企業別「制度認知度（個人属性調整済）」を求める．
⑨企業ごとに，aからmまでの13の制度に対する「制度認知度（個人属性調整済）」を合計する．これを「社員が知っている育児支援制度数（個人属性調整済）」と呼ぶ．

第 8 章　男女が働きやすい職場とは

補論 2　「本人以外の社員が知っている育児支援制度数（個人属性調整済）」の導出方法

「本人以外の社員が知っている育児支援制度数（個人属性調整済）」の導出方法は以下のとおりだ．①から⑥までは「社員が知っている育児支援制度数（個人属性調整済）」の導出方法と同じである．⑦番目以降は以下のようになる．

⑦社員 i と同じ企業で働く，社員 i を除く全回答者の制度 a に対する「制度認知度（個人属性調整済）」の平均値を求める．これを，その企業の制度 a に対する「社員 i を除く社員の制度認知度（個人属性調整済）」と呼ぶ．

⑧制度 b から m についても，同様にして「社員 i を除く社員の制度認知度（個人属性調整済）」を求める．

⑧社員 i が属する企業の a から m までの 13 の制度に対する「社員 i を除く社員の制度認知度（個人属性調整済）」を合計する．これを「本人以外の社員が知っている育児支援制度数（個人属性調整済）」と呼ぶ．

第 9 章　革新的企業では女性が活躍しているのか：コーポレート・ガバナンス／経営改革と女性の活躍

> 要約
>
> 　本章では，企業経営と女性の活躍にかかわる二つの仮説を，わが国のデータを用いて検証する．二つの仮説とは，「日本的雇用制度の諸特徴が女性の活躍を妨げている」と「効率的経営を追求する企業では，女性が活躍している」である．
>
> 　第一の仮説は，日本的雇用制度は女性差別を不可欠の構成要素としているという第 6 章の議論から導かれる実証仮説である．第二の仮説は，非効率的な経営が女性差別の原因であるという第 2 章の主張から導き出されるものである．また，革新的企業による経営改革が＜企業における女性差別的雇用制度＝家庭における性別分業＞というわが国が陥っている均衡からの脱出の原動力になりうるという第 5 章と第 6 章の議論の裏づけとなるものである．
>
> 　推定の結果，いずれの仮説も支持される．第一の仮説が支持されることは，長期雇用に基づく人材育成制度が女性の活躍を困難にしているという第 6 章の議論を支持するものである．ただ，筆者は長期雇用に基づく人材育成制度の廃止を主張しているわけではない．そのような制度のもとで女性労働力を活用するには，より一層のワーク・ライフ・バランス施策の充実が必要であることを強調したい．
>
> 　第二の仮説が支持されることは，経営効率を重視した経営へと戦略を転換する革新的企業が，女性を重要な戦力と捉えていることを意味している．このような企業を後押しするには，労働市場をより透明度の高い効率的なものにする必要があることを終章で議論する．

1. 課題と構成

これまでの章で，日本的雇用制度は女性差別を不可欠の構成要素としており，家庭における性別分業やワーク・ライフ・バランス（以下，WLBと略す）を妨げる社会経済制度と相互依存関係にあることを議論してきた．また，近年の社会経済環境の変化を反映して，女性を積極的に活用しようとする企業が現れており，そのような企業の増加と成長が，〈企業における女性差別的雇用制度＝家庭における性別分業＝WLBを妨げる社会経済制度〉の均衡から脱却するための原動力になる可能性を指摘した．

このような議論を踏まえて，第8章と第9章は女性が活躍する企業の特徴を多面的に捉えることを目的としている．第8章では，均等度が高くWLBが充実している企業では男女とも賃金が高いこと，とくに女性の初任給や勤続にともなう賃金上昇率が高く，就業継続意欲も高い傾向にあることを指摘した．本章では，雇用制度や経営改革が女性の活躍とどのように関係しているかを分析し，終章での政策提言につなげる．

本章の第一の目的は，「日本的雇用制度の諸特徴が女性の活躍を妨げている」という第6章における理論的考察から得た結論を，個票データを用いて検証することである．日本企業においていかに女性が差別されているかという事例研究は多いが[1]，日本的雇用制度の特徴と女性の活躍の関係について計量的に分析した研究はほとんどない．日本的雇用制度の特徴である長期雇用制度，長期的人材育成，企業の都合に応じた柔軟な働き方，年功賃金制度などが，女性の活躍とどのように関係しているかを分析する．

第二の目的は，「効率的な経営をめざす革新的企業では女性が活躍している」という仮説を証明することである．これは，第3章で提示した「非効率的な経営による差別」の実証である．革新的企業は，常にあらゆる可能な改革を模索しており，その一環として女性の活用を進めている．本章では，企業の社会的責任（Corporate Social Responsibility，以下，CSRと略す）への取り組み，取締役会の改革，株主広報活動，株主総会の改革，WLBのための改革などの経営改革が女性の活躍とどのように関連しているかを実証的に分析する．

また，本章では，企業が効率的経営を行う背景として株主によるガバナンス

---

1 たとえば，森（2005）は，女性差別が裁判で争われた事例について詳しく紹介している．

に着目する．従来の非合理的差別の研究は，生産物市場の競争が効率的経営を企業に迫るという観点から，産業の集中度と差別の関係を分析してきた[2]．しかし，生産物市場の競争が激しくなくても，企業のステークホルダーが経営の効率化を強く求めれば，経営者は効率的経営を迫られるはずだ[3]．そのようなタイプのステークホルダーが外国人を含めた機関投資家だ[4]．機関投資家重視の経営を行っている企業では，経営効率改善のための多面的な改革の一環として，女性の活用を行っていることを明らかにする．さらに，女性が活躍する企業は，単に女性を活用し始めたという意味で革新的であるだけでなく，取締役会の改革，株主総会の改革，CSRへの取り組みなど，多面的な経営改革を行っているという意味で革新的であることが明らかになる．

本章の構成は以下の通りだ．第2節では，実証分析に使用したデータを紹介する．第3節では，実証モデルに使用する変数を説明する．第4節では，ステークホルダーの違いが，雇用制度や経営改革にどのような違いをもたらしているかを分析する．そして，第5節で実証結果について議論する．最後に，第6節で本章の議論をまとめる．

---

[2] Kawaguchi, D. (2007), Ashenfelter and Hannan (1986), Black and Strahan (2001)，および本書の第4章の議論を参照されたい．

[3] 株主の発言力が強まれば，企業が効率的経営を迫られるという因果関係とは逆の因果関係も存在する．すなわち，効率的経営を行っている企業では，安定株主の比重が小さくなり，外国人株主の比重が大きくなる傾向がある．宮島・原村・江南（2003）は，1990年代後半に，収益力の高い企業では，外国人株主比率が上昇し，銀行や保険会社の株主比率が低下したことを発見している．彼らは，収益力のある企業の株式所有構造において銀行の比重が低下した背景として，銀行が高株価の企業を売却して売却益を確保しようとしたこと，収益力の高い企業は資金調達で銀行に依存する程度が低くなったことなどをあげている．

[4] 米澤・宮崎（1996）は，外国人株主比率が高い企業ほど生産性が高いことを，宮島他（2002）は，外国人株主比率が高い企業ほど生産性の上昇率が高いことを発見している．また，堀内・花崎（2004）は，外国人株主比率の高い産業では，生産性の上昇率が高いことを，宮島・黒木（2004）は，外国株主比率や国内機関投資家比率が高い企業ほど，総資産利益率やトービンのqが高いことを発見している．

2. データ

　使用するデータは，労働政策研究・研修機構の「企業のコーポレート・ガバナンス・CSR と人事戦略に関する調査」だ．これは，上場企業全数 2531 社（東京1部・2部，大阪1部・2部，名古屋1部・2部）を対象に，2005 年 10 月 6 日から 10 月 21 日にかけて実施された．調査方法は，郵送による調査票の配布・回収である．有効回収数は 450 社，有効回収率は 17.8%である．

　調査票は，「I　経営スタンスや CSR（企業の社会的責任），IR（株主広報活動）等について」，「II　正社員の人事・労務管理制度について」，「III　貴社について」から構成されている．IIIは，従業員数，勤続年数，業況などを問うている．Iについては経営企画担当者が，IIとIIIについては人事・労務担当者が答えている．

　また，この調査に，日経 NEEDS を結合させる．本章の研究では，財務データは用いないが，産業分類には NEEDS を利用する．さらに，2006 年 1 月に，企業が CSR 報告書や人事関連情報を Web で公開しているか否かを筆者が独自に調査した．人事関連情報とは，求人などの情報ではなく，障害者雇用率や育児休業制度利用率などの具体的な数字をともなう情報のことだ．これらのデータを元のデータベースと結合して使用する．

　記述統計量は表 9-1 にある．調査票の質問項目や回答のクロス集計などについては労働政策研究・研修機構（2007a）を参照されたい．

3. 実証モデル

　実証モデルでは，被説明変数に女性の活躍を捉える三つの変数を，説明変数に雇用制度，経営改革，ステークホルダーの力関係などを捉える多様な変数を用いる．

3.1　女性の活躍を捉える変数

　まず，被説明変数から説明しよう．女性活躍の度合いを示す変数として，次の三つを用いる．

第9章　革新的企業では女性が活躍しているのか

表 9-1　記述統計量

変数名	観測数	平均	標準偏差	最小値	最大値
正社員に占める女性の割合	376	0.266	0.234	0	1
管理職に占める女性の割合	361	0.016	0.031	0	0.25
ポジティブ・アクション施策数	334	2.695	2.718	0	10
これまで重視してきた利害関係者					
株主より銀行を重視	437	0.240	0.428	0	1
銀行より株主を重視	437	0.439	0.497	0	1
いずれも重視しなかった	437	0.320	0.467	0	1
これまで発言力が強かった利害関係者					
株主より銀行が発言力	425	0.369	0.483	0	1
銀行より株主が発言力	425	0.355	0.479	0	1
いずれも発言力が弱かった	425	0.275	0.447	0	1
社員平均勤続年数の対数値	413	2.599	0.538	0	3.714
一人前になるまでの期間の対数値	415	1.277	0.633	−1.386	2.708
一人前になるまでの期間が					
早まっている・やや早まっている	428	0.362	0.481	0	1
過去10年間に解雇または希望退職実施	432	0.468	0.500	0	1
過去10年間に経営危機あり	439	0.399	0.490	0	1
平均年次有給休暇取得率	359	0.409	0.235	0.002	1
福利厚生制度数					
住宅関連	432	2.389	0.772	0	3
レジャー関連	433	1.998	0.966	0	3
自己啓発関連	430	1.879	1.115	0	4
大卒35歳賃金（大卒初任給=1.00）	346	1.829	0.496	1.02	5.50
大卒35歳賃金格差					
（最高賃金の対数値－最低賃金の対数値）	316	0.380	0.249	0	1.609
CSR取り組み分野数	443	7.201	3.455	0	14
CSR取り組み施策数	418	4.761	3.342	0	10
CSR報告書をWebで公開（2006年1月現在）	449	0.258	0.438	0	1
人事関連情報をWebで公開(2006年1月現在)	450	0.189	0.392	0	1
株主広報活動（IR）施策数	433	3.624	2.212	0	9
株主総会改革施策数	450	2.351	1.493	0	7
取締役会改革施策数	441	1.397	1.037	0	1
年次有給休暇取得促進施策数	429	1.655	1.339	0	7
労働時間適正化施策数	402	4.609	2.530	0	12
全社員数					
1-99人	450	0.044	0.206	0	1
100-299人	450	0.124	0.330	0	1
300-499人	450	0.118	0.323	0	1
500-999人	450	0.216	0.412	0	1
1000-1999人	450	0.160	0.367	0	1
2000-4999人	450	0.200	0.400	0	1
5000人以上	450	0.138	0.345	0	1

表 9-1 つづき

変数名	観測数	平均	標準偏差	最小値	最大値
産業					
建設業	450	0.089	0.285	0	1
食料品	450	0.049	0.216	0	1
繊維製品	450	0.038	0.191	0	1
化学	450	0.067	0.250	0	1
医薬品	450	0.031	0.174	0	1
ガラス・土石製品	450	0.027	0.161	0	1
金属	450	0.058	0.234	0	1
機械	450	0.073	0.261	0	1
電気機器	450	0.076	0.265	0	1
輸送用機器	450	0.051	0.220	0	1
精密機器	450	0.013	0.115	0	1
その他製品	450	0.040	0.196	0	1
電気・ガス業	450	0.022	0.148	0	1
運輸業	450	0.031	0.174	0	1
情報・通信業	450	0.062	0.242	0	1
小売業	450	0.100	0.300	0	1
卸売業	450	0.033	0.180	0	1
金融	450	0.069	0.254	0	1
サービス業	450	0.071	0.257	0	1
組合あり	442	0.722	0.449	0	1

○正社員に占める女性の割合
○管理職に占める女性の割合
○ポジティブ・アクション施策数

管理職とは，課長以上の役職者のことを指す．ポジティブ・アクション施策数は，厳密にいうと，女性の活躍そのものを捉えているわけではなく，女性が将来活躍できるよう企業が取り組んでいるかどうかを捉えるものだ．ポジティブ・アクション施策数とは，以下の質問で「実施している」と回答された施策の数である．

現在，貴社では，ポジティブ・アクションにかかわる以下の施策を実施していますか．次の(a)～(j)の各項目について，それぞれあてはまる番号に○をつけてください．

(a) ポジティブ・アクションに関する専任の部署，あるいは担当者を設置（推進体制の整備）
(b) 問題点の調査・分析
(c) 女性の能力発揮のための計画を策定
(d) 女性の積極的な登用
(e) 女性の少ない職場に女性が従事するための積極的な教育訓練
(f) 女性専用の相談窓口
(g) セクハラ防止のための規定の策定
(h) 仕事と家庭との両立支援（法律を上回る）を整備
(i) 男性に対する啓発
(j) 職場環境・風土を改善

表 9-1 によれば，管理職に占める女性の割合は，平均で 1.6% である．43% の企業には女性の課長が一人もいない．女性管理職の割合が最も大きい企業でも，25% にすぎない．

また，ポジティブ・アクション施策数の平均はおよそ 2.7 だ．実施している企業に限ると 3.8 となる．表には掲載していないが，ポジティブ・アクションを実施している企業の割合は，54% だ．最も多くの企業が実施している施策は，「セクハラ防止のための規程の策定」で，「女性の積極的な登用」がそれに続く．

3.2 日本的雇用制度の特徴を捉える変数

長期雇用制度と長期的人材育成

次に，説明変数を紹介しよう．調査票のなかには，日本的雇用制度の特徴を捉える質問がいくつかある．まず，長期雇用制度と長期的人材育成を捉える変数として，以下のものを用いる．

○「社員の平均勤続年数」の対数値
○「一人前になるまでに必要な期間」の対数値
○「一人前になるまでの期間が早まっている・やや早まっている」ダミー
○「過去 10 年間に解雇または希望退職実施」ダミー

3. 実証モデル

　表 9-1 によると,「社員の平均勤続年数」の対数値の平均は, 2.6 (約 13 年) だ. 長期雇用制度が強い企業ほど女性の活躍にとって不利であるため, 女性の活躍に対し負の効果が予想される.

　長期的人材育成を捉える変数として,「一人前になるまでに必要な期間」の対数値を用いる. これは, 以下の質問への回答だ.

> 現在, 貴社の新入社員が採用後, 貴社のコアの仕事をできるようになる (一人前と呼べるようになる) には, だいたいどのくらいの期間が必要と考えていますか.

　表 9-1 によると, 対数の平均値は 1.3, すなわち約 3.6 年である. この値が大きいほど企業は長期的な人材育成を行っている. すなわち, 下積み期間が長いため, 離職確率が高い女性にとっては不利であると考えられる. したがって, この変数の係数の符号は負と予想される.

　また, 長期的人材育成の変化を捉えるために,「一人前になるまでの期間が早まっているか否か」を説明変数として用いる. これは以下の質問への回答だ.

> 過去 5 年間で, 貴社の新入社員が, 貴社のコアの仕事ができるようになる (一人前と呼べるようになる) ための期間は, 早まっていると思いますか. (○印は一つ)
> 1. 早まっている
> 2. やや早まっている
> 3. あまり変わらない
> 4. やや遅くなっている
> 5. 遅くなっている

　表 9-1 によると,「早まっている」と「やや早まっている」が合わせて 36% である. 表には掲載していないが,「あまり変わらない」が 54% である. 逆に,「やや遅くなっている」と「遅くなっている」は合わせて 10% だ. 一人前になる期間が早まっている企業では, 女性の活躍を難しくしている要因の一つが除去されつつあると解釈できる. したがって,「早まっている・やや早まっている」の符号は正が期待される.

　さらに, 雇用調整方法を捉えるため,「過去 10 年間の雇用調整」に関する変

数を用いる．日本的雇用制度の下における典型的雇用調整は，残業規制や配置転換や出向であり，希望退職や解雇はできるだけ避けようとする．「調査」では，雇用調整に関して以下の質問をしている．

> 貴社は，ここ10年間，事業再構築を行う上で，以下の雇用調整にかかわる施策を実施しましたか．（あてはまるものすべてに○）
> 1．ここ10年間に雇用調整にあたることはしていない
> 2．解雇
> 3．希望退職の募集，早期退職優遇制度の創設・拡充
> （4〜14略）

この質問への回答から，「2．解雇」または「3．希望退職の募集，早期退職優遇制度の創設・拡充」を実施した場合に1をとるダミー変数を作成する．また，雇用調整に至る経営状態の悪化を調整するために，「過去10年間の経営危機」ダミーを用いる．これは，過去10年間に経営危機があったかどうかを尋ねた質問への回答を利用する．

過去10年間に経営危機を経験した企業は40％に上り，47％の企業が解雇・希望退職・早期退職優遇制度の拡充を実施している．経営危機を経験しなかった企業でもおよそ3分の1が解雇や希望退職を実施している一方で，経営危機を経験した企業でもおよそ3分の1は解雇や希望退職を実施していない．解雇や希望退職は長期雇用制度の希薄さを示すので正の符号が期待される．

働き方の自由度

○年次有給休暇取得率

働き方の自由度を捉える説明変数として「年次有給休暇取得率」を用いる．取得率が高い企業では，企業の都合に応じた柔軟な働き方ではなく，労働者の都合に応じた柔軟な働き方が，ある程度実現されているはずだ．したがって，正の符号が予想される．サンプルの平均値は40％だ．

福利厚生制度

さらに，福利厚生制度の面から日本的経営の特徴を捉える．福利厚生制度については以下の質問がある．

以下の福利厚生制度の中で，貴社が現在導入している制度をお教えください．次の(a)〜(j)の各項目について，(1)制度実施の有無（慣行も含む）と(2)今後の方針について，それぞれあてはまる番号に○をしてください．
住宅
　(a) 社宅・借上社宅
　(b) 独身寮
　(c) 住宅手当
レジャー
　(d) 文化・体育・レクリエーション活動支援
　(e) 余暇施設（自社所有：保養所，運動施設）
　(f) 余暇施設（契約型：保養所，運動施設）
自己啓発
　(g) 公的資格取得支援
　(h) 国内外の大学等への留学制度
　(i) 通信教育支援
　(j) 教育訓練休暇

この質問への回答から次の変数を求めて説明変数とする．

○住宅関連福利厚生制度数
○レジャー関連福利厚生制度数
○自己啓発関連福利厚生制度数

これらの制度のうち，とくに注目するのは「住宅関連福利厚生制度」である．この制度は従業員の転勤を容易にするほか，従業員の企業への定着を目的としたもので，日本的雇用制度の特徴を表わしている制度である．したがって，女性の活躍に対しては負の係数が予想される．住宅関連福利厚生制度数の平均値は 2.4 だ．

それに対し，「自己啓発関連福利厚生制度」は，日本的雇用制度の特徴であ

る長期的な企業主導の人材育成に代わる，労働者主導の人材育成に対する支援といえる．労働者が自分の生活設計に合ったキャリア形成を行うことができる．これは，女性の活躍に対し正の係数が予想される．

年功賃金制度／成果主義的賃金制度

さらに，賃金制度に関する説明変数として，次の変数を用いる．

○大卒35歳平均賃金（大卒初任給＝1.00）
○大卒35歳賃金格差＝大卒35歳最高賃金の対数値－大卒35歳最低賃金の対数値

近年，賃金の年功的要素を小さくし，成果主義的要素を大きくする企業が増えている．大卒35歳の平均賃金が低いほど，また格差が大きいほど賃金制度は非年功的で成果主義的といえる．賃金の年功性を捉える大卒35歳平均賃金は，女性の活躍に対し負の効果が，大卒35歳賃金格差は，女性の活躍に対して正の効果が予想される．大卒35歳の賃金は大卒初任給の1.8倍，大卒35歳賃金対数値の最高と最低の差は0.38だ．これは，最高賃金は最低賃金のおよそ1.5倍であることを意味する．

3.3 コーポレート・ガバナンスと経営改革を捉える変数

ステークホルダーの力関係

ステークホルダーの力関係は，コーポレート・ガバナンスに大きな影響を及ぼす．日本企業では伝統的に銀行の力が強く，株主の力は弱かった．銀行は，経営が順調であるときには，ほとんど経営に口出ししない．経営が危機に陥ったときに初めてメインバンクが介入し，経営建て直しを行う．それに対し，株主は，より短期の利益を重視するため，常に企業の経営効率の改善を求めて発言する．したがって，銀行と株主の力関係が，企業経営の性格を大きく左右する．

ステークホルダーの力関係を捉える変数として，以下のものを用いる．「効率的な経営をめざす革新的企業では女性が活躍している」という仮説が正しければ，「銀行より株主を重視してきた」と「銀行より株主の発言力が強い」のダミー変数は女性の活躍と正の相関関係があるはずだ．

3．実証モデル

○「株主より銀行を重視してきた」ダミー
○「銀行より株主を重視してきた」ダミー
○「いずれも重視しなかった」ダミー
○「株主より銀行の発言力が強かった」ダミー
○「銀行より株主の発言力が強かった」ダミー
○「いずれも発言力が弱かった」ダミー

これらは，調査にある以下の質問への回答を利用する．

> 貴社は，次にあげる利害関係者（ステークホルダー）について，
> (1) これまで，経営側が重視してきたのはどの主体ですか．また，今後重視するのはどの主体ですか．それぞれ，1～8の中から，重視した程度の大きなものから順に3つ以内を選び，その番号を書いてください．
> (2) これまで，貴社の経営に対する発言力がとくに強かった主体及び，今後強い発言力を持つと思われる主体について，それぞれ，1～8の中から，発言力が強いと思われる程度の大きなものから順に3つ以内を選び，その番号を書いてください．
> 注）「これまで」と「今後」の回答は重複してもかまいません．
>
> 1．顧客（消費者）　　　5．取引先銀行
> 2．従業員　　　　　　　6．取引先企業
> 3．個人投資家　　　　　7．グループ企業
> 4．機関投資家　　　　　8．その他（具体的に：　　　）
>
> 引用者注：下線も調査票にあるとおり引用している．

この質問(1)への回答から，「取引先銀行」が「個人投資家」や「機関投資家」より上位にある場合に1をとる変数が，「株主より銀行を重視してきた」ダミーであり，「個人投資家」または「機関投資家」のいずれか一つが「取引先銀行より」上位にある場合に1をとる変数が「銀行より株主を重視してきた」ダミーである．3位までに，「個人投資家」も「機関投資家」も「取引銀行」も入っていない場合は，「いずれも重視しなかった」ダミーに1を付与する．「発言力」についても同様に変数を作成する[5]．

---

[5] 「銀行より株主を重視してきた」ダミーの「株主」に機関投資家だけでなく個人投資家も含めるのは，企業が重視する個人投資家は発言力のない小株主・浮動株主ではなく，あ

第9章 革新的企業では女性が活躍しているのか

　株主は常に効率的経営を迫るため，株主の力が強い企業では，非合理的な女性差別は少ないはずだ．したがって，「銀行より株主を重視してきた」ダミーや「銀行より株主の発言力が強かった」ダミーは，女性の活躍と正の相関関係をもっていると予想できる．

経営改革への取り組み

　経営改革への取り組みを捉える変数として，以下のものを用いる．

○CSR取り組み分野数
○CSR取り組み施策数
○「CSR報告書をWebで公開」ダミー
○「人事関連情報をWebで公開」ダミー
○株主広報活動（IR）施策数
○株主総会改革施策数
○取締役会改革施策数
○年次有給休暇取得促進施策数
○労働時間適性化施策数

CSRへの取り組み状況については，どのような分野のCSRに取り組んでいるかを尋ねた以下の質問への回答を用い，取り組み分野の数を計算する．

貴社が実際に取り組んでいるCSR（コンプライアンスを含む）は以下のうちどれですか．（あてはまるものすべてに○）
1．法令・倫理の遵守
2．公正競争の尊重
3．取締役会・監査役等による監督・監査の実効性の確保
4．積極的な情報公開・開示
5．誠実な顧客対応
6．技術と知識のイノベーションの推進
7．社員のエンプロイアビリティの向上

る程度の発言力のある個人投資家であり，彼らもまた効率的な経営を企業に迫ると考えられるからである．

> 8. 社員の育児・介護への配慮
> 9. 男女間の機会均等
> 10. 環境への配慮
> 11. 社会貢献活動への関与
> 12. NGO/NPO との協力・連携
> 13. 世界的諸課題（貧困，環境，紛争等）解決への行動
> 14. その他

　記述統計量によると，平均取り組み分野数は 7.2 だ．最も多くの企業が取り組んでいるのは「法令・倫理の遵守」で，「誠実な顧客対応」，「積極的な情報公開・開示」，「環境への配慮」がそれに続く．

　また，どのような施策を実施しているかについての以下の質問から，実施施策数を計算し，説明変数とする．

> 現在，貴社では，CSR（コンプライアンスを含む）にかかわる以下の施策を実施していますか．次の (a)〜(j) の各項目について，それぞれあてはまる番号に○をつけてください．
> (a) CSR に関する「行動指針」を策定
> (b) 倫理規範，行動規範等の明文化された社内規程を作成
> (c) 会社内の法令違反などについて社内通報ができる規程を作成
> (d) 法令遵守に関して内部通報を行った者の権利保護規程（解雇など不利益な取扱い禁止等）の制定
> (e) 従業員などからの相談・通報に対応する体制（いわゆるヘルプライン）を整備
> (f) CSR に関する専任部署を設置
> (g) CSR の担当部署の責任者として，役員など経営トップクラスが務めている
> (h) CSR に関して従業員向けの教育を定期的に実施
> (i) CSR 体制のチェックシステムとして，定期的な監査を実施
> (j) 自社の CSR やコンプライアンス体制について，ホームページなどで公表

　平均実施施策数は，4.8 だ．最も多くの企業が実施しているのが「倫理規範，行動規範等の社内規程の作成」で，「ヘルプラインの整備」，「経営トップクラスが責任者」，「内部通報規程の作成」がそれに続く．

第9章 革新的企業では女性が活躍しているのか

さらに，データベースにはないが，CSR報告書をWeb上で公開している企業と，育児休業取得率や障害者雇用率などの人事関連情報を公開している企業をインターネットで調べた．CSR報告書は26％の企業が，人事関連情報は19％の企業が公開している．これらのダミー変数も説明変数として用いる．これらは，CSRの一環とも捉えられるし，株主広報活動の一環とも考えられる．

次いで，株主を重視した経営改革を行っているかどうかを捉えるため，株主広報活動（IR）施策数，株主総会改革施策数，取締役会改革施策数の三つの指標を作成する．IR施策数は以下の質問を利用する．

貴社では，現在，どのような株主広報活動（IR）を実施していますか．次の(a)～(j)の各項目について，それぞれあてはまる番号に○をつけてください．
(a) 有価証券報告書等を資料冊子として，企業の主要な施設に常備
(b) アニュアルレポートをホームページ上で投資家情報として提供
(c) 国内でアナリストと定期的にミーティングを実施
(d) 海外でアナリストと定期的にミーティングを実施
(e) IR活動をコンサルティングしてもらう
(f) 社内にIR担当部署を設け，アナリスト・投資家向けの情報提供の専門部隊を配置している
(g) 英語のディスクロージャー誌を作成している
(h) 株主総会とは別に，「株主懇談会」を開催している
(i) 株主優待をしている
(j) 自社のCSRやコンプライアンス体制について，ホームページなどで公表

表9-1を見ると，平均3.6の施策を実施している．実施率が高い施策は，「アナリストとの定期的国内ミーティング」，「IR担当部署の設置」，「有価証券報告書等を常備」などである．

株主総会の改革については，以下の質問を用いる．

貴社の株主総会に対する取り組みについてうかがいます．次の(a)～(h)の各項目について，それぞれあてはまる番号に○をつけてください．
(a) 株主総会集中日を避けて総会を開催する

3. 実証モデル

> (b) 株主総会を土・日曜日に開催する
> (c) 株主総会通知を早期に発送する
> (d) 株主総会前に，取締役候補を開示
> (e) 株主総会で英語の同時通訳を実施
> (f) 総会を短時間に終了させることなく活発な議論を促している
> (g) 電子メールによる株主総会の招集通知
> (h) 電子メールによる株主の議決権行使

記述統計量によると，平均 2.4 の施策が実施されている．最も実施率が高い施策は，「株主総会前に，取締役候補を開示」で，それに続くのが，「総会での活発な議論」である．

次に，取締役会の改革への取り組みについて尋ねた以下の質問から，取締役会改革施策実施数を求める．

> 貴社では，以下の取締役会についての制度変更を実施していますか．次の(a)～(e)の各項目について，それぞれあてはまる番号に○をつけてください．
> (a) 委員会等設置会社に移行
> (b) 執行役員制度の導入
> (c) 社外取締役の登用
> (d) ストックオプション制の導入
> (e) 役員報酬の個別開示

表 9-1 によれば，企業は平均 1.4 の施策を実施している．実施率が高いのが，「執行役員制度の導入」と「社外取締役の登用」である．

次に，WLB 充実のための改革として，年次有給休暇取得促進施策数と労働時間適正化施策数を用いる．年次有給休暇取得促進施策数は以下の質問から作成する．

> 現在，貴社では，年次有給休暇の取得を促進するため，以下の施策を実施していますか．（あてはまるものすべてに○）
> 1. 連続取得の奨励

第 9 章 革新的企業では女性が活躍しているのか

2．一斉年休の導入
3．個人別年休の計画取得方針の導入
4．仕事量，仕事の進め方の見直し
5．要員の見直し，代替要員の確保
6．年休取得を人事考課・査定に影響させないルールの徹底
7．部下の年休取得状況を管理・監督者の評価項目にする
8．特段の取り組みはしていない

　記述統計量によると，平均 1.7 の取り組みを行っている．実施率が高いのが，「連続取得の奨励」で，「仕事量，仕事の進め方の見直し」がそれに続く．
　労働時間適正化施策数は，以下の質問から作成する．

現在，貴社では，労働時間の適正化にかかわる以下の施策を実施していますか．（あてはまるものすべてに○）
1．チェックシステムの導入（タイムカード，IC カード，パソコン立ち上げ時の出退勤管理等）
2．残業について管理職の事前指示に基づくようルール化
3．定時退社日の設定（ノー残業デーなど）
4．残業点検のための定期的な職場巡回
5．裁量労働・フレックスタイム適用者を増やす
6．代休取得の励行
7．社内相談窓口の設置
8．長時間残業者の特別健康診断
9．労働時間管理の適正化の周知・啓発
10．時間外労働に関する社内調査，実態把握
11．労働時間の専門委員会，対策部会等の設置
12．労使協議等で労働時間管理協定を締結

　記述統計量によれば，企業は平均 4.6 の施策を実施している．実施率が高い順に，「労働時間管理の適正化の周知・啓発」，「残業について管理職の事前指示に基づくようルール化」，「時間外労働に関する社内調査，実態把握」となっている．WLB に関する改革は，いずれも女性の活躍と正の相関関係があることが予想できる．

4. ステークホルダーと雇用制度／経営改革

　さて，第3節で紹介した被説明変数と説明変数が，ステークホルダーの力関係とどのように関係しているかを見よう．表9-2は，被説明変数と主要な説明変数の全サンプルの平均値と，株主より銀行を重視してきた企業の平均値，銀行より株主を重視してきた企業の平均値を比べている．第3節で，日本的雇用制度の特徴と指摘した変数は，株主より銀行を重視してきた企業で大きく，経営改革にかかわる変数は，銀行より株主を重視してきた企業で大きいはずだ．

　表9-2は，その予想が正しいことを示している．アスタリスクは，株主より銀行を重視してきた企業と銀行より株主を重視してきた企業で，平均値が有意に異なるか否かを示している．予想に反する結果は，二つだけだ．

　その一つは，「解雇または希望退職の実施」ダミーで，銀行を重視してきた企業において有意に大きい．これは，経営危機においてはメインバンクが主導して経営建て直しを行うため，リストラが迅速に行われるのが理由かもしれない．

　もう一つは，賃金の年功的性格を捉える「大卒35歳賃金」である．予想に反して，株主重視の企業のほうが大きい．ただし，その差は10%水準で有意ではない．

　表9-2の結果は，株主によるガバナンスが経営効率重視の経営改革を進め，日本的雇用制度を改革しつつあることを示している．では，そのような経営改革が女性の活躍とどのように関係しているだろうか．次に，それを分析する．

5. 推定結果

日本的雇用制度の特徴と女性の活躍の関係

　表9-3は日本的雇用制度の特徴を捉える変数と女性の活躍の関係を推定した結果である．モデル(6)，(14)，(22)以外は，横1行が一つのモデルを示している．モデル(6)，(14)，(22)は，三つの説明変数の係数を掲載している．すべてのモデルは，掲載している係数以外に，従業員数，産業，組合の有無のダミー変数を説明変数としているが，これらの係数は省略してある．

　まず，日本の雇用制度の特徴と女性正社員比率の関係（モデル(1)から(8)）

第9章　革新的企業では女性が活躍しているのか

表9-2　ステークホルダーと雇用制度・経営改革

変数名	全体 平均	全体 観測数	株主より銀行を重視 平均	株主より銀行を重視 観測数		銀行より株主を重視 平均	銀行より株主を重視 観測数
正社員に占める女性の割合	0.184 (0.008)	348	0.173 (0.016)	78		0.202 (0.013)	148
管理職に占める女性の割合	0.016 (0.002)	361	0.013 (0.003)	81	*	0.021 (0.003)	156
ポジティブ・アクション施策数	2.695 (0.149)	334	1.778 (0.239)	72	***	2.918 (0.228)	146
全従業員平均勤続年数の対数値	2.599 (0.026)	413	2.656 (0.042)	94	**	2.480 (0.048)	177
一人前になるまでの期間の対数値	1.277 (0.031)	415	1.328 (0.060)	102	*	1.175 (0.049)	177
一人前になるまでの期間が早まっている・やや早まっている	0.362 (0.023)	428	0.269 (0.044)	104	**	0.389 (0.036)	185
過去10年間に解雇または希望退職実施	0.468 (0.024)	432	0.559 (0.049)	102	**	0.403 (0.036)	186
平均年次有給休暇取得率	0.409 (0.012)	359	0.358 (0.023)	87	**	0.426 (0.019)	151
福利厚生制度数							
住宅関連	2.389 (0.037)	432	2.417 (0.075)	103		2.326 (0.061)	187
レジャー関連	1.998 (0.046)	433	1.745 (0.099)	102	***	2.086 (0.067)	187
自己啓発関連	1.879 (0.054)	430	1.686 (0.113)	102		1.865 (0.084)	185
大卒35歳賃金（大卒初任給=1.00）	0.183 (0.027)	346	1.745 (0.062)	86		0.185 (0.032)	145
大卒35歳賃金格差	0.380 (0.014)	316	0.294 (0.021)	77	***	0.442 (0.024)	129
CSR取り組み分野数	7.201 (0.164)	443	5.702 (0.308)	104	***	7.567 (0.253)	187
CSR取り組み施策数	4.761 (0.163)	418	3.454 (0.327)	97	***	5.199 (0.242)	176
CSR報告書をWebで公開	0.258 (0.021)	449	0.076 (0.026)	105	***	0.292 (0.033)	192
人事関連情報をWebで公開	0.189 (0.018)	450	0.038 (0.019)	105	***	0.229 (0.030)	192
株主広報活動（IR)施策数	3.624 (0.106)	433	2.460 (0.187)	100	***	4.281 (0.161)	185
株主総会改革施策数	2.351 (0.070)	450	1.838 (0.125)	105	***	2.563 (0.112)	192
取締役会改革施策数	1.397 (0.049)	441	1.038 (0.094)	104	***	1.556 (0.075)	187
年次有給休暇取得促進施策数	1.655 (0.065)	429	1.291 (0.108)	103	***	1.692 (0.097)	185
労働時間適正化施策数	4.609 (0.126)	402	3.789 (0.233)	90	***	4.730 (0.182)	174

注1）「株主より銀行を重視」は「これまで経営側が重視してきた利害関係者（1位から3位まで選択）」で銀行が株主より上位にいる企業。「銀行より株主を重視」は同じく，株主が銀行より上位にいる企業。1位から3位までに，銀行も株主も入っていない企業があるため，両者の観測数の合計は全体の観測数と一致しない．
注2）括弧の中の数字は標準誤差である．
注3）*，**，***は，「株主より銀行を重視」する企業の平均値と「銀行より株主を重視」する企業の平均値が，それぞれ10％，5％，1％水準で有意に異なることを意味する．

を見ると，予想に反して，ほとんどの係数は有意でない．「住宅関連福利厚生制度数」が負で有意であるのが唯一の有意な係数で，これは予想と一致している．

次に，日本的雇用制度の特徴と女性管理職比率の関係（モデル(9)から(16)）を見ると，すべての係数は予想したとおりの符号で，しかも三つを除いて有意だ．まず，社員の勤続年数が長いほど女性管理職が少ない．また，一人前になる期間が長いほど女性管理職が少ない．しかし，一人前になるまでの期間が早まっている企業では女性の管理職が多い．さらに，年次有給休暇取得率が高い企業や，大卒35歳の賃金格差が大きい企業では女性管理職が多く，住宅関連福利厚生制度が多い企業では女性管理職が少ない．

有意な係数をもっていないのは，「解雇・希望退職の実施」，「自己啓発関連福利厚生制度数」，「大卒35歳賃金」の三つだ．

次に，日本的雇用制度の特徴とポジティブ・アクション施策数の関係（モデル(17)から(24)）を見る．ここでも，二つを除いて，すべての係数は予想したとおりの符号で有意だ．長期雇用制度に基づく長期的人材育成や，企業の要求に応じた柔軟な働き方が見られる企業ではポジティブ・アクションが実施されにくいことがわかる．

コーポレート・ガバナンス／経営改革と女性の活躍の関係

最後に，コーポレート・ガバナンスや経営改革と女性の活躍の関係を見よう．表9-4がそれを示している．

まず，コーポレート・ガバナンスや経営改革と女性正社員比率の関係（モデル(1)から(11)）を見ると，意外なことに有意な係数は一つもない．ただし，係数の符号はモデル(2)を除いて，予想通りである．表9-3でも，日本的雇用制度の特徴と女性正社員比率の関係は曖昧だった．女性の活躍はさまざまな側面から捉えることができるが，正社員に女性が多いということと企業の経営改革とのあいだには，必ずしも強い相関関係があるわけではないようだ．

次に，コーポレート・ガバナンスや経営改革と女性管理職比率の関係（モデル(12)から(22)）を見よう．ここでは，すべての係数が予想通りの符号をもっており，二つを除いて有意である．株主のガバナンスが強く多様な経営改革に取り組んでいる企業ほど女性管理職が多いことがわかる．

コーポレート・ガバナンスや経営改革とポジティブ・アクションの関係もす

第9章　革新的企業では女性が活躍しているのか

表 9-3　日本的雇用制度の特徴と女性の活躍

モデル番号	説明変数（X）	Xの係数	標準誤差	R^2 対数尤度関数	観測数
被説明変数＝正社員に占める女性の割合					
(1)	全社員平均勤続年数の対数値	−0.001	0.030	0.209	365
(2)	一人前になるまでの期間の対数値	−0.030	0.020	0.219	356
(3)	一人前になるまでの期間が早まっている・やや早まっている	0.023	0.025	0.212	363
(4)	過去10年間に解雇・希望退職実施	−0.004	0.018	0.268	314
(5)	平均年次有給休暇取得率	0.066	0.067	0.214	323
(6)	福利厚生制度数　住宅関連　自己啓発関連	−0.033　0.007	0.016 **　0.012	0.247	362
(7)	大卒35歳賃金（大卒初任給＝1.00）	0.030	0.028	0.209	316
(8)	大卒35歳賃金格差	−0.021	0.058	0.216	297
被説明変数＝管理職に占める女性の割合					
(9)	全社員平均勤続年数の対数値	−0.020	0.005 ***	297.986	352
(10)	一人前になるまでの期間の対数値	−0.015	0.004 ***	278.492	344
(11)	一人前になるまでの期間が早まっている・やや早まっている	0.015	0.005 ***	288.175	350
(12)	過去10年間に解雇・希望退職実施	0.003	0.005	290.154	350
(13)	平均年次有給休暇取得率	0.029	0.013 **	261.947	313
(14)	福利厚生制度数　住宅関連　自己啓発関連	−0.009　0.002	0.003 ***　0.002	301.182	348
(15)	大卒35歳賃金（大卒初任給＝1.00）	−0.001	0.006	231.632	304
(16)	大卒35歳賃金格差	0.025	0.011 **	210.299	281
被説明変数＝ポジティブ・アクション施策数					
(17)	全社員平均勤続年数の対数値	0.219	0.507	−639.420	310
(18)	一人前になるまでの期間の対数値	−0.698	0.336 **	−634.170	311
(19)	一人前になるまでの期間が早まっている・やや早まっている	1.003	0.391 **	−660.052	323
(20)	過去10年間に解雇・希望退職実施	0.992	0.425 **	−668.433	324
(21)	平均年次有給休暇取得率	0.021	0.010 **	−569.136	275
(22)	福利厚生制度数　住宅関連　自己啓発関連	−0.834　0.573	0.263 ***　0.197 ***	−654.439	321
(23)	大卒35歳賃金（大卒初任給＝1.00）	0.802	0.521	−527.031	259
(24)	大卒35歳賃金格差	4.275	1.022 ***	−470.929	236

注1）すべてのモデルは掲載されている説明変数（X）以外に，従業員数，労働組合の有無，産業を調整するダミー変数を説明変数としている．また，モデル(4)，(12)，(20)には，過去10年間に経営危機があった企業に1を付与するダミー変数を，モデル(6)，(14)，(22)には，レジャー関連福利厚生制度数を説明変数に加えている．
注2）*は10％水準で，**は5％水準で，***は1％水準で有意であることを示す．
注3）モデル(1)から(8)はOLS推定を，モデル(9)から(24)はTobit推定を用いている．OLS推定にはR^2を，Tobit推定には対数尤度関数を掲載している．

5．推定結果

表9-4　ステークホルダー・経営改革と女性の活躍

モデル番号	説明変数（X）	Xの係数	標準誤差	R^2 対数尤度関数	観測数
被説明変数＝正社員に占める女性の割合					
(1)	銀行より株主を重視してきた	0.046	0.031	0.224	364
(2)	銀行より株主の発言力が強かった	−0.027	0.029	0.222	357
(3)	CSR取り組み分野数	0.014	0.032	0.214	372
(4)	CSR取り組み施策数	0.001	0.003	0.274	298
(5)	CSR報告書をWebで公開	0.007	0.022	0.269	318
(6)	人事関連情報をWebで公開	0.016	0.035	0.214	372
(7)	株主広報活動（IR）施策数	0.008	0.006	0.236	361
(8)	株主総会改革施策数	0.006	0.008	0.214	372
(9)	取締役会改革施策数	0.003	0.012	0.209	366
(10)	年次有給休暇取得促進施策数	0.011	0.010	0.211	365
(11)	労働時間適正化施策数	0.002	0.005	0.214	341
被説明変数＝管理職に占める女性の割合					
(12)	銀行より株主を重視してきた	0.014	0.006 **	291.661	349
(13)	銀行より株主の発言力が強かった	0.020	0.006 ***	279.090	341
(14)	CSR取り組み分野数	0.014	0.006 **	298.539	358
(15)	CSR取り組み施策数	0.002	0.001 **	278.540	334
(16)	CSR報告書をWebで公開	0.014	0.006 **	291.642	355
(17)	人事関連情報をWebで公開	0.014	0.007 **	298.038	358
(18)	株主広報活動（IR）施策数	0.005	0.001 ***	289.937	347
(19)	株主総会改革施策数	0.004	0.002 **	298.437	358
(20)	取締役会改革施策数	0.010	0.002 ***	298.361	352
(21)	年次有給休暇取得促進施策数	0.002	0.002	288.992	351
(22)	労働時間適正化施策数	0.001	0.001	272.767	329
被説明変数＝ポジティブ・アクション施策数					
(23)	銀行より株主を重視してきた	0.672	0.515	−655.337	319
(24)	銀行より株主の発言力が強かった	0.916	0.478 *	−636.978	311
(25)	CSR取り組み分野数	2.667	0.463 ***	−663.408	329
(26)	CSR取り組み施策数	0.370	0.065 ***	−613.562	308
(27)	CSR報告書をWebで公開	2.605	0.465 ***	−646.467	322
(28)	人事関連情報をWebで公開	2.573	0.509 ***	−666.948	329
(29)	株主広報活動（IR）施策数	0.448	0.096 ***	−643.636	320
(30)	株主総会改革施策数	0.625	0.130 ***	−667.984	329
(31)	取締役会改革施策数	0.492	0.175 ***	−666.208	325
(32)	年次有給休暇取得促進施策数	0.717	0.145 ***	−658.975	322
(33)	労働時間適正化施策数	0.393	0.088 ***	−631.520	310

注1）　すべてのモデルは掲載されている説明変数（X）以外に，従業員数，労働組合の有無，産業を調整するダミー変数を説明変数としている．また，モデル(1)，(12)，(23)には，「いずれも重視しなかった」ダミーを，モデル(2)，(13)，(24)には「いずれも発言力がなかった」ダミーを説明変数に加えている．
注2）　*は10％水準で，**は5％水準で，***は1％水準で有意であることを示す．
注3）　モデル(1)から(11)はOLS推定を，モデル(12)から(33)はTobit推定を用いている．OLS推定にはR^2を，Tobit推定には対数尤度関数を掲載している．

べて予想通りの符号で，二つを除いてすべて1％水準で有意だ．ポジティブ・アクションを実施している企業では，その他の経営改革にも熱心に取り組んでいることがわかる．ただし，コーポレート・ガバナンスの特徴を捉える「銀行より株主を重視してきた」と「銀行より株主の発言力が強かった」は5％水準で有意でない．

6．まとめ

　本章では，日本的雇用制度と女性の活躍にかかわる二つの仮説を，「企業のコーポレート・ガバナンス・CSRと人事戦略に関する調査」（労働政策研究・研修機構，2005年）を用いて検証した．二つの仮説とは，「日本的雇用制度の諸特徴が女性の活躍を妨げている」と「効率的経営を追求する企業では，女性が活躍している」である．

　第一の仮説は，日本的雇用制度は女性差別を不可欠の構成要素としているという第6章の議論から導かれた実証仮説である．第二の仮説は，非効率的な経営が女性差別の原因であるという第2章の主張から導き出されるものだ．また，革新的企業による経営改革が＜企業における女性差別的雇用制度＝家庭における性別分業＞というわが国が陥っている均衡からの脱出の原動力になりうるという第5章と第6章の議論の裏づけとなるものである．

　推定の結果，いずれの仮説も支持された．第一の仮説が支持されたことは，長期雇用に基づく人材育成制度が女性の活躍を困難にしているという第6章の議論を支持するものである．ただ，筆者は長期雇用に基づく人材育成制度の廃止を提言しようとは思わない．そのような制度のもとで女性労働力を活用するには，より一層のWLB施策の充実が必要であることを強調したい．

　第二の仮説が支持されたことは，経営効率を重視した経営へと戦略を転換する革新的企業が，女性を重要な戦力と捉えていることを意味している．このような企業を後押しするには，労働市場をより透明度の高い効率的なものにする必要があることを終章で議論したい．

終章　ワーク・ライフ・バランス社会実現をめざして

要約

　経済構造に内在するジェンダー格差発生メカニズムを理論的・実証的に明らかにすることが本書の課題であった．終章では，これまでの議論を振り返り，ジェンダー経済格差解消にとってどのような政策が必要かを議論する．

　これまでの理論・実証分析の結果，わが国は〈企業における女性差別的雇用制度＝家庭における性別分業＝ワーク・ライフ・バランス（以下，WLBと略す）を妨げる社会経済制度〉という均衡に陥っていることが明らかになった．このような均衡では，国民負担によるWLB政策への国民の支持はあまり期待できない．

　その一方で，効率的経営を志向し，さまざまな経営改革を実行している革新的企業では女性が活躍していることが実証分析より明らかになった．このような革新的企業が活動しやすいような経済環境を政府が整えることで，上記の均衡から〈企業における男女平等雇用制度＝家庭における男女平等分業＝WLBと整合的な社会経済制度〉の均衡へ社会を移行させることができる．

　本章では，そのための政策として，各企業にWLBの実態についての情報を開示させるような制度の導入を提案する．WLBの実態についての情報とは，たとえば，年次有給休暇取得率，育児休業取得者数，所定内労働時間，残業時間，結婚している社員の割合，子どものいる社員の割合，採用3年後の離職率等々である．そのような情報開示制度により，女性が活躍しやすい企業にはますます優秀な女性社員が集まり，競争力が強くなる．また，労働市場全体としても効率性が改善され，離職率低下も期待できる．さらに，企業が自主的にそれらの情報を開示するためには，政府がそれらについての統計を整え公表することが必要であることを理論的に示す．

1. これまでの議論のまとめ

　ジェンダー経済格差は，進学や就業などについての自主的選択によって発生する場合と，採用や配置などにおいて企業が女性を差別することによって発生する場合に分けて考えることができる．自主的選択の場合は，個人の認知能力や嗜好が大きな決定要因となる．ジェンダー経済格差は，これら認知能力や嗜好が平均的男女で異なることが原因の一つだ．認知能力や嗜好にジェンダー格差がある原因として，生物学的性差と社会環境による影響が考えられる．

　ただし，認知能力の性差は，わが国のジェンダー経済格差に比べるとはるかに小さい．ジェンダー経済格差は経済構造によって大きくも小さくもなる．国によってジェンダー経済格差が大きく異なるのは，経済構造に違いがあるからだ．WLBが貧弱な社会では，夫婦が極端な性別分業を行うのが合理的であるため，ジェンダー経済格差が大きくなる傾向がある（第1章）．

　企業による女性差別には非合理的側面と合理的側面がある．両者は矛盾しない．一つの企業の女性差別が両方の側面をもっていることもありうる．非合理的差別とは，非効率的な経営が行われているために女性が活躍できない事態をいう．たとえば，経営者が偏見をもっていたり，WLBが充実していなかったりするために，女性が活躍できないような場合がそれにあたる．そのような企業では，理論的には，利益を犠牲にして女性を差別している（第2章）．

　女性差別の合理的側面とは，女性の離職確率が男性より高いために，企業が女性を採用しなかったり，女性を基幹的な職種に配置しなかったりすることだ．このような差別は，企業の経済合理的判断に基づくものなので，法的に禁止すると，少なくとも短期的には，経済効率を損なう可能性が高い．ただし，企業が女性差別をするインセンティブの強さは，社会制度によって異なる．WLBが貧弱な社会では，企業が女性を差別するインセンティブが強い（第3章）．

　企業による差別の合理的側面は，実証分析によって支持される．女性の離職確率が高い企業では，性別に基づく処遇を行っている．女性差別が女性の離職確率を高めるという逆の因果関係を考慮しても，その結論は変わらない．

　他方，女性差別の非合理的側面についても，実証分析で支持されるが，強い支持ではない[1]．均等化が進んでいる企業では，経常利益が高い傾向がある．

1　女性差別の非合理的側面については，第9章で別の側面から検証される．そこでは，効

終章　ワーク・ライフ・バランス社会実現をめざして

しかし，売上高と均等化のあいだには負の相関関係が見られた．経営の効率性を追求する企業では女性が活躍し，売上高のような規模の成長を追求する企業では女性が活躍しにくいという解釈が可能だ（第4章）．

　ジェンダー経済格差の原因が，人々の自主的な選択の結果であれ，企業による差別の結果であれ，WLBが充実していないとジェンダー経済格差が大きくなる．そして，そのWLBを可能にする政策は国民の選択によって決まる．WLB政策は共稼ぎ家庭に対してより大きな恩恵を与えるので，片稼ぎ家庭が望むWLB政策と共稼ぎ家庭が望むWLB政策ではその水準が異なる．片稼ぎ家庭が多い社会では，WLB政策に対する国民の支持が集まらず，WLB政策を充実させることができない．

　企業が女性を差別すると，企業で活躍できない女性は専業主婦となり，片稼ぎ家庭が多くなる．その結果，WLB政策への支持が集まらず，WLB政策が貧弱になるため女性の離職確率が高くなる．こうして，〈企業における女性差別的雇用制度＝家庭における性別分業＝WLBを妨げる社会経済制度〉という均衡に陥っているのが現在の日本の状況だ．

　このような均衡から脱却するには，女性が活躍する企業がもっと増えなければならない．女性の学歴上昇や少子高齢化などの社会経済環境の変化によって，女性労働力活用戦略をとる企業の期待利益が上昇しつつある．このような企業が増え，共稼ぎ家庭が増えることによって，WLB政策への支持が大きくなる可能性がある（第5章）．

　日本的雇用制度は，〈企業における女性差別的雇用制度＝家庭における性別分業＝WLBを妨げる社会経済制度〉という均衡の重要な構成要素だ．終身雇用制度に基づく長期的人材育成を軸とした諸制度は，家事や育児から自由な労働者を前提としている．したがって，家事・育児を担う女性労働者はそのような制度のもとで働くことができず，基幹的職種から排除される．基幹的な職種からの女性の排除は家庭での性別分業を生み，それが男性労働者の企業へのコミットメントをさらに高める．このように，日本的雇用制度と性別分業は両者が相互に依存しあうことで安定的状態を維持している．ただし，その日本的雇用制度も近年の社会経済環境の変化によって，大きく変わりつつある（第6章）．

　基幹的職種からの女性の排除は，企業の差別によることもあれば，女性の自

率的経営を追求している企業では女性が活躍していることが明らかになる．これは，女性差別が非合理的であるという仮説を支持している．

主的選択によることもある．いずれにせよ，それは卒業時，結婚時，出産時など，人生の節目で決定されることが多い．とくに，わが国では結婚と出産は男女にまったく異なった影響を及ぼす．結婚や出産により，女性は労働市場から家庭へ比重を移し，家事・育児を優先させる．逆に男性は，家族を養うためにより労働市場に比重を移す．その結果，結婚や出産は，男女の賃金格差を拡大させる（第7章）．

　均等化やWLB施策に熱心な企業では，男女とも賃金水準が高い．しかし，その傾向は女性のほうが強いため，均等化やWLB施策が充実している企業では，初任給や勤続にともなう賃金上昇率のジェンダー格差の縮小が見られる．また，そのような企業では女性の就業継続意欲も高い．そして，年功賃金制度の見直しが進んでいる企業では，均等度が高く，WLBが充実している（第8章）．

　長期雇用制度や企業主導の人材育成制度などの伝統的な日本的雇用制度のもとでは，男性を優遇した雇用管理が行われ，女性が活躍しにくいことが実証的に確認できる．さらに，株主の発言力が強く，企業の社会的責任（CSR），株主総会や取締役会の改革など経営改革に熱心に取り組んでいる企業では，女性が活躍している．女性労働力の活用は，効率的経営を目指す経営改革の一環として推進されている（第9章）．そのような革新的企業の成長こそが，女性差別と性別分業の均衡を揺るがす可能性をもっている．

2．政府によるWLB政策

　〈企業における女性差別的雇用制度＝家庭における性別分業＝WLBを妨げる社会経済制度〉の均衡から脱するためには，WLBが充実した経済環境を創出しなければならない．その方法として，まず考えられるのが，政府による保育サービスの充実や育児休業中の所得補償など，国民の負担によるWLB政策である．

　北欧諸国では，育児が女性の就業を妨げないように，さまざまな育児支援制度が充実しており，それは国民全体の負担（税と社会保障）によって運用されている．北欧並みの水準が適当か否かという問題はあるが，わが国も長期的には育児支援を中心とするWLBのための諸政策を充実させることが必要だ．ただし，わが国の現状を見ると，少なくとも短期的には，そのような政策の実現

終章　ワーク・ライフ・バランス社会実現をめざして

は難しい．

　その理由の一つには，高負担を嫌う日本人の国民性がある．わが国の国民負担率（税負担と社会保障負担の合計を国民所得で割ったもの）は，39.7%で，主要国ではアメリカの 31.9% に次いで低い[2]．スウェーデンの 70.2% はもちろん，フランスの 61.0% やイギリスの 47.5% よりもかなり低い．国民負担が少ないということは，福祉政策には限界があることを意味する．それにもかかわらず，増税に対する国民の反発は強い．福祉政策の充実で最も便益を受けるはずの低所得層や，低所得層の支持を集めようとしている革新政党が消費税率アップに反対するのは不思議なことだ．

　税や社会保障による WLB 政策の実施が困難なもう一つの理由は，第 5 章で議論したように，共稼ぎ家庭が少ないためにそのような政策への支持が少ないことである．2000 年から 2004 年にかけて第一子を出産した女性のうち，出産後に就業した人（育児休業を含む）は 25.3% にすぎない．この数字は，1980 年代前半の 25.0% からほとんど変化していない[3]．もちろん，仕事と育児の両立が可能であれば，就業を続けたいと思っている女性は多いだろうが，一旦退職してしまうと，育児支援政策はあまり必要ない．専業主婦やパートの女性のうち，税負担をしてまで WLB 政策を充実させたいとは思う人は少ないだろう．

3．情報開示政策

　わが国の国民性，片稼ぎ家庭の多さ，国家の財政状況などを考えると，税負担や社会保障負担の増加による WLB 政策は，急には進展しないだろう．そこで，それに代わる対策を考えなければならない．

　ここで注目したいのが，第 5 章と第 6 章の理論分析や第 8 章と第 9 章の実証分析で議論した革新的企業の存在だ．効率的経営をめざす革新的企業は，女性差別的雇用制度と性別分業の均衡においても，常に新しい経営戦略を模索し

---

[2] 財務省「国民負担率の国際比較」，http://www.mof.go.jp/jouhou/syukei/siryou/sy1801o.htm，2007 年 10 月 30 日取得．日本は 2007 年度予算ベース，その他の国は 2004 年の数字である．

[3] 社会保障・人口問題研究所「第 13 回出生動向基本調査（結婚と出産に関する全国調査）夫婦調査の結果概要」，http://www.ipss.go.jp/ps-doukou/j/doukou13/doukou13.pdf，2007 年 10 月 30 日取得．

ている．革新的企業が女性差別を撤廃し，優秀な女性労働者を採用し，彼女たちが高い生産性を発揮できるようになれば，それらの企業が高い利潤を得ることができる．その結果，平等な雇用戦略を採用する企業が増えて，〈企業における女性差別的雇用制度＝家庭における性別分業＝WLB を妨げる社会経済制度〉の均衡から〈企業における男女平等雇用制度＝家庭における男女平等分業＝WLB と整合的な社会経済制度〉の均衡へ社会が移行する可能性がある．

　筆者は，女性差別的な均衡から男女平等な均衡にわが国を移行させるために，男女平等な雇用戦略をとる企業が有利になるような競争ルールを政府が整備することを提案したい．それは，WLB についての情報を開示することを企業に義務づけることだ[4]．たとえば，年次有給休暇取得率，育児休業取得者数，所定内労働時間，残業時間，結婚している社員の割合，子どものいる社員の割合，採用3年後の離職率等々をすべて男女別に発表することを要求する．具体的には，ハローワークの求人申込書にそのような情報を掲載する欄を設ける．求人広告にはそれらの情報が必ず掲載されることとする．これによって，求職者はどこの企業がより働きやすいかを判断できる．働きやすい企業には多くの求職者が集まり，企業はそのなかから優秀な人材を採用できる．それによって，男女平等な雇用戦略をとる企業はより高い利潤を得ることができる．

　このような政策には，次のような反論が予想される．一つは，それらの雇用管理情報は，企業の機密事項であり，従業員のプライバシーにかかわることだから国が開示を義務づけるべきでないという反論，もう一つは，均等化やWLB 施策を武器に優秀な人材を集めたい企業は，自発的にそれらの情報を開示するはずだから，国がそれを要求する必要はないという反論である．しかし，これらの反論は間違っている．

情報開示と労働市場の効率性

　まず，第一の点から検討しよう．はたして上記の情報は，企業の機密事項だろうか．従業員のプライバシーにかかわることだろうか．決してそうではない．経営戦略や生産技術についての情報開示を要求しているわけではないし，従業

---

[4] 筆者は同様の主張を川口（2007b，2007c），川口・長江（2005），山川・川口（2008）などで行っている．また，松田（2008）は筆者と同様の考えから，次世代育成対策支援法によって301人以上の労働者を雇用する事業主に義務づけられている一般事業主行動計画の情報開示の義務化を主張している．

終章　ワーク・ライフ・バランス社会実現をめざして

員一人一人の賃金や労働時間の情報開示を要求しているわけでもない．単にWLBの度合いを表わす指標の開示を求めるだけだ．

そもそも，これらの情報は，労働者と企業が雇用契約を結ぶときに明らかにされるべき情報である．広い意味での労働条件に関する情報といえる．しかし，現実には，これらの情報がわからないまま就職してしまう労働者が大半だ．その背景にはわが国独特の事情がある．制度があっても利用できない，権利があっても主張できない独特の企業風土だ．

年次有給休暇取得率がその最たる例だ．わが国の年次有給休暇取得率は，50パーセントに満たない．労働者は休む権利を放棄しているのだ．それは，休んでいては終わらないほど仕事量が多いか，休むと同僚や上司に迷惑がかかるため休めない雰囲気が職場にあるからだ．育児休業制度についても，同様のことがいえる．

これら広い意味での労働条件にかかわる情報は，採用面接などで聞くことが可能だ．しかし，採用面接のときの求職者は選ばれる側であり，立場が弱い．休みのことを心配するより，働く意欲を強調しなければならない立場だ．そのような立場で詳しい労働条件を聞けるはずがない．また企業側も都合の悪い情報は出さない．

実質的な労働条件がわからないまま就職するとどうなるだろうか．予想以上に厳しい労働条件だった場合は，すぐに離職する可能性がある．転職に大きな費用がかかる場合は，離職しないまでも労働意欲が低下する可能性がある．

また，労働市場全体においても非効率が生ずる．Akerlofの「レモンの市場」と同様の状態が発生する．レモンとは，アメリカの俗語で質の悪い中古車のことだ．売り手は中古車の質を知っているが，買い手はそれを知らないとき，売り手は市場価格より質の良い中古車は売ろうとしない．したがって，取引される中古車の価値は，常に市場価格を下回る．その結果，質の良い中古車は取引されなくなってしまい，市場自体が成立しなくなる可能性もある．

これとよく似たことが，わが国の労働市場でも生じている．求職者にとって，残業時間や，育児休業や年次有給休暇のとりやすさは，もしそれらがわかれば，就職先選択の重要な判断材料となる．しかし，それら労働条件の実態は就職するまでわからない．そのとき求職者は，平均的な企業の労働条件を想定して，公表されている賃金を重視して就職先を決める．企業は，労働条件を良くしてもその情報が求職者に伝わらなければ，良い労働者を採用できないため，労働

条件を上げようとしない．その結果，すべての企業の労働条件が同様に劣悪な状態になる[5]．

労働実態の情報開示義務化により，職場環境の良い企業は高い賃金を支払わなくても優秀な労働者を採用することができる．したがって，どの企業も労働条件を改善するインセンティブが大きくなる．

では，WLB政策が充実し女性が活躍していることが企業にとって不利なシグナルとなる可能性はないだろうか．これは，実は筆者が非常に気にしていた点だ．しかし，本書の分析からはそのような心配はないことが明らかだ．第8章では，女性が活躍する企業では，男性の賃金も高い傾向がある（ただし，指標によってはその逆の結果もある）ことを発見している．また第9章では，女性の活躍と効率を重視した経営とは正の相関関係があることを明らかにしている[6]．つまり，労働市場においても株式市場においても，WLB施策や女性の活躍が企業にとって不利なシグナルとなることはない．

自発的情報開示

第二の反論は，均等化やWLBを武器に優秀な人材を集めようとする企業は，政府が要求しなくても自発的に情報を開示するはずだというものだ．これは，一見もっともな意見のように思える．確かに，CSR報告書や就職情報誌などで均等度やWLBの実態を公表している企業も少なくない．しかし，自発的な情報開示には限界がある．企業は自分にとって都合の良い情報しか開示しないからだ．

企業の自発的情報開示に限界があるなら，企業に対して労働情報の開示を要求すると同時に，企業が労働実態の情報を自ら進んで開示するような環境を政府が整えることが大切である．その環境とは，政府が開示すべき項目を指定し，その統計をとり，その分布をできるかぎり詳細に公表することだ．労働実態の詳しい分布が公表されれば，企業は自社の労働条件を公開するインセンティブをもつようになる．

---

[5] もちろん，労働条件を改善することで，労働者の生産性が上るならば，企業は自発的に労働条件を良くする．また，労働組合が機能している場合は，企業と組合との間で交渉が行われ，労働条件が改善される可能性がある．

[6] 川口・長江（2005）は，労働省によるファミリー・フレンドリー企業表彰が，一部の受賞企業の株価に良い影響を及ぼした可能性があることを実証している．

終章　ワーク・ライフ・バランス社会実現をめざして

　それを理解するために，年次有給休暇取得率の公表をめぐる二つの例をあげよう．一つは，年休取得率の分布の情報が政府によってまったく公表されていない場合，もう一つは年休取得率の平均値が政府によって公表されている場合だ．

例1　年休取得率がまったく公表されていない場合：
〈仮定〉A社，B社，C社の三社からなる業界を考える．各社の年休取得率は，それぞれ，100%，50%，0%とする．求職者は，賃金と年休取得率の組み合わせによって企業を選択する．ただし，求職者は年休取得率の分布についての事前情報をもっていない．そのため，情報が開示された企業の平均取得率が業界の平均取得率だと推測する．企業は，他社の年休取得率を知っている．

〈結果〉当初，どの企業も年休取得率の情報は開示していない状態にあるとする．もし，A社が情報を開示したら，B社，C社は情報を開示しない．なぜならば，情報を開示しなければ，求職者は100%が業界の平均的取得率だと思って企業を選ぶ．B社，C社は，情報を開示すればそれより取得率が低いことが知れるため，より高い賃金を支払わなければならなくなる．したがって，最も取得率が高いA社のみが情報を開示する可能性がある．

例2　年休取得率の平均値が公表されている場合：
〈仮定〉A社，B社，C社の三社からなる業界を考える．年休取得率は，それぞれ，100%，50%，0%とする．求職者は，賃金と年休取得率の組み合わせによって，企業を選択する．ただし，求職者は，業界で働く労働者の年休取得率の平均が50%であるという事前情報をもっているが，各社の取得率は知らない．企業は，他社の取得率を知っている．

〈結果〉当初，どの企業も年休取得率の情報は開示していない状態にあるとする．A社は業界の平均より取得率が高いので，情報を開示するインセンティブがある．A社が情報を開示したら，求職者は，B社とC社の取得率の平均が25%だと予測できる．(100%＋25%×2)/3＝50%だからだ．
　このとき，B社は情報開示をするインセンティブをもつ．B社の実際の取得率は求職者の予測の25%より高いからだ．C社は情報開示のインセンティブ

3. 情報開示政策

をもたないが，他社が開示してしまうので，取得率を隠すことができない．

これらの例は，企業数がもっと多い場合にも適用できる．求職者が年次有給休暇取得率の分布をまったく知らなければ，どの企業も自社の取得率をあえて開示しようとはしない．逆に，求職者が取得率の平均値を知っていれば，すべての企業が自社の取得率の情報を開示しようとする．

もちろん，これらは極端な例で，現実はこれら二つの例の中間にある．求職者は，それまでの経験や周りの人の話から労働実態のおおよその分布は知っている．しかし，通常それはかなり曖昧で偏った情報である．したがって，一部の企業の情報が開示されるとそれによって事前情報を修正する．

また，上記の単純な例では，政府が平均値さえ公表すれば，企業は情報を公開するインセンティブをもつことになるが，現実はそうではない．求職者は，全体の平均値の情報以外に，企業の業種や規模や広告などの個別企業の情報を合わせて個別企業の取得率を予想する．たとえば，広告のイメージが良い企業では年次有給休暇取得率が高いと思い込むかもしれない．したがって，全体の平均値より取得率が高い企業でも，情報開示によって利益があるとは限らない．

労働市場の効率性という観点からは，労働実態の情報開示を義務化するのが理想的だが，その場合でもそれに従わない企業が必ず出現するだろう．そのような企業を罰するような法律を作ることは，現実には難しい．それよりも，政府が開示すべき項目を指定し，それらに関するできるだけ詳しい統計情報を公開することで，企業が自社の実態を開示するインセンティブをもつようにすることが大切だ．

政策実施費用

情報開示政策のメリットは，政府にとっても企業にとっても政策実施の費用がほとんどかからないことだ．この点で，公的保育サービスの充実や中小企業の育児支援策への助成金などのWLB政策と大きく異なる．政府にとって必要な費用といえば，虚偽の情報を掲示した疑いのある企業に対する調査の費用であろうか．これについては，虚偽の情報を掲示した企業に対し，企業名を公表するとか，罰金を科することでかなり防げるだろう．また，この政策は，知名度が低く，情報発信力のない中小企業にとって，より有益なものとなる．

このような提案をして，本書の議論を終えたい．

参考文献

〈日本語文献〉

青木昌彦・奥野正寛編（1996）『経済システムの比較制度分析』東京大学出版会.
─────・関口格・堀宣昭（1996）「伝統的経済学と比較制度分析」青木昌彦・奥野正寛編（1996）『経済システムの比較制度分析』東京大学出版会，21-37 ページ.
阿部正浩（2005）「男女の雇用格差と賃金格差」『日本労働研究雑誌』第 538 号，15-31 ページ.
─────・黒澤昌子（2006）「両立支援と企業業績」ニッセイ基礎研究所編『両立支援と企業業績に関する研究会報告書』ニッセイ基礎研究所，145-160 ページ.
荒井一博（2002）『教育の経済学・入門：公共心の教育はなぜ必要か』勁草書房.
稲上毅（2005）『ポスト工業化と企業社会』ミネルヴァ書房.
大沢真理（1993）『企業中心社会を超えて：現代日本を〈ジェンダー〉で読む』時事通信社.
─────（1995）「企業中心社会を超える」基礎経済科学研究所編『日本型企業社会と女性』青木書店，157-186 ページ.
川口章（1997）「男女間賃金格差の経済理論」中馬宏之・駿河輝和編『雇用慣行の変化と女性労働』東京大学出版会，207-242 ページ.
─────（1999）「男と女のゲーム」『経済論叢』（京都大学）第 164 巻，第 4 号，34-56 ページ.
─────（2001）「女性の結婚プレミアム：結婚・出産が就業・賃金に与える影響」『季刊家計経済研究』第 51 号，63-71 ページ.
─────（2005a）「結婚と出産は男女の賃金にどのような影響を及ぼしているのか」『日本労働研究雑誌』第 535 号，42-55 ページ.
─────（2005b）「1990 年代における男女間賃金格差縮小の要因」『経済分析』（内閣府）第 175 号，52-82 ページ.
─────（2007a）「統計的差別を解消するための政策についての理論的考察」『同志社政策研究』創刊号，2-25 ページ.
─────（2007b）「ワーク・ライフ・バランス施策は企業業績を上げるか」『Int'lecowk』第 968 号，14-19 ページ.

参考文献

―――（2007c）「両立支援策の情報公開制度の導入を」『ビジネス・レーバー・トレンド』3月号，19ページ．

―――・長江亮（2005）「企業表彰が株価・人気ランキングに与える影響：均等推進とファミリー・フレンドリーの市場評価」『日本労働研究雑誌』第538号，43-58ページ．

神取道宏（2003）「規範・士気の低下と持続可能性：心理的要因と経済分析」尾野善康・中山幹夫・福田慎一・本多佑三編『現代経済学の潮流2003』東洋経済新報社，33-57ページ．

木下武男（1995）「企業社会を超克する戦略と女性の位置」基礎経済科学研究所編『日本型企業社会と女性』青木書店，187-218ページ．

木本喜美子（1995a）「日本型企業社会と家族の現在」基礎経済科学研究所編『日本型企業社会と家族』青木書店，71-100ページ．

―――（1995b）『家族・ジェンダー・企業社会：ジェンダーアプローチの模索』ミネルヴァ書房．

熊沢誠（1995）「日本的経営と女性労働」基礎経済科学研究所編『日本型企業社会と女性』青木書店，43-84ページ．

黒澤昌子（2006）「個人のOff-JT，OJTの受講を決める要因」労働政策研究・研修機構『企業の行う教育訓練の効果及び民間教育訓練機関活用に関する研究結果』JILPT資料シリーズNo.13，労働政策研究・研修機構，34-55ページ．

小池和男（1977）『職場の労働組合と参加：労使関係の日米比較』東洋経済新報社．

―――（1997）『日本企業の人材形成』中公新書．

―――（2003）「国際相場をこえた短期化：日本大企業サラリーの変化」『フィナンシャル・レビュー』第67号，35-56ページ．

―――（2005）『仕事の経済学（第3版）』東洋経済新報社．

児玉直美・小滝一彦・高橋陽子（2005）「女性雇用と企業業績」『日本経済研究』第52号，1-18ページ．

佐野晋平（2005）「男女間賃金格差は嗜好による差別が原因か」『日本労働研究雑誌』第540号，55-67ページ．

駿河輝和・張建華（2003）「育児休業制度が女性の出産と継続就業に与える影響について―パネルデータによる計量分析」『季刊家計経済研究』第59号，56-63ページ．

武内真美子（2006）『「格差」に関する実証分析』大阪大学大学院国際公共政策研究科博士論文．

中馬宏之・中村二朗（1990）「女子パート労働賃金の決定要因：ヘドニックアプローチ」『日本労働研究雑誌』第369号，2-14ページ．

参考文献

冨田安信（1988）「女子の雇用管理と男女間賃金格差」小池和男・冨田安信編『職場のキャリアウーマン』東洋経済新報社，143-165 ページ．
─────（1994）「女性が働き続けることができる職場環境：育児休業制度と労働時間制度の役割」『経済研究』（大阪府立大学），第 39 巻，第 2 号，43-56 ページ．
友野典男（2006）『行動経済学：経済は「感情」で動いている』光文社新書．
豊田真穂（2007）『占領下の女性労働改革：保護と平等をめぐって』勁草書房．
永瀬伸子（2003）「男女間および就業形態間の賃金構造と賃金格差の推計」日本労働研究機構『非典型雇用労働者の多様な就業形態』調査研究報告書 No.158, 104-141 ページ．
中田喜文（1997）「日本における男女賃金格差の要因分析」中馬宏之・駿河輝和『雇用慣行の変化と女性労働』東京大学出版会，173-205 ページ．
中村二朗・中馬宏之（1994）「ヘドニック賃金アプローチによる女性パートタイム労働者の賃金決定」『日本労働研究雑誌』第 415 号，23-29 ページ．
樋口美雄（1994）「育児休業の実証分析」社会保障研究所編『現代家族と社会保障』東京大学出版会，181-204 ページ．
堀晴彦（1998）「男女間賃金格差の縮小傾向とその要因」『日本労働研究雑誌』第 456 号，41-51 ページ．
堀内昭義・花崎正晴（2004）「日本企業のガバナンス構造：所有構造，メインバンク，市場競争－」『経済経営研究』（日本政策投資銀行設備投資研究所），第 24 巻，1-95 ページ．
本多淳亮（1995）「日本的雇用慣行と家族生活」基礎経済科学研究所編『日本型企業社会と家族』青木書店，43-70 ページ．
前田信彦（2000）『仕事と家庭生活の調和：日本・オランダ・アメリカの国際比較』日本労働研究機構．
松田茂樹（2008）『何が育児を支えるのか：中庸なネットワークの強さ』勁草書房．
松原光代・脇坂明（2005a）「英米における両立支援策と企業のパフォーマンス（Ⅰ）：両立支援策と企業のパフォーマンスに関する海外文献のサーベイ」『学習院大学経済論集』第 41 巻，第 4 号，291-302 ページ．
─────・─────（2005b）「英米における両立支援策と企業のパフォーマンス（Ⅱ）：両立支援策と企業のパフォーマンスに関する海外文献のサーベイ」『学習院大学経済論集』第 42 巻，第 2 号，99-117 ページ．
─────・─────（2006）「英米における両立支援策と企業のパフォーマンス（Ⅲ）：両立支援策と企業のパフォーマンスに関する海外文献のサーベイ」『学習院大学経済論集』第 42 巻，第 4 号，251-249 ページ．
三谷直樹（1997）『企業内賃金構造と労働市場』勁草書房．

参考文献

宮島英昭・黒木文明（2004）「ガバナンス構造と企業パフォーマンスとの関係について」ニッセイ基礎研究所・早稲田大学ファイナンス研究所・UFJ総合研究所編『コーポレート・システムに関する研究報告書』早稲田大学ファイナンス研究所，1-76ページ．

─────・新田敬祐・齊藤直・尾身祐介（2002）「1990年代日本企業の統治構造と生産性：統治構造の変容は経営効率改善に寄与したか」早稲田大学ファイナンス研究所ワーキング・ペーパー・シリーズ WIF-02-001．

─────・原村健二・江南喜成（2003）「戦後日本企業の株式所有構造：安定株主の形成と解消」『フィナンシャル・レビュー』第68号，203-236ページ．

森ます美（2005）『日本の性差別賃金：同一価値労働同一賃金原則の可能性』有斐閣．

森岡孝二（1995）「戦後日本の社会変動と家族」基礎経済科学研究所編『日本型企業社会と家族』青木書店，13-42ページ．

─────（2005）『働きすぎの時代』岩波新書．

森田成也（1997）『資本主義と性差別』青木書店．

森田陽子・金子能宏（1998）「育児休業制度の普及と女性雇用の勤続年数」『日本労働研究雑誌』459号，50-60ページ．

森棟公夫（1999）『計量経済学』東洋経済新報社．

八代尚宏（1997）『日本的雇用慣行の経済学：労働市場の流動化と日本経済』日本経済新聞社．

山川隆一・川口章（2008）「雇用平等」荒木尚志，大内伸哉，大竹文雄，神林龍編『雇用社会の法と経済』有斐閣，201-234ページ．

横田裕子（2006）「イギリス：ワーク・ライフ・バランスの政策支援と現状」『ビジネス・レーバー・トレンド』第370号，6-9ページ．

米澤康博・宮崎政治（1996）「日本企業のコーポレート・ガバナンスと生産性」橘木俊詔・筒井義郎編『日本の資本市場』日本評論社，222-246ページ．

労働政策研究・研修機構（2007a）『企業のコーポレートガバナンス・CSRと人事戦略に関する調査研究報告書』労働政策研究報告書 No.74，労働政策研究・研修機構．

─────（2007b）『仕事と家庭の両立支援にかかわる調査』JILPT調査シリーズNo.37，労働政策研究・研修機構．

脇坂明（2006a）「ファミリー・フレンドリーな職場とは：均等や企業業績との関係」『季刊家計経済研究』第71号，17-28ページ．

─────（2006b）「両立支援策と均等施策の関係からみた企業業績」ニッセイ基礎研究所編『両立支援と企業業績に関する研究会報告書』ニッセイ基礎研究所，122-144ページ．

─────(2007)「均等,ファミフレが財務パフォーマンス,職場生産性に及ぼす影響」労働政策研究・研修機構『仕事と家庭の両立支援にかかわる調査』JILPT調査シリーズ No.37, 90-124 ページ.

〈外国語文献〉

Abeglen, James C. (1958) *The Japanese Factory: Aspects of Its Social Organization,* MIT Press; 邦訳:ジェームズ・C・アベグレン(山岡洋一訳)『日本の経営〈新訳版〉』日本経済新聞社, 2004 年.

Aigner, Dennis J. and Glenn G. Cain (1977) 'Statistical Theories of Discrimination in Labor Markets,' *Industrial and Labor Relations Review,* Vol.30, No.2, pp.175-187.

Altonji, Joseph G. and Charles R. Pierret (2001) 'Employer Learning and Statistical Discrimination,' *Quarterly Journal of Economics,* Vol.116, No.1, pp.313-350.

Antonovics, Kate and Robert Town (2004) 'Are All the Good Men Married? Uncovering the Sources of the Marital Wage Premium' *American Economic Review,* Vol.94, No.2, pp.317-321.

Aoki, Masahiko (2001) *Towards a Comparative Institutional Analysis,* MIT Press; 邦訳:青木昌彦(滝澤弘和・谷口和弘訳)『比較制度分析に向けて』NTT出版, 2001 年.

Arrow, Kenneth (1973) 'The Theory of Discrimination,' O. A. Ashenfelter and A. Reeds (eds.) *Discrimination in Labor Markets,* Princeton University Press, pp.3-33.

Ashenfelter, Orley and Timothy Hannan (1986) 'Sex Discrimination and Product Market Competition: The Case of the Banking Industry,' *Quarterly Journal of Economics,* Vol.101, No.1, pp.149-174.

Baron-Cohen, Simon (2003) *The Essential Difference,* Penguin Books; 邦訳:サイモン・バロン=コーエン(三宅真砂子訳)『共感する女脳,システム化する男脳』日本放送出版会, 2005 年.

Becker, Gary S. (1957) *The Economics of Discrimination,* University of Chicago Press.

─────(1964) *Human Capital,* New York: Columbia University Press; 邦訳:ゲリー・S・ベッカー(佐野陽子訳)『人的資本:教育を中心とした理論的・経験的分析』東洋経済新報社, 1976 年.

─────(1965) 'A Theory of Allocation of Time,' *Economic Journal,* Vol.75,

参考文献

No.299, pp.493-517.
Berenbaum, Sheri and Susan Resnick (2007) 'The Seeds of Career Choices: Prenatal Sex Hormone Effects on Psychological Sex Differences,' Stephen J. Ceci and Wendy M. Williams (eds.) *Why Aren'tMore Women in Science?: Top Researchers Debate the Evidence,* American Psychological Association, pp.147-158.
Black, Dan A. (1995) 'Discrimination in an Equilibrium Search Model,' *Journal of Labor Economics,* Vol.3. No.1, Suppl., pp.S33-S58.
Black, Sandra E. and Elizabeth Brainerd (2004) 'Importing Equality? The Impact of Globalization on Gender Discrimination,' *Industrial and Labor Relations Review,* Vol.57, No.4, pp.540-559.
―――― and Philip E. Strahan (2001) 'The Division of Spoils: Rent-Sharing and Discrimination in a Regulated Industry,' *American Economic Review,* Vol.91, No.4, pp.814-831.
Bulow, Jeremy I. and John D. Geanakoplos and Paul D. Klemperer (1985) 'Multimarket Oligopoly: Strategic Substitutes and Complements,' *Journal of Political Economy,* Vol.93, No.3, pp.488-511.
Ceci, Stephen J. and Wendy M. Williams (eds.) (2007) *Why Aren't More Women in Science?: Top Researchers Debate the Evidence,* American Psychological Association.
Coate, Stephen and Glenn Loury (1993) 'Will Affirmative-Action Policies Eliminate Negative Stereotypes?' *American Economic Review,* Vol. 83, No.5, pp.1220-1240.
Cooper, Russell and Andrew John (1988) 'Coordinating Coordination Failures in Keynesian Models,' *Quarterly Journal of Economics,* Vol.103, No.3, pp.441-463.
Cornwell, Christopher and Peter Rupert (1997) 'Unobservable Individual Effects, Marriage and the Earnings of Young Men,' *Economic Inquiry,* Vol.35, No.2, pp.285-294.
Datta Gupta, Nabanita D. and Nina Smith (2002) 'Children and Career Interruptions: The Family Gap in Denmark,' *Economica,* Vol.69, No.276, pp.609-629.
Doeringer, Peter B. and Michael J. Piore (1985) *Internal Labor Markets and Manpower Analysis: With a New Introduction,* M. E. Sharp Inc.；邦訳：ピーター・G・ドーリンジャー，マイケル・J・ピオレ（白木三秀訳）『内部労働

市場とマンパワー分析』早稲田大学出版部，2007年.
Dweck, Caril S. (2007) 'Is Math a Gift? Beliefs That Put Females at Risk,' Stephen J. Ceci and Wendy M. Williams (eds.) *Why Aren't More Women in Science?: Top Researchers Debate the Evidence*, American Psychological Association, pp.47-56.
Foster, Andrew D. and Mark R. Rosenzweig (1993) 'Information, Learning, and Wage Rates in Low-Income Rural Areas,' *Journal of Human Resouces,* Vol.28, No.4, pp.759-790.
Ginther, Donna, K. and Madeline Zavodny (2001) 'Is the Marriage Premium Due to Selection? The Effect of Shotgun Wedding on the Return to Marriage,' *Journal of Population and Economics,* Vol.14, No.2, pp.313-328.
Gray, Jeffery S. (1997) 'The Fall in Men's Return to Marriage: Declining Productivity Effects or Changing Selection?' *Journal of Human Resources,* Vol.32, No.3, pp.481-504.
Gur, Ruben C. and Raquel E. Gur (2007) 'Neural Substrates for Sex Differences in Cognition,' Stephen J. Ceci and Wendy M. Williams (eds.) *Why Aren't More Women in Science?: Top Researchers Debate the Evidence,* American Psychological Association, pp.189-198.
Harkness, Susan and Jane Waldfogel (1999) 'The Family Gap in Pay: Evidence from Seven Industrialised Countries,' *London School of Economics Working Paper,* 29, pp.1-38.
Heckman, James (1979) 'Sample Selection Bias as a Specification Error,' *Econometrica,* Vol.47, No.1, pp.153-161.
Hellerstein, Judith K. and David Neumark (2004) 'Production Function and Wage Equation Estimation with Heterogeneous Labor: Evidence from a New Matched Employer-Employee Data Set,' *NBER Working Paper,* No.10325, pp.1-28.
―――, ――― and Kenneth R. Troske (2002) 'Market Forces and Sex Discrimination,' *Journal of Human Resources,* Vol.37, No2, pp.353-380.
Hersch, Joni (1991) 'Male-Female Differences in Hourly Wages: The Role of Human Capital Working Conditions, and Housework,' *Industrial and Labor Relations Review,* Vol.44, No.4, pp.746-759.
――― and Leslie S. Stratton (1997) 'Housework, Fixed Effects, and Wages of Married Workers,' *Journal of Human Resources,* Vol.32, No.2, pp.285-307.

参考文献

――― and ――― (2000) 'Household Specialization and the Male Marriage Wage Premium,' *Industrial and Labor Relations Review,* Vol.54, No.1, pp.78-94.

Hines, Melissa (2007) 'Do Sex Differences in Cognition Cause the Shortage of Women in Science?' Stephen J. Ceci and Wendy M. Williams (eds.) *Why Aren't More Women in Science?: Top Researchers Debate the Evidence,* American Psychological Association, pp.101-112.

Holzer, Henry and David Neumark (2000) 'Assessing Affirmative Action,' *Journal of Economic Literature,* Vol.38, No.3, pp.483-568.

Hundley, Greg (2000) 'Male/Female Earning Differences in Self-Employment: The Effects of Marriage, Children, and the Household Division of Labor,' *Industrial and Labor Relations Review,* Vol.54, No.1, pp.95-114.

Hyde, Janet Shibley (2007) 'Women in Science: Gender Similarities in Abilities and Sociocultural Forces,' Stephen J. Ceci and Wendy M. Williams (eds.) *Why Aren't More Women in Science?: Top Researchers Debate the Evidence,* American Psychological Association, pp.131-146.

Josefowitz, Natasha (1980) *Paths to Power,* Addison-Wesley Publishing Company.

Joshi, Heather, Pierella Paci and Jane Waldfogel (1999) 'The Wages of Motherhood: Better or Worse?' *Cambridge Journal of Economics,* Vol.23, No.5, pp.543-564.

Kandori, Michihiro, George Mailath and Rafael Rob (1993) 'Learning, Mutation, and Long Run Equilibria in Games,' *Econometrica,* Vol.61, No.1, pp.29-56.

Kawaguchi, Daiji (2007) 'A Market Test for Sec Discrimination: Evidence from Japanese Firm-Level Data,' *International Journal of Industrial Organization,* Vol.25, No.3, pp.441-460.

Kimura, Doreen (1999) *Sex and Cognition,* Massachusetts Institute of Technology；邦訳：ドリーン・キムラ（野島久雄・三宅真季子・鈴木眞理子訳）『女の能力、男の能力:性差について科学者が答える』新曜社、2001年.

Korenman, Sanders and David Neumark (1991) 'Does Marriage Really Make Men Productive?' *Journal of Human Resources,* Vol.26, No.2, pp.282-307.

――― and ――― (1992) 'Marriage, Motherhood, and Wages,' *Journal of Human Resources,* Vol.27, No.2, pp.233-255.

Loh, Eng S. (1996) 'Productivity Differences and the Marriage Wage

Premium for White Males,' *Journal of Human Resources,* Vol.31, No.3, pp.566-589.

Lubinski, David S. and Camilla Persson Benbow (2007) 'Sex Differences in Personal Attributes for the Developments of Scientific Expertise,' Stephen J. Ceci and Wendy M. Williams (eds.) *Why Aren't More Women in Science?: Top Researchers Debate the Evidence,* American Psychological Association, pp.79-100.

Lundberg, Shelly J. and Richard Sturtz (1983) 'Private Discrimination and Social Intervention in Competitive Labor Markets,' *American Economic Review,* Vol.73, No.3, pp.340-347.

Manser, Marilin and Murray Brown (1980) 'Marriage and Household Decision-Making: A Bargaining Analysis,' *International Economic Review,* Vol.21, No.1, pp.31-44.

Maynard Smith, John (1982) *Evolution and the Theory of Games,* Cambridge University Press; 邦訳：ジョン・メイナード・スミス（寺本英，梯正之訳）『進化とゲーム理論：闘争の論理』産業図書，1985 年.

McElroy, Marjorie and Mary Horney (1981) 'Nash-Bargained Household Decisions: Towards a Generalization of the Theory of Demand,' *International Economic Review,* Vol.22, No.2, pp.333-349.

Neumark, David (1999) 'Wage Differentials by Race and Sex: The Roles of Taste Discrimination and Labor Market Information,' *Industrial Relations,* Vol.38, No.3, pp.414-445.

———— and Sanders Korenman (1994) 'Sources of Bias in Women's Wage Equations: Results Using Sibling Data,' *Journal of Human Resources,* Vol.29, No.2, Special Issue: Women's Work, Wages and Well-Being, pp.379-405.

Nielsen, Helena, S., Marianne Simonsen and Metter Verner (2003) 'Does the Gap in Family-Friendly Policies Drive the Family Gap?' *University of Aarhus Working Paper,* No.2003-01.

OECD (2001a) *Babies and Bosses - Vol.1, Australia, Denmark and the Netherlands,* OECD.

————(2001b) *Employment Outlook 2001,* OECD.

————(2003) *Babies and Bosses: Reconciling Work and Family Life - Vol.2, Austria, Ireland and Japan,* OECD.

————(2004) *Babies and Bosses: Reconciling Work and Family Life - Vol.3,*

New Zealand, Portugal and Switzerland, OECD.

―――(2005) *Babies and Bosses: Reconciling Work and Family Life - Vol.4, Canada, Finland, Sweden and the United Kingdom,* OECD.

Pease, Allan and Barbara Pease (1999) *Why Men Don't Listen and Women Can't Read Maps,* Orion-RTI；邦訳：アラン・ピーズ，バーバラ・ピーズ（藤井留美訳）『話を聞かない男，地図が読めない女：男脳・女脳が「謎」を解く』主婦の友社，2000年．

Phelps, Edmund S. (1972) 'The Statistical Theory of Racism and Sexism,' *American Economic Review,* Vol. 62, No.4, pp.659-661.

Rasmusen, Eric (1989) *Games and Informations: An Introduction to Game Thory,* Basil Blackwell.

Reed, Robert and Kathleen Harford (1989) 'The Marriage Premium and Compensating Wage Differentials,' *Journal of Population Economics,* Vol.2, No.4, pp.237-265.

Rosen, Sherwin (1974) 'Hedonic Prices and Implicit Markets: Product Differentiation in Pure Competition,' *Journal of Political Economy,* Vol.82, No.1, pp.34-55.

Spelke, Elizabeth S. and Ariel D. Grace (2007) 'Sex, Math, and Science,' Stephen J. Ceci and Wendy M. Williams (eds.) *Why Aren't More Women in Science?: Top Researchers Debate the Evidence,* American Psychological Association, pp.57-68.

Stock, James H., Jonathan H. Wright and Motohiro Yogo (2002) 'A Survey of Weak Instruments and Weak Identification in Generalized Method of Moments,' *Journal of Business and Economic Statistics,* Vol.20, No.4, pp.518-529.

Thurow, Lester C. (1975) *Generating Inequality: Mechanisms of Distribution in the U.S. Economy,* Basic Books；邦訳：レスター・C・サロー（小池和男・脇坂明訳）『不平等を生み出すもの』同文舘，1984年．

United Nations Development Programme (2006) *Human Development Report 2006,* United Nations Development Programme.

Valian, Virginia (2007) 'Women at the Top in Science - and Elsewhere,' Stephen J. Ceci and Wendy M. Williams (eds.) *Why Aren't More Women in Science?: Top Researchers Debate the Evidence,* American Psychological Association, pp.27-38.

Waldfogel, Jane (1995) 'The Price of Motherhood: Family Status and

Women's Pay in Young British Cohort,' *Oxford Economic Papers,* New Series, Vol.47, No.4, pp.584-610.

―――― (1998a) 'The Family Gap for Young Women in the United States and Britain: Can Maternity Leave Make a Difference?' *Journal of Labor Economics,* Vol.16, No.3, pp.505-545.

―――― (1998b) 'Understanding the "Family Gap" in Pay for Women with Children' *Journal of Economic Perspectives,* Vol.12, No.1, pp.137-156.

――――, Yoshio Higuchi and Masahiro Abe (1999) 'Family Leave Policies and Women's Return after Childbirth: Evidence from the United States, Britain, and Japan,' *Journal of Population Economics,* Vol.12, No.4, pp.523-545.

White, Halbert (1980) 'A Heteroskedasticity-Consistent Covariance Matrix Estimator and a Direct Test of Heteroskedasticity,' *Econometrica,* Vol.48, No.4, pp.817-838.

Young, P. (1993) 'The Evolution of Conventions,' *Econometrica,* Vol.61, No.1, pp.57-84.

あとがき

　この研究のきっかけは，ある社会学者との茶飲み話だった．もう，十数年も前の話だ．研究室でお茶を飲んでいるとき，「性別分業は，社会規範が原因なのか，経済的動機が原因なのか」という話題になった．

　私は，「社会の性別分業は，経済学的に説明できる」という立場だった．それに対し，彼女は，「夫より妻の賃金が高い夫婦でも，家事のほとんどは妻が担っている．社会規範がなければ説明できない」と主張した．私は彼女の主張にうまく反論することができなかった．

　反論できなかった理由の一つは，性別分業をうまく説明できる経済理論がなかったからだ．たとえば，家庭内でなぜ分業が発生するかを説明する理論として，比較優位の理論がある（本書第1章参照）．しかし，比較優位に基づいて家庭内分業を決めると，専業主夫がもっと多くなるはずだ．ほとんどの家庭で女性が家事・育児の大半を担っていることは，比較優位の理論ではうまく説明できない．もちろん，「生物学的に見て，男性より女性のほうが家事や育児に秀でている」と仮定すれば性別分業を説明できるが，私にはそのような主張は現実を正当化するためのこじつけにしか思えなかった．

　生物学的な能力の性差は大きくないにもかかわらず，極端な性別分業が存在しているとすれば，それはやはり社会規範が原因だろうか．生物学的な性差も社会規範もない状態で，経済学的に性別分業を説明することはできないのだろうか．この疑問が次第に頭から離れなくなった．

　ちょうどその頃，経済現象の解明や制度設計におけるゲーム理論の有用性が再認識され始めていた．Nash, Selten, Harsanyi の三氏がノーベル経済学賞を受賞したのもその頃だ．私は，性別分業のパズルを解く鍵がゲーム理論にあるのではないかという気がして，ゲーム理論の勉強に力を入れた．大学の同僚と勉強会を組織したり，大阪大学や京都大学で開かれていた契約理論研究会にも参加させていただいたりした．

　その甲斐あって，能力や嗜好にまったく性差がなくても，性差別や性別分業が発生することを説明するモデルを作成することができた．そのモデルは，川

あとがき

口（1997）で発表し，本書の第5章でも紹介している．従来の統計的差別の理論は，女性の離職率が高いために企業は女性を差別するという点に着目したが，私のモデルは，企業が女性を差別し男性を優遇することによって女性の離職率が高まるという，従来とは逆の因果関係があることを明らかにした．＜女性の高離職率→企業の差別→女性の高離職率＞というフィードバック効果が働くために，生物学的性差や社会規範がなくても，女性差別や性別分業が発生するのである．

ゲーム理論を用いれば社会規範の前提なしに性別分業を説明できるということは，性別分業という社会規範がゲーム理論で説明されているともいえる．一見，個人の利益追求に反するような行動を個人がとり，それが慣行や社会規範となっていることがよくある．ゲーム理論は，そのような行動の理論的説明に大きな力を発揮する．

こうして当初の目的は達成できたが，実はこのモデルにはがっかりだった．モデルが複雑な割には，政策的インプリケーションが陳腐だったからである．モデルから得られる政策的インプリケーションは，「差別を禁止すると経済効率を損なう恐れがある」，「仕事と家事・育児の両立が差別の解消に役立つ」というものだった．わざわざ複雑なモデルを使わなくても，簡単な統計的差別のモデルからでも導き出せる結論だった．

生物学的性差や社会規範なしに女性差別や性別分業を説明するというパズル解きに熱中し，女性差別の実態から離れた理論の世界に入り込んでしまったことを反省し，もう少し地に足の着いた研究をしなければと思ったのが，今から10年ほど前だ．そして，それ以降，女性差別一般の理論モデルではなく，日本における女性差別の現状を説明する理論モデルの作成と，日本の女性差別の実態を実証的に明らかにすることを目標に研究活動を行うようになった．

理論研究では，日本や韓国においてジェンダー経済格差が極端に大きいのに対し，北欧諸国やアングロサクソン諸国ではジェンダー経済格差が小さいのはなぜかを解明することを目標とした．これには，「戦略的補完性」，「複数均衡」，「制度的補完性」という比較制度分析の概念が大いに参考になった．実は，先に述べた女性差別のモデルも一種の戦略的補完性をもっていた．そのため，多くの企業が女性を差別すると，女性を差別しない企業は利潤が低下してしまうという特徴や，女性差別的均衡と男性差別的均衡の二つが同時に存在するという特徴があった．

あとがき

　現実の社会では，このような戦略的補完性をもったさまざまなゲームが行われており，それが複数均衡をもたらしているのではないだろうか．日本や韓国のように女性差別的な均衡が選択されている社会もあれば，北欧諸国やアングロサクソン諸国のように（日本と比べると）男女平等な均衡が選択されている社会もある．このような視角から，純粋な経済領域のゲームだけでなく，政策決定や社会慣行やビジネス慣行までも含めて，女性が働きにくい社会制度が均衡となるようなゲームのモデルを作成した．それが，第5章で紹介したモデルだ．

　ところが，またしても，このモデルから政策的インプリケーションを導き出すところで躓いた．私自身は，北欧型の福祉国家を理想と考えていたが，理論モデルからはそのような政策を実施する根拠は出てこない．モデルは，わが国においてワーク・ライフ・バランス政策が貧弱である原因を理論的に説明してしまうのだった．女性差別と性別分業のメカニズムを説明するだけの理論モデルではあまり魅力がないどころか，女性差別を経済学的に正当化しているともとられかねない．

　しかし，理論研究と実証研究の両方を進めるうちに，モデルのもつ政策的インプリケーションが徐々に明らかになってきた．まず，女性差別的均衡から男女平等均衡への移行がいかにして可能かを理論的に説明する必要があった．私は当初「歴史的経路依存」によって制度の違いを説明しようとした．つまり，均衡が複数あるときどの均衡が選択されるかは，歴史によって決まるという考え方だ．しかしこの考え方に基づくと，女性差別的均衡が存在する限り，わが国はいつまでもそこから脱出することができないことになってしまう．

　「歴史的経路依存」に代わる均衡選択の考え方として私が興味をもったのは，確率進化ゲームの考え方だ．通常の動学ゲームでは，プレイヤーは同じ戦略をとり続けると仮定したり，前回のゲームの結果を見て最善の戦略を選択すると仮定したりする．これに対し，確率進化ゲームでは，戦略の選択に「ゆらぎ」を持ち込む．つまり，ほとんどのプレイヤーは，前回のゲームの結果を見て最適な戦略をとるが，ある小さな確率でランダムに戦略をとるプレイヤーが存在すると仮定するのである．このようなゆらぎがあるモデルでは，戦略分布がある均衡から他の均衡に移行する可能性が常にあり，ある特定の均衡が長期間にわたって選択されることが知られている．

　これは，私のモデルになじみやすい．現実の企業は最善の経営戦略を知って

あとがき

いるわけではない．試行錯誤しながら，常によりよい戦略を模索している．現在のわが国のように女性差別的均衡にある社会でも，より男女平等な雇用戦略を選択する企業は存在する．このような企業が多くなれば，社会は女性差別的均衡から男女平等均衡へ移行しうるのではないだろうか．そのために，政府はそのような企業が活躍しやすい環境を整えるべきではないだろうか．

このような考えは，理論研究と平行して進めていた企業の雇用戦略についての実証分析によって，より強固なものになっていった．女性が活躍している企業は，単なる偶然で男女平等雇用戦略を採用しているわけではなく，さまざまな経営改革の一環として，女性の活用を進めていることが明らかになってきたのだ．そして，その背景には，株主によるガバナンスの強化がある．つまり，女性が活躍する企業は，効率的経営を追求して経営改革を推進している革新的企業なのである（この分析結果の詳細は第9章にある）．

そのような革新的企業を後押しする政策としては，補助金を出したり男女平等雇用を強制したりするよりも，女性の活躍についての情報の開示を義務化するほうが望ましい．なぜならば，女性の活躍は効率的経営の証であり，女性の活躍が資本市場や労働市場においてプラスの評価を受けることがあっても，マイナスの評価を受けることには決してならないからである．

本書では，情報開示政策の一つとして，各企業のワーク・ライフ・バランスの実態についての情報公開を義務化すること提案している．これはワーク・ライフ・バランス施策を推進する企業がよりよい人材を確保できること，労働市場全体の効率性を改善すること，情報開示政策の実施にはほとんど費用がかからないことなどのメリットがある．

さて，思い起こせば，勁草書房の徳田慎一郎氏から本書の出版についてお話をいただいたのは，2000年頃だっただろうか．当時は1年もあれば書けると思い，簡単にお引き受けしたが，結局出版までに10年近くもかかってしまった．その間，辛抱強く待っていただいた徳田さんには心より感謝したい．

完成が大幅に遅れたのは，先に述べたような事情で，理論モデルの政策的インプリケーションが導けなかったからだ．インプリケーションを見つけるきっかけとなったのは，労働政策研究・研修機構によって実施された二つの調査である．一つは2005年に行われた「企業のコーポレートガバナンス・CSRと人事戦略に関する調査」，もう一つは2006年に行われた「仕事と家庭の両立支援

あとがき

にかかわる調査」だ．これらの調査の分析を通じて，女性が活躍する企業では，株主のガバナンスが強く，さまざまな経営改革を行っており，企業利益が高く，男女とも賃金が高いことが明らかになり，理論モデルから政策的インプリケーションを導く大きなヒントになった．これらの調査に参加させていただいたことを，労働政策研究・研修機構に感謝したい．また，共同で調査を行った研究者の皆さん，および，調査に協力していただいた企業の皆さんに感謝したい．

さらに，ジェンダー経済格差の実態を把握する上で欠かせなかったのが，家計経済研究所の「消費生活に関するパネル調査」である．この 10 年余りのあいだ，「パネル調査」のデータを利用させていただき，ジェンダー経済格差の実態を多角的に分析することができた．その分析の一部は本書の第 7 章に掲載しているが，「パネル調査」から受けた恩恵はそれに止まらない．本書の議論の多くは，「パネル調査」の分析に依拠している．データの利用を許可していただいた家計経済研究所に感謝したい．

そして，この十数年，誰よりもお世話になったのは，毎月 1 回，大阪中之島で開催される関西労働研究会に参加されている皆さんと，研究会の開催にご協力いただいている関西社会経済研究所の皆さんだ．本書の論文のほとんどは，草稿の段階で，この研究会において報告させていただき，参加者から多くの貴重なご意見をいただいた．関西労働研究会で鍛えていただかなければ，本書は出版に至らなかったと思う．

また，本書は草稿の段階で，同志社大学大学院経済学研究科の講義に使用し，受講生の皆さんからさまざまな質問や率直なご意見をいただいた．未完成の論文だったので，論旨の曖昧なところや誤りが多く，受講生にはご迷惑をおかけしたのではないかと心配している．是非，この完成版に目を通して，バージョン・アップしたところを確認していただきたい．

さらに，本書の基になった原稿は，オックスフォード大学，シドニー大学，オーストラリア国立大学などで開催された学会やセミナーで報告させていただいた．参加者の皆さんから貴重なご意見をいただいたことに感謝したい．

最後になったが，多くの知人，友人からいただいた叱咤，激励は，ともするとワーク・ライフ・バランスの「ライフ」のほうに比重を置きがちな私の生活を，「ワーク」の世界に引き戻してくれた．「いつ，出版されるのですか．楽しみにしています」という言葉を聞くたびに，「頑張らなければ」という気持ちになった．

あとがき

　拙い研究ではあるが，ジェンダー経済格差の解消に少しでも役立てば，これ以上の喜びはない．

2008 年 2 月

川口　　章

索　引

【ア行】

アングロ・サクソン諸国　8, 15
アンドロゲン（男性ホルモン）　27, 32, 34-35
アンペイド・ワーク　148
育児休業制度　194-195
育児休業法　154
後ろ向き帰納法　131
右脳　27
売上高　99, 153
　——営業利益率　92-93
　——経常利益率　99
エストロゲン（女性ホルモン）　32
エンゼルプラン　154

【カ行】

確率進化ゲーム　129
革新的企業　144, 152, 227, 254
家計生産理論　3, 39-41
家事労働　9, 39-44
　——時間　39
　——能力　41-44
家政学　41
家族賃金　148
家庭
　——における性別分業　5, 13, 119, 121-133, 151-156, 193, 227, 253
　——における男女平等分業　13, 119, 151, 193, 255
稼得労働　9
　——時間　39
　——能力　41-44
株主
　——広報活動（IR）　238, 240
　——総会　238, 240
看護学　41
管理職に占める女性の割合　8
機関投資家　153, 237
企業
　——社会論　144
　——成長　93-94
　——中心社会　150
　——中心社会論　144
　——内人材育成制度　4, 143, 146
　——における女性差別的雇用制度　13, 119, 121-129, 151-156, 193, 227, 253
　——における男女平等雇用制度　13, 119
　——の社会的責任　→　CSR
　——別労働組合　4, 143
　——利潤　92-93
　革新的——　144, 152, 227, 254
既婚女性／母親差別仮説　173
期待収益率　37
キャッシュフロー　15
狭義の結婚（出産）プレミアム／ペナルティ　161
教育学　41
均衡　11, 13, 119, 123, 156, 193, 227, 253
　ナッシュ——　43, 139
　部分ゲーム完全——　124, 132
均等
　——化施策　193, 196-197
　——志向　204, 209-221
　——度評価　205-206, 209-221
空間
　——視覚化　29
　——知覚　28-29

279

索　引

経営
　──能力　26, 28-29
　──改革　144, 227, 236, 243, 245
　──トップの均等志向　204, 209-221
　──トップのWLB志向　204, 209-221
経済合理的選択仮説　36
計算能力　30
芸術　41
経常利益　99
結婚プレミアム　160-162, 167-188
　広義の──　161
　狭義の──　161
結婚ペナルティ　160-161, 167-188
　広義の──　161
　狭義の──　161
ゲーム
　──理論　4
　確率進化──　129
　進化──　128
言語能力　23, 27
言語流暢性　29
工学　41
効果量　28
広義の結婚（出産）プレミアム／ペナルティ　161
行動経済学　62
高度経済成長期　4, 143
効率的な経営　227
国民負担　151-152
国民負担率　254
個人差別　52
コース別雇用管理制度　207, 216
個人投資家　153, 237
コーポレート・ガバナンス　16, 236, 245-248
コンプライアンス（法令遵守）　155, 239

【サ行】

最適反応　138
左脳　27
差別
　──係数　55-57
　偏った認識による──　60, 62-64
　グループ──　73, 82, 85
　個人──　52-53, 73
　固定観念による──　59-62
　採用──　79-86
　嗜好による──　3, 55-60, 92
　情報不足による──　60, 66-67
　賃金──　72-79, 84-85
　統計的──　3, 72-84, 96-97, 107-114
　非効率な経営による──　67-68
　非合理的──　52, 58-68, 92, 98, 228
　不十分なWLB施策による──　60, 65-66
三種の神器　143
産業の集中度　228
ジェンダー
　──・エンパワーメント指数　6-7
　──賃金格差　95, 193
嗜好や行動の性差　33
仕事と生活の調和　→　WLB
仕事と私生活の調和　→　WLB
次世代育成支援対策推進法　154
社会科学　41
社会環境仮説　25, 33, 35
社会規範　41
就業継続意欲　218
就業率　38
終身雇用制度　143
出産プレミアム　160-162, 167-180
　広義の──　161
　狭義の──　161
出産ペナルティ　160-161, 172-188
　広義の──　161
　狭義の──　161
少子化社会対策基本法　154
情報開示
　──政策　254-259
　自発的──　257-259
職能資格制度　4, 143
女性
　──管理職比率　200, 210-221

——差別的雇用制度　119, 121, 126, 151,
　　　155, 193, 227, 253
　　——社員比率　92-94
　　——正社員比率　200, 210-221
　　——の就業継続／退職パターン　216-218
新エンゼルプラン　154
進化ゲーム　128
進化的に安定な戦略　128
人的資本理論　3, 37-39, 41
心的回転　28
人文科学　41
数学の能力　23, 30
ステークホルダー　146, 152, 228, 236-238,
　　243
成果主義的賃金制度　236
生産性
　　——上昇仮説　167-168
　　——低下仮説　173
生物学的性差仮説　25, 36
セクシュアル・ハラスメント　60, 64-65
戦略的補完性　10-13
　　家庭の分業戦略の——　13
　　企業の雇用戦略の——　12
　　企業のビジネス戦略の——　12
先天性副腎過形成症　→　CAH
相互依存関係
　　「家庭における性別分業」と「WLBのため
　　　のインフラの不備」の——　129-133
　　企業・男性・女性の——　147-149
　　「企業における女性差別的雇用制度」と「家
　　　庭における性別分業」の——　121-126
　　「企業における女性差別的雇用制度」と「W
　　　LBを無視したビジネス慣行の」——
　　　126-129
　　日本的雇用制度と家庭における性別分業
　　　の——　13-17
総資本経常利益率　92

【タ行】

第二波フェミニズム運動　24
大学進学率　38

男女均等処遇　107-109, 113
男女平等雇用制度　119, 151, 193, 255
長期雇用制度　4, 143-144, 154-155, 232-234
長期的人材育成　232-234
テストステロン　32
投票行動　132
独身者差別仮説　167, 169
読解力　29
取締役会改革施策　238, 241

【ナ行】

内部昇進制度　143, 146
内部労働市場　144-147
日本的雇用制度　4, 13-14, 143, 147-151,
　　227, 232-236, 243-245
人間開発指数　6
認知能力　26-36
年功賃金制度　4, 143-144, 148, 154-155, 236
年次有給休暇
　　——取得率　234, 256-258
　　——取得促進施策　238, 241
脳の構造仮説　31

【ハ行】

働き方の見直し　5
話を聞かない男，地図が読めない女　23
比較制度分析　13
比較優位理論　40
福利厚生制度　234
ヘドニック価格理論　46
ベビーXの実験　35
法令遵守　→　コンプライアンス
北欧諸国　8, 15, 253
ポジティブ・アクション　155
補償賃金仮説　167, 169, 173
補償賃金理論　3, 45-46
ホルモン　27
　　——仮説　31, 34
　　女性——　→　エストロゲン
　　男性——　→　アンドロゲン

索　引

【マ行】

前川レポート　5
メインバンク　146
問題解決能力　30

【ラ行】

理学　41
離職行動　196, 197
労働市場の効率性　255
労働力率　8
労働時間適正化施策　238, 242

【アルファベット】

CAH（先天性副腎過形成症）　32, 34-35
CSR（企業の社会的責任）　155, 238-240
　──報告書　238
EVA　153
IR　→　株主広報活動

ROA　153
ROE　153
WLB（仕事と生活の調和）　5, 8, 42-44, 126-129, 203-222
　──社会　144, 249
　──志向　204, 209-221
　──施策　152, 196-197
　──政策　9, 41, 122-124, 129-134, 151, 254
　──と整合的な社会経済制度　119, 151, 193, 255
　──と整合的なビジネス慣行　13
　──のためのインフラの充実　13
　──のためのインフラの不備　13, 129-133
　──評価　205-206, 209-220
　──を妨げる社会経済制度　119, 151, 155, 193, 227, 253
　──を無視したビジネス慣行　13, 126

著者略歴

1958 年香川県生まれ．京都大学大学院経済学研究科博士課程中退．
1991 年オーストラリア国立大学 Ph.D. 現在，同志社大学政策学部教授．
労働経済学，人的資源管理．中馬宏之・駿河輝和編『雇用慣行の変化
と女性労働』（共著，東京大学出版会，1997 年）ほか．

ジェンダー経済格差
なぜ格差が生まれるのか，克服の手がかりはどこにあるのか

2008 年 5 月 20 日　第 1 版第 1 刷発行

著者　川口　章（かわぐち　あきら）

発行者　井村　寿人

発行所　株式会社　勁草書房（けいそう）

112-0005 東京都文京区水道2-1-1　振替 00150-2-175253
（編集）電話 03-3815-5277／FAX 03-3814-6968
（営業）電話 03-3814-6861／FAX 03-3814-6854
日本フィニッシュ・牧製本

©KAWAGUCHI Akira　2008

ISBN978-4-326-50305-6　Printed in Japan

JCLS　<㈱日本著作出版権管理システム委託出版物>
本書の無断複写は著作権法上での例外を除き禁じられています．
複写される場合は，そのつど事前に㈱日本著作出版権管理システム
（電話03-3817-5670，FAX03-3815-8199）の許諾を得てください．

＊落丁本・乱丁本はお取替いたします．
http://www.keisoshobo.co.jp

佐藤博樹・玄田有史編
成長と人材
　　　　　伸びる企業の人材戦略
Ａ５判　2,940円
50236-3

佐藤博樹編著
変わる働き方とキャリア・デザイン
Ａ５判　2,730円
50248-6

大竹文雄・大内伸哉・山川隆一編
解雇法制を考える〔増補版〕
　　　　　法学と経済学の視点
Ａ５判　3,990円
50251-6

浜田冨士郎・香川孝三・大内伸哉編
グローバリゼーションと労働法の行方
Ａ５判　5,775円
40212-0

中村圭介・連合総合生活開発研究所編
衰退か再生か：労働組合活性化への道
Ａ５判　2,520円
60184-4

高橋徳行
起業学の基礎
　　　　　アントレプレナーシップとは何か
Ａ５判　3,360円
50263-9

堀田一吉編著
民間医療保険の戦略と課題
Ａ５判　2,940円
50280-6

勁草書房刊

＊表示価格は2008年5月現在，消費税は含まれております．